Les Mystères de Haute-Garonne

Patrick Caujolle

Les Mystères de Haute-Garonne

Sous la direction de Jean-Michel Cosson

De Borée

Du même auteur

La Consonance du noir, sous le pseudonyme Jean-Pierre Mouremble, Éditions Saint-Germain-des-Prés, 1988

Sur les traces du vent, Éditions Abrax, 2006 (grand prix de la ville de Beaune)

Lignes d'horizons, Éditions de la Nouvelle Pléiade, 2007 (grand prix des Jeux floraux du Béarn)

Contact auteur : patrick.caujolle482@orange.fr

Imprimé en France en octobre 2008
Dépôt légal : octobre 2008
ISBN : 978-2-84494-819-9

À mes parents,
À Cathy, Adrien et Guilhem.

« Toutes les choses ont leur mystère,
la poésie est le mystère de toutes les choses. »

Federico García Lorca

« Le mystère est le meilleur artisan du merveilleux. »

Ursula Le Guin

L'allée Lafayette à Toulouse, aujourd'hui allée Jean-Jaurès.
(Archives des Toulousains de Toulouse.)

À ma ville

Ma ville en mois d'août, le silence allégé,
Où l'autan peine un peu à suivre les étoiles,
Mon impasse évanouie sous ses briques ridées,
La rose qui exulte sous un autre pétale.

Deux mains sur cette nuit, mendiant de mon balcon,
La chaleur d'un regard ou la froideur d'un rêve,
Le soleil qui transpire des pores des maisons,
Et cet air si léger qu'il se transforme en sève.

Pensée vers la Garonne, vers mon fleuve perdu,
Qui doit guetter en vain la trace des oiseaux,
L'Histoire enracinée tout au long de ces rues
Qui écarte le temps comme vent les roseaux.

Tout déborde de moi, vertige d'un instant,
Montmorency, Calas, Montfort et Paul Riquet,
Et dans l'ombre je vois, toujours là, bien vivants,
Ces fantômes et leur sang aux veines des pavés.

Rien qu'un rebond de vie dans mon âme ce soir,
Où ma fenêtre piège des lueurs d'absolu,
Toulouse qui jaillit, écaille de mémoire,
Pour atteindre le ciel et n'avoir rien dessus.

Cada pais a fòrça mistèris e se voletz ensajar de trobar las claus d'aqueles de nostre departament, vos cau alavetz legir Lus Mistèris de Nauto-Garona *de Patric Caujolle.*

Y veiretz las apparitious d'Arnaud-Guilhem, vilatge à coustat de Sant-Martori, la vida d'aqueste « caïd » de 83 ans e las naissen-çás de La Tolosana *e de* Tolosa, *las cançons de Deffes e Claudi Nougaro. Del Comenge al Lauragués, del Volvestre à Fronton, aqui se pòdon descobrir totas las istòrias, totas las legendas e totas las caras d'un pòble, dins un libre bastit coma una mosaïca. Patric Caujolle a botat les calhaus, à vos d'en trobar las colors.*

(« Chaque pays est rempli de mystères et si vous voulez essayer de trouver ceux de notre département, alors il vous faut lire *Les Mystères de Haute-Garonne* de Patrick Caujolle.

« Vous y verrez les apparitions d'Arnaud-Guilhem, village proche de Saint-Martory, la vie de ce caïd de quatre-vingt-trois ans et les naissances de *La Toulousaino* ou de *Toulouse*, les chansons de Deffes et de Claude Nougaro. Du Comminges au Lauragais, du Volvestre à Fronton, vous y découvrirez toutes les histoires, toutes les légendes et tous les visages d'un peuple, dans un livre bâti comme une mosaïque. Patrick Caujolle a placé les cailloux, à vous d'en trouver les couleurs. »)

Préface

S'inscrire dans les mystères d'un département n'est pas chose aisée. Là où l'Histoire apporte sa chronologie, ses évidences et sa structure événementielle, le mystère cultive, lui, l'incertitude et le camouflage pour mieux s'épanouir et fasciner.

Le livre de Patrick Caujolle est justement né de ce double désir de nous entraîner sur les chemins de traverse peu ou pas arpentés et de nous adresser comme aiguillage des tranches de vie exceptionnelles, des affaires insolites et étranges ouvertes aux quatre vents de notre curiosité.

Et le moins que l'on puisse dire, c'est qu'il a eu la main féconde pour venir nous rafraîchir la mémoire, exhumant pendant plus d'une année moult documents, sondés dans les journaux et des ouvrages méconnus.

Tel un orfèvre de cette poésie qui est son violon d'Ingres naturel, Patrick Caujolle a ciselé chaque chapitre de sa plume sensible, pétillante et perspicace, ne laissant aucun mot au hasard, n'omettant aucun détail, jouant de l'Histoire pour en faire une histoire à raconter.

Mieux encore, il a su éviter le piège de l'attractivité toulousaine, nous entraînant du nord au sud, d'est en ouest, à parcourir ce département haut-garonnais à travers tant de faits aussi étonnants qu'attachants ou sanglants.

Se laisser posséder par le merveilleux des légendes qui courent sur les êtres fantastiques, du drac facétieux à la male-bête hantant les rues toulousaines de nuit ; s'étonner des apparitions mystérieuses, des miracles et des passages d'ovnis ; suivre les traces de l'exploratrice Jane Dieulafoy, de Carlos Gardel ou de Claude Nougaro... ; ou s'effrayer des meurtres sordides qui ensanglantèrent le département permet de s'abandonner aux songes des superstitions, des croyances et des destinées extraordinaires.

De la première à la dernière ligne, le texte de Patrick Caujolle fleurit de richesses humaines et d'anecdotes en tout genre qui nous transportent là où notre mémoire ne s'était pas encore immiscée, dévoilant ces *Mystères de Haute-Garonne* pour notre plus grand plaisir.

Jean-Michel Cosson

Avant-propos

Ne vous attendez surtout pas, au sein de cet ouvrage, à trouver exclusivement tout ce qui pourrait combler d'aise les férus d'occultisme ou les « ésotéristes » de tous bords. « Mystères », certes, mais dans toute l'acception du terme, c'est-à-dire dans tout l'inconnu, dans tout l'insolite qui peut être lié à l'histoire d'un département aussi vaste et aussi riche que celui de la Haute-Garonne, où l'extraordinaire se veut de tous les jours, de tous les êtres, de toutes les circonstances.

Avant de débuter la rédaction de ce livre, je me demandais comment faire pour en trouver la matière et les thèmes nécessaires. À l'achèvement de cet ouvrage, je me rends compte combien il ne saurait être exhaustif tant la diversité et l'opulence des sujets semblent inépuisables.

Mosaïque de lieux, de talents, de faits en tout genre, dramatiques ou pittoresques, la Haute-Garonne est en soi un mystère tant sa multiplicité est grande. Des façades ventées du Lauragais aux toits pentus du Luchonnais, des verdoyants coteaux du Volvestre aux grandes plaines commingeoises, de la bataille oubliée de Baziège aux apparitions mariales d'Arnaud-Guilhem, de l'incroyable destinée d'Abdallah de Toulouse à celles de Claude Nougaro ou de Carlos Gardel, de l'enlèvement de la petite Fatima à l'interpellation de ce redoutable braqueur de... quatre-vingt-trois ans, de ce bébé trouvé sur un toit de Cugnaux au prêtre quelque peu atypique de Carbonne, tout n'est qu'hétérogénéité, étrangeté et ombres à mettre au jour.

Redécouvrez, comme j'ai pu le faire, ces fabuleux artistes qu'étaient Lafage ou Goudouli ; apprenez comment interpeller deux malfaiteurs chevronnés en invitant un ami à dîner au restaurant ; percevez l'incroyable charisme de cette paysanne d'Aussonne qui est devenue la plus grande escroqueuse du XIXe siècle ou laissez-vous envoûter par les êtres fantastiques qui ont peuplé l'imagination de nos ancêtres. Bref, voyagez à travers le grenier des époques et des destinées ; passez de miracles religieux en faits divers sordides et remontez le temps, au sein de cette fresque, vers ce qui fut notre passé.

Mais ne vous y trompez pas : cet ouvrage n'a en rien l'outrecuidance de se prendre pour un livre d'Histoire. Tout juste a-t-il le droit de se prétendre livre d'histoires. Car il n'a pas été construit en partant de la base historique pour atteindre le détail anecdotique, mais plutôt dans le sens inverse. J'ai tenté au contraire de partir du fait, de l'instant, de l'homme, pour montrer à quel point la réalité, d'hier ou d'aujourd'hui, n'est en fait très souvent qu'un fragile balancier que le moindre écart de vent, de personnalité ou de circonstance peut faire irrémédiablement basculer vers l'avenir.

En fin d'ouvrage, vous trouverez les sources qui ont été miennes, des journaux locaux aux archives municipales en passant par quelques vieux grimoires consciencieusement préservés par nos bibliothèques, avec, bien sûr, les noms des personnes qui m'ont aidé à la réalisation de ce projet.

Pour mon plus grand bonheur, prenez autant de plaisir à lire les lignes à venir que j'en ai eu à les écrire et permettez-moi maintenant de vous laisser rêver en compagnie des *Mystères de Haute-Garonne*.

Patrick Caujolle

Première partie

Affaires criminelles

Chapitre I

Le massacre de Boussan

Lorsque le tocsin résonna, en cette matinée du 9 janvier 1846, les habitants de Boussan, petit village près d'Aurignac, ne purent que constater le drame qui venait de les toucher : leur presbytère brûlait.

L'alerte, puis les cris, des ordres enfin. La solidarité se mit en marche. Vite, aux puits, des seaux d'eau noieront l'incendie. Oui, mais... où est passé M. le curé ? Et sa servante ? Qui les a vus ? À travers l'épaisse fumée, quelques hommes s'élancèrent à l'intérieur du bâtiment mais durent vite renoncer. Les flammes étaient si hautes et la chaleur si vive que la porte d'entrée était infranchissable. Que faire ?

« Essayons par l'écurie, dit l'un des villageois, elle communique avec la cuisine. »

Et c'est là, malgré ce feu violent qui leur piquait la gorge et leur fermait les yeux, que les habitants découvrirent deux cadavres étendus sur la paille : immédiatement, ils reconnurent le prêtre de leur paroisse, l'abbé Lopez Leguana, et sa domestique, Catherine Darbon. Manifestement, devant les corps mutilés, ensanglantés et partiellement carbonisés, une constatation s'imposait : les victimes n'étaient pas mortes brûlées vives ou asphyxiées, mais avaient été tuées avant l'incendie. D'ailleurs, la tête de la servante octogénaire était séparée du tronc et ses vertèbres cervicales avaient été sectionnées. Quant au prêtre, son crâne semblait avoir été fracassé par des coups violents et répétés. Le feu ressemblait de plus en plus à une mise en scène destinée à effacer les traces du meurtre.

Les gendarmes furent d'emblée guidés dans leur enquête par des témoignages concordants :

« Ce sont les Darbon qui ont fait le coup, ils avaient de plus en plus besoin de l'argent de leur tante ! »

De fait, il était de notoriété publique que, au terme d'une existence de travail et de privations, la vieille dame possédait de substantielles économies. Logée et nourrie au presbytère pendant plusieurs décennies, célibataire, elle avait amassé tout au long de sa vie un pactole bien tentant. Sa plus proche famille se composait de neveux et de nièces auxquels elle ne manquait pas de s'intéresser, avec toutefois une affection plus particulière pour Joseph Darbon, dont le fils, Bertrand, trente ans environ, était son filleul et très vraisemblablement son légataire universel.

Mais si l'on choisit ses amis, il n'en est pas de même pour sa famille. Et malheureusement pour Catherine, la sienne était fort peu recommandable. Modestes cultivateurs dans la commune voisine de Bachas, les Darbon étaient rustres, paresseux et on ne peut plus endettés. Combien de fois Bertrand était-il venu soutirer à sa grand-tante des avances sur héritage, au besoin sous la menace ? Combien de fois avait-il abusé de la charité du prélat en lui empruntant des subsides qu'il ne rendait jamais ? Que faire ? Catherine prit donc la décision d'orienter ses largesses successorales vers des neveux plus méritants, intention qu'elle confia à quelques paroissiennes et qui parvint jusqu'aux oreilles de son filleul et du père de celui-ci.

En ce 9 janvier, Joseph Darbon fut aperçu par plusieurs personnes sur la route de Boussan, puis, au matin, sa voix fut reconnue par des voisins lorsqu'il frappa, vers 7 heures, à la porte du presbytère.

« C'est moi, c'est Joseph ! Laisse-moi entrer, j'ai quelque chose à te dire. »

Moins d'une heure après, l'incendie se déclara. À son retour à Bachas, vers 11 heures, l'homme semblait ailleurs, éreinté, incohérent et il finit par s'évanouir dans les bras de sa bru.

Constatées par le médecin accouru à son chevet, des ecchymoses sur ses mains et des griffures sur son visage laissaient à supposer qu'il avait participé à une rixe. Son couteau et ses vêtements étaient souillés de sang.

« C'est le sang des oies que j'ai tuées il y a quelques jours », se justifia-t-il.

Interpellé peu après par les gendarmes, il se suicidera dans sa cellule, confirmant de fait les soupçons qui pesaient sur lui et orientant l'enquête vers son fils, Bertrand. Inculpé à son tour, ce dernier niera toute participation :

« J'étais à Toulouse », dira-t-il avant de trahir plus tard ses desseins en se confiant bien naïvement à des complices de cellule.

En fait, d'un café à l'autre, d'une foire à l'autre, Bertrand avait sollicité de nombreux compères afin de se débarrasser de sa grand-tante, voire du prêtre le cas échéant. On égorge bien des poulets ou des cochons, alors une femme âgée... Certains, comme le dénommé Bonnet, anticlérical exalté, ne firent que l'encourager – « Il faut tuer les curés et prendre leur argent, et si celui de Boussan n'en a que trop, qu'il rende gorge ! » –, mais ne le suivirent pas. D'autres, en revanche, comme les frères Gares, originaires d'Aurignac, acceptèrent pour 4 francs d'exécuter la besogne. Comment Jacques et Pierre Gares s'y prirent-ils ? Nul ne le sait et cela restera un mystère, car aucun des deux n'avouera. Très vraisemblablement, Joseph Darbon avait incité la servante à ouvrir puis il commit son sinistre office avec ses deux acolytes pendant que Bertrand se créait un alibi en se dirigeant vers Toulouse.

Le 7 décembre 1847, tous les protagonistes comparurent devant la cour d'assises de Toulouse. Tout près du code pénal, une énigmatique boîte noire tenait une place de choix, là, sur la table des pièces à convictions. Devant les mensonges éhontés et les dénégations systématiques des frères Gares et de Bertrand Darbon, exaspéré, l'avocat général finit par s'écrier à la barre, montrant la boîte de son doigt inquisiteur :

« Regardez ! Regardez ! Voilà l'œuvre de ces hommes ! »

Puis, s'emparant de celle-ci, il en sortit... les têtes momifiées des deux victimes.

Le 19 décembre, les trois principaux accusés, Bertrand Darbon et les frères Gares, furent condamnés à la peine capitale, seul Bonnet étant acquitté. Ils furent guillotinés sur les lieux même de leur crime, un peu comme un dernier échange de regards entre les bourreaux et leurs victimes.

Le canal du Midi au début du XXe siècle.
(Archives des Toulousains de Toulouse.)

Les lavoirs du canal du Midi au début du XXe siècle.
(Archives des Toulousains de Toulouse.)

CHAPITRE II

L'affaire Aspe

DES PAQUETS FLOTTANT dans le canal, il en fut trouvé d'autres. Mais ce cas-ci est bien heureusement si rare qu'il donna lieu à l'une des plus importantes et des plus sordides affaires criminelles du milieu du XIXe siècle.

Car c'est à Toulouse, entre le moulin des Minimes et l'écluse du Béarnais, que fut aperçu flottant, le 10 janvier 1866, un paquet volumineux enveloppé d'une étoffe de couleur brune. Après l'avoir ramené sur le bord, le passant qui l'ouvrit ne put alors que réprimer un cri d'horreur. À l'intérieur, horriblement mutilé, la tête coupée, couvert de plaies béantes, apparaissait le cadavre d'une femme âgée d'environ trente ans, sommairement recouvert de quelques vêtements.

« C'est un artilleur qui la poursuivait, on l'a entendue appeler au secours », dira un témoin.

Une rixe, une dispute, un rapport non consenti, peut-être, mais de là à couper la tête et à disperser les fragments du cadavre, l'un dans le canal aux yeux de tous et l'autre on se sait où... Pourquoi ? Et puis, qui était la victime ? L'environnement fut déterminant. Tout à proximité, dans un champ travaillé, de profondes empreintes de pas et de multiples traces de sang semblaient marquer le passage du tueur. Qui plus est, les traces de deux roues de charrette, parfois mêlées de sang, paraissaient mener directement à l'assassin. Rue du Canon-d'Arcole, boulevard Lascrosses, puis plus rien. Cc ne fut que cinq jours plus tard qu'une identité fut enfin mise sur la victime.

« Mais je la connais, dit Mme Cugullières en allant voir les lambeaux de vêtements exposés à la morgue. Elle a travaillé chez moi comme nourrice. C'est Marie, Marie Guillonnet, la fille-mère. Elle servait dans une buvette au numéro 2 de la rue des Salenques, juste à côté. »

Interrogé comme il se doit, le gérant du commerce tentera de se justifier :

« Marie, je ne l'ai pas revue depuis plusieurs jours, mais c'est normal puisque le 10 je l'ai trouvée couchée avec un militaire vers 7 heures du matin et que je l'ai immédiatement chassée. Elle était légère, vous savez, et en plus elle buvait. »

Le 10, à 7 heures, le corps étant déjà découvert, le mensonge était avéré.

« Monsieur Aspe, comment se fait-il que votre chariot soit si propre ? Il y a encore du sable coincé dans les rainures, mais aussi du sang coagulé.

– J'ai tué un cochon, il y a peu.

– Et comment se fait-il que, la nuit du 9 au 10 janvier, alors qu'il faisait un temps affreux, l'employé de l'octroi, le sieur Morère, ait reconnu votre chariot qu'il avait confisqué précédemment suite à une contravention ?

– On a pu me le prendre.

– Certes, mais le caporal Vignier est formel. Lorsqu'il est rentré à sa caserne à 5 heures du matin, le chariot était devant la buvette. »

L'enquête amena plus tard quelques précisions pour le moins intéressantes sur la personnalité d'Aspe. Chassé d'une respectable institution toulousaine avec le prudent conseil de s'en aller très loin, il intégra à Besançon une communauté trappiste, où sa présence se solda par une condamnation à quinze jours de prison pour avoir tenté de séduire une jeune fille de douze ans et lui avoir jeté une pierre à la tête. Furent aussi retrouvées les traces de vols ou de diverses minables escroqueries.

« Monsieur Aspe, expliquez-moi le déroulement du 9 janvier. Il a plu à torrents toute la journée. Comment se fait-il que votre servante soit partie sans son parapluie, que nous avons ensuite retrouvé chez vous ? Et ses deux seules robes, pourquoi est-ce vous qui les avez portées au mont-de-piété deux jours plus tard ?

Elle n'est tout de même pas partie en jupon, à moins qu'elle ne soit pas partie du tout... »

C'est le 16 mai 1866 que commença le procès, sous la présidence du conseiller Villeneuve, lequel accusa Aspe d'avoir, avec préméditation, commis un homicide sur sa servante tout en lui ayant soustrait des objets mobiliers, des effets de vestiaire et une certaine quantité de numéraire. Les heures et les jours suivants firent apparaître des éléments nouveaux.

Le président démontra tout autant l'intérêt que pouvait avoir Aspe à se procurer de l'argent pour satisfaire aux demandes pressantes de ses créanciers que celui de se débarrasser de Marie Guillonnet pour pouvoir sous-louer la buvette, vendre ses marchandises et ainsi régler les dettes qu'il avait contractées. Et comme manifestement sa servante ne voulait pas quitter les lieux avant d'avoir été payée de ses services, il n'y avait plus qu'une solution : la tuer et ainsi gagner à la fois son pécule et sa quittance. Chose qui fut faite au sein même de la buvette.

« Mais je ne suis pas l'homme que vous croyez, et je me confie à la miséricorde de mes juges. Ayez pitié de moi, de ma femme, de mes enfants.

– Aspe, avez-vous tué, oui ou non, Marie Guillonnet, et si oui, où avez-vous mis la tête ?

– Je ne suis pas l'homme que l'on dit.

– L'avez-vous jetée dehors vivante ou l'avez-vous tuée ?

– Non ! Si je l'avais fait, je me serais jeté aux pieds de la justice.

– Vous reconnaissez-vous coupable du meurtre ?

– J'ai dit ce que j'avais à vous dire. »

Le 22 mai, l'accusé au teint si pâle et si morne retrouva des couleurs, comme en proie à une grande émotion. À 2 h 20 de l'après-midi, il fut introduit dans la salle d'audience, peu avant que les jurés aient repris leurs places. Le silence qui suivit fut effrayant. Voilà dix-huit ans que « le sommeil du bourreau » n'avait pas été troublé à Toulouse et bon nombre de gens s'en plaignaient. Aux accusations d'homicide avec préméditation et de vol, Aspe fut reconnu coupable, ne bénéficiant que des circonstances atténuantes. Et c'est en pleurs qu'il écouta le verdict : travaux forcés à perpétuité.

CHAPITRE III

Le meurtre d'Ampouillac

CINTEGABELLE ! QUI POURRAIT dire aujourd'hui ignorer le nom de cette commune située à quarante kilomètres au sud de Toulouse, entre les riches plaines lauragaises et les premiers contreforts ariégeois ? Certes, un Premier ministre en exercice, conseiller général du canton, voilà quelque chose de peu commun qui laisse forcément des traces dans la mémoire collective, et pourtant... Une autre raison, un autre événement, dramatique celui-là, a tristement rendu célèbre l'un des plus beaux bâtiments de la circonscription : le château d'Ampouillac.

Connu depuis le Xe siècle, ce vaste manoir semble offrir au visiteur l'impression de dominer l'Histoire tout autant que l'Ariège. Patrimoine des abbayes de Cuxa et de Boulbonne, il vit Simon de Montfort s'y reposer, paraît-il, pendant sa croisade, et Jacques Fournier, alors modeste berger, y fut élevé au cœur des dépendances avant de devenir évêque de Pamiers puis pape en Avignon sous le nom de Benoît XII.

À l'entrée, en 1870, une lourde cloche suspendue au portail pouvait seule rassurer Mme Gayraud, propriétaire des lieux, isolée ici avec quelques domestiques :

« Quand elle sonnera, disait-elle, accourez vite ! C'est qu'il y aura le feu ou des assassins. »

La cloche n'a pourtant pas sonné en ce 29 janvier 1873, jour où elle fut découverte sans vie, la tête dans l'âtre de sa cheminée. Accident domestique ? Congestion cérébrale ? Attaque ? Quoi qu'il en soit, vu son âge, tout était envisageable et nul ne chercha à approfondir les causes du décès.

Après les obsèques, sa fille, mariée à Paris au baron de la Tombelle, passa quelques jours au château avec son époux. Celui-ci, quinquagénaire accompli et homme d'expérience, résolut de remettre en ordre l'administration du domaine et recensa à cette fin l'ensemble du personnel disponible. Bernard Brus, le régisseur, lui parut d'emblée indispensable. Son savoir-faire et sa forte personnalité en faisaient un élément essentiel tant dans la gestion proprement dite des terres que dans le management des ouvriers agricoles. Pauline, la servante, fut congédiée après avoir été surprise en flagrant délit de vol dans la garde-robe de sa défunte maîtresse. Le valet de chambre, Philippe Le Vaineur, dit « Mitron », amant de Pauline, donna quant à lui sa démission, mais fut prié de rester quelque temps et d'assurer l'intendance lors des séjours du baron. Bardier, la cuisinière, vivant dans l'une des métairies du domaine, accepta d'assurer son travail lors de la présence des propriétaires. Lasserre, l'homme à tout faire, charpentier de formation, continua de s'occuper de l'entretien de la bâtisse.

Lorsque le baron revint sur ses terres, le 9 octobre, il décida de rester jusqu'à la Toussaint, occupant ses journées à régir ses biens et ses soirées à lire. Le 16 octobre 1873, au retour de promenade, à la nuit tombée, il décida de dîner puis, comme à son habitude, de fumer un cigare dans le parc du château. Il ferma lui-même la lourde porte d'entrée avec une barre de fer, puis prit sa lampe à pétrole et monta dans la bibliothèque. La cuisinière ayant regagné son domicile après son office, il resta seul avec Mitron, qu'il autorisa à se retirer.

Vers 4 heures du matin, la cloche retentit comme un tocsin. Affolé, Mitron donnait l'alarme, criant au-devant des secours qui accouraient :

« Le feu, il y a le feu et M. le baron est encore là-haut, il ne revient pas. »

Effectivement, tout brûlait dans la bibliothèque : tentures, fauteuils, livres et, au milieu de la pièce, à proximité de la lampe renversée, gisait, couché sur le ventre, le cadavre du baron de la Tombelle.

« Cela devait arriver, dit Mitron en pleurant. Monsieur le baron était tout congestionné hier soir après le dîner. Il mangeait trop. Il a dû avoir une attaque d'apoplexie et, en tombant, il a dû entraîner la lampe qui a communiqué le feu au tapis. »

Ce qui intrigua les gendarmes, ce fut l'énorme trou qui apparaissait, béant, à l'arrière du crâne. Qui plus est, objet pour le moins insolite en ces lieux, fut ramassé à ses côtés un mètre de menuisier. L'enquête s'orienta aussitôt vers l'homicide et la personnalité du majordome fut passée au crible. Qui était donc véritablement ce Philippe Le Vaineur, dit « Mitron » ? Certes, à le voir, il donnait l'impression d'appartenir à cette caste de domestiques de haute livrée, triés sur le volet pour leur classe et leur distinction. Et pourtant... C'était dans les bouges et les maisons de tolérance de Toulouse qu'il avait acquis le meilleur de sa formation. Et lorsqu'en 1870, à la fin de la guerre, il ne retrouva plus sa place en ces lieux de plaisir, il prit le chemin de Cintegabelle pour officier au domicile de Mme Gayraud.

Tout cela pris en considération, la célérité avec laquelle il avait affirmé que le baron était décédé de congestion, ajoutée à la mort devenue troublante de l'ancienne propriétaire, et le renvoi de sa maîtresse furent autant d'éléments qui le firent passer du rang de témoin à celui de suspect.

Lors de la perquisition dans sa chambre, les draps du lit maculés de sang ne firent que confirmer les soupçons des enquêteurs, et lorsque des vêtements lui appartenant, eux aussi souillés, furent découverts, cachés derrière des voitures, il ne tarda pas à avouer son forfait et à en dévoiler la raison. Deux billets de 1 000 francs et des pièces d'or pour une valeur totale de 1 100 francs, dissimulés dans l'écurie, étaient l'objet du meurtre. Cela était acquis, mais avait-il agi seul ? Et avec qui ? Bien sûr, l'objet retrouvé dans la bibliothèque fut déterminant.

« Le mètre appartient à Lasserre, le charpentier ; c'est lui qui a eu l'idée du crime. Il pensait que M. le baron avait apporté beaucoup d'argent pour régler les droits de succession et il voulait que je l'aide à s'en emparer. Le soir du 16 octobre, je l'ai fait entrer par la porte de service, puis il a pris la hachette dans la remise et il a assommé M. de Tombelle pendant que je cherchais de l'argent dans la chambre. C'est lui qui a organisé la mise en scène de l'incendie. »

Lasserre complice, cela était assurément vraisemblable. Homme rustre, travaillant peu, vivant de rapines, il avait déjà, dix ans plus tôt, échappé de peu à une condamnation de complicité d'assassinat pour un meurtre commis non loin de là, en Ariège, à La Bastide-de-Besplas. De plus, lorsque les enquêteurs apprirent que le cantonnier du village l'avait aperçu aux abords du château dans la nuit du 16 au 17, son sort fut scellé.

Toutefois, une zone d'ombre subsistait : Lasserre n'avait pas été rétribué. Pourquoi ? Pressé de toute part, Mitron finit par avouer. Le commanditaire du crime n'était autre que Brus, le régisseur. Lasserre et lui n'avaient été en fait que des hommes de main, et Brus leur avait promis 10 000 francs à chacun.

« C'est pour ça que Lasserre a rien eu. Quant à l'argent que vous avez trouvé, c'est celui que j'ai pris dans la chambre. »

Brus, au caractère bien trempé, n'avoua jamais et bénéficia d'un non-lieu, au bénéfice d'un doute qui n'était pas celui de tous.

« Vous avez du sang sur les mains, monsieur Brus », lança lors du procès le président de la cour d'assises.

Lasserre, qui, lors de la Commune, avait fabriqué trois guillotines « pour exterminer les riches », fut, le 21 avril 1874, victime de son office. Il fut accompagné dans la mort par Mitron, son complice avéré, mais aucun des deux ne confirma l'accusation à l'encontre de Brus, laissant planer à jamais l'incertitude sur le véritable commanditaire de cette affaire.

Deux photos d'intérieurs types de fermes de Haute-Garonne.
(Archives des Toulousains de Toulouse.)

CHAPITRE IV

Le Comminges rouge

VASTE CONTRÉE du sud de la Haute-Garonne, étendant ses collines paisibles de Saint-Gaudens à Cazères, de L'Isle-en-Dodon à Saint-Martory, le Comminges fut, au début du XXe siècle, le témoin d'une série de parricides pour le moins horribles. Esparron, Estadens, Lestelle et Labarthe-de-Muret, quatre communes rurales, furent plongées à cette époque dans un effroi qui n'eut d'égal que l'ignominie des meurtres commis.

Janvier 1903. Esparron tout d'abord, banlieue de Saint-Gaudens. Un très brave homme, apprécié de tout le monde, Clément D., qui, toujours bien portant à soixante-dix-huit ans, prêtait encore la main à ses deux fils pour les travaux de la ferme. Deux enfants, donc : l'un, Émile, célibataire, et le second, Hippolyte, marié à la robuste Victorine.

Un soir, en ce rude hiver, Clément ne rentra ni pour souper ni pour dormir. Émile en déplacement à L'Isle-en-Dodon et Hippolyte parti faire visite au village, Victorine dormit seule avant, au matin, d'exprimer au voisinage sa plus vive inquiétude :

« Pourvu qu'il ne soit pas tombé dans le puits ! » dit-elle.

Après avoir averti le maire, Victorine orienta les recherches vers cet endroit, où il fut constaté, en présence du puisatier, que le câble de la poulie avait été coupé.

« Cette corde n'a pas été coupée avec un couteau », s'écria-t-elle.

Quelques instants plus tard, le cadavre de Clément D. fut remonté. Mais la juste prémonition de Victorine n'avait pas manqué de faire réfléchir les enquêteurs. Pourquoi avait-elle émis cette hypothèse avec autant d'assurance alors que tout le monde savait que le vieillard, ayant désapprouvé la construction du puits, n'allait jamais puiser l'eau à cet endroit ? De plus, le lieu, protégé par une margelle, offrait toutes les garanties de sécurité possible. Certes, tombé la veille, un bâton avait prétendument tracassé son beau-père. Mais tout de même, quelle idée à son âge de descendre pour un bout de bois ?

Le manège de Victorine amena vite les gendarmes à s'intéresser à elle. En premier lieu, elle fut surprise, alors que tout le monde était affairé autour du corps, à effilocher, assise sur le rebord du puits, la corde du treuil. Puis, fouillant les poches du vieil homme, elle fut malgré la chute la première à trouver, triomphante, un couteau plié avec un morceau de chanvre coincé entre le manche et la lame.

« Ah, vous voyez, il a lui-même coupé la corde. Il s'est suicidé ! »

De lourdes pierres, dont les traces étaient encore visibles sur le sol, avaient disparu. Elles furent retrouvées au fond du puits.

Les investigations et les témoignages démontrèrent que Victorine avait été surprise par son beau-père en train de tromper son mari avec Émile et que depuis un climat de haine s'était instauré entre Clément D. et sa bru.

« Si tu ne me f... pas la paix, il faudra que tu y passes », l'avait-elle menacé à plusieurs reprises.

Dûment questionnée, Victorine ne put qu'avouer la machiavélique machination qu'elle avait conçue avec son amant. Alors qu'Hippolyte était parti, elle avait attiré Clément vers le puits, prétextant la perte d'un seau. Une fois son père à proximité, Émile, caché jusque-là dans une meule de foin, l'avait précipité dans le vide. Toujours agile, le vieil homme était parvenu à s'accrocher au câble du treuil, que Victorine avait dû couper. Appelant au secours, Clément D. avait été achevé à coups de pierres et de dalles. Émile était ensuite parti se forger un alibi fiable à L'Isle-en-Dodon tandis que la démoniaque belle-fille s'endormait paisiblement. Tous deux furent condamnés aux travaux forcés à perpétuité.

Est-ce la proximité des grottes ariégeoises ou de celle de Gargas ? Quoi qu'il en soit, l'homme au centre de cette affaire, au vu des témoignages, semblait plus proche du stade du magdalénien final que de l'homme du XXe siècle. Le visage bourru, âgé de quarante-cinq ans, corpulent, les oreilles décollées et les lèvres minces, les cheveux courts, ce cultivateur d'Estadens, au teint jaunâtre et au regard fuyant, se révélait le miroir de tout ce que la malignité et la sournoiserie peuvent avoir comme reflets.

Étienne Portes, veuf depuis plusieurs années, vivait avec sa mère, âgée de soixante-dix-huit ans, et son jeune fils, Jean-François, qui approchait les seize ans. Les terres exploitées, appartenant toutes à la « mémé », rapportaient fort peu et, de fait, étaient hypothéquées et menacées d'une vente imminente aux enchères publiques. Pourtant, faisant peu de cas des contraintes financières, Étienne puisait régulièrement dans les deniers communs pour effectuer de fréquentes escapades dans les lieux de plaisirs de Saint-Gaudens. Quotidiennement morigéné par sa mère, il répondait bestialement, maugréant et ne sortant de son abrutissement que pour proférer quelques insultes.

Le samedi 2 juin 1899, la vieille dame et son petit-fils, chassés de leur labeur par la pluie d'orage, furent aperçus alors qu'ils revenaient à la ferme. À la nuit tombée, Étienne, contrairement à son habitude, ne partit pas au village jouer aux cartes.

Alors que le jeune garçon et sa grand-mère étaient invisibles depuis deux jours, le voisinage commença à s'interroger sur leur absence.

« Ils sont allés à la messe », dit Étienne le dimanche. « Ils sont à Saint-Gaudens pour affaire de famille », affirma-t-il le lundi.

Malgré l'étonnement de certains, qui ne leur connaissaient aucun parent en cette ville, il continuait de dire : « *Sai pas ount soun*[1]. » Et jusqu'en milieu de semaine, il continua d'effectuer ses tâches quotidiennes comme si de rien n'était. Il alla le 6 à Aspet, où les 46 francs de la vente d'une bête lui permirent de prendre le train et d'aller à Toulouse vérifier si la réputation des filles de joie n'était pas usurpée. Mal lui en prit ! L'une de ces dames l'expédia au bout de quelques instants après lui avoir dérobé le reste de ses

1. *« Je ne sais pas où ils sont. »*

économies. Il fut interpellé quatre jours plus tard par les gendarmes alors qu'il regagnait son village par ses propres moyens, faute de subsides.

Entre-temps, alerté par les beuglements des vaches à l'abandon, le maire avait fait ouvrir la maison. Une odeur pestilentielle le guida vers un grand coffre à grains où, sous un amoncellement de haillons, furent découverts les corps de la grand-mère et de son petit-fils. Une hache encore ensanglantée gisait à proximité.

Étienne Portes ne put qu'avouer son forfait. Une querelle supplémentaire avec sa mère au sujet des revenus gaspillés l'avait amené à commettre l'irréparable. Après avoir attendu que son fils et sa mère se soient endormis dans le même lit, il était entré subrepticement et avait frappé jusqu'à ce que mort s'ensuive. Une fois les corps transportés dans le coffre à grains, il s'était tout bonnement assoupi.

Le 11 août 1900, il fut condamné à mort par la cour d'assises de la Haute-Garonne, puis, le 19 octobre suivant, il eut la tête tranchée sur la place publique de Saint-Gaudens. Selon la coutume de l'époque, il monta sur l'échafaud nu-pieds, en chemise, et aborda la mort le visage couvert d'un voile noir.

« Vous avez vu ce qui s'est passé à Estadens ! Si mes parents ne veulent pas subir le même sort, ils n'ont pas intérêt à me contrarier. »

Voilà comment s'exprimait Louis, un célibataire de trente-deux ans, devant ses compagnons du café de Lestelle, en l'hiver 1900. L'homme était débauché, fainéant et prodigue ; son état d'esprit n'avait rien de commun avec la fière moralité de ses parents, et les incessantes disputes d'intérêt qui les opposaient étaient connues de tous dans la commune.

« C'est un démon ! Rappelez-vous que je serai bientôt morte », avait confié sa mère à plusieurs amies du village.

Le 12 décembre, les époux C. furent découverts, baignant dans leur sang sur le sol de la cuisine, un trou béant dans le crâne. Louis venait d'alerter la voisine.

« Mon père a tué ma mère et il s'est suicidé, dit-il calmement.

– À moins que ce soit toi qui les aies tués », rétorqua-t-elle.

Le matin, en effet, une discussion encore plus violente que d'habitude avait été entendue :

« Puisque vous êtes d'accord tous les deux contre moi, je me charge de vous régler votre compte », s'était écrié le jeune homme.

Interpellé, inculpé d'homicide et incarcéré, Louis C. mit en revanche un point d'honneur à nier les faits, et ce malgré ses menaces et propos antérieurs. Son avocat n'eut alors de cesse de faire remarquer que si Louis avait véritablement voulu assassiner ses parents, il ne l'aurait pas clamé à la cantonade et aurait fait preuve de davantage de pondération. De plus, outre les récurrents problèmes familiaux, il ne pouvait rien lui être reproché. Le jeune homme obtint donc sa mise en liberté provisoire. Il finit par prendre comme épouse une fille du pays dont ses parents ne voulaient pas, mais il ne trouva pas le bonheur dans sa nouvelle vie. Devant ses incessants cauchemars et ses multiples délires, sa femme comprit très vite qu'elle s'était liée à un parricide.

« Il faut que je tienne ma langue, criait-il. Quant à toi, si tu parles, je te tuerai comme les autres. »

Louis sombra peu à peu dans l'ivrognerie la plus totale, se mit à entretenir deux prostituées de Tarbes et commença à parler de plus en plus. Une nouvelle enquête, ouverte par les gendarmes, permit de le confondre. Il avait affectivement assassiné ses parents à coups de bûche.

Le criminel ayant été exempté du service militaire pour simplicité d'esprit, les experts-psychiatres considérèrent que sa responsabilité était atténuée. Il ne fut pas exécuté, mais fut tout de même condamné à vingt ans de travaux forcés.

Toujours en ce début de siècle, un cas quelque peu similaire se produisit au sein d'une ferme de Labarthe-de-Muret occupée par la famille Allières. Vivaient là une mère âgée et son fils, Jean, dont l'ampleur de la prodigalité n'avait d'égal que celle de sa propre bestialité. Le regard tout aussi dur que sournois, les pommettes saillantes, les cheveux ras et les lèvres fines. Bref, l'archétype même du criminel selon les critères de l'époque.

Lui aussi passait ses moments libres auprès des filles de joie de Saint-Gaudens et rentrait souvent le soir très tard après avoir gaspillé les maigres revenus terriens et sans grande motivation pour travailler le lendemain. Majeur, il aurait bien voulu se marier à une jeune fille, servante à Saint-Amans, mais sa mère s'y était opposée. Un soir, alors qu'ils venaient de s'allonger sur leurs lits contigus, une dispute plus violente que de coutume opposa la mère et le fils.

« Il te faut tout vendre et me donner l'argent, dit l'homme.

– Pas question ! Moi vivante, tu n'auras rien », répondit la vieille dame.

De dépit et d'énervement, Jean Allières sortit alors son couteau et alla décapiter sept poules dans le poulailler. Puis, loin d'être apaisé par son geste satanique, il se précipita sur sa mère pour la poignarder. L'édredon dont elle se protégeait et l'arrivée d'un voisin, ancien gendarme, évitèrent l'irréparable.

Malgré un quotidien qui semblait avoir repris le dessus, la nuit du 26 au 27 novembre 1900 vit les pulsions meurtrières de Jean réapparaître. Revenu vers 11 heures du soir de ses pérégrinations nocturnes et morigéné par sa mère, il s'empara d'une hachette, la poursuivit jusque dans les champs, la rattrapa et la ramena au domicile en la tirant par les cheveux. Maintenue au sol par un genou, la pauvre vieille eut le crâne fracassé.

« Laissez-moi l'achever ou vous y passerez aussi », cria-t-il à son voisin.

Jean fut condamné à mort le 10 février 1901. Résigné, il monta à l'échafaud avec une certaine désinvolture.

CHAPITRE V

Le gardien qui n'était pas un ange

SI JOUER dans l'équipe de France de football ouvre d'ordinaire de nombreuses portes, il est un cas, dans les années 1969-1970, où la justice toulousaine en a refermé une bien lourde sur l'ancien gardien de but national. Était-ce prédestiné ? Quoi qu'il en soit, cet international aux dix-sept sélections, que supporters et journalistes avaient baptisé « le Goal Volant », s'était, en guise de reconversion, transformé en fin de carrière en malfaiteur de haut vol.

Né en 1926 à Béziers, René Vignal s'était, très jeune, à vingt et un ans, vu confier la responsabilité de portier de la sélection française. Et il n'est que justice d'avouer que, à ce titre, il s'était toujours comporté de façon remarquable, voire exceptionnelle. Pour que nos amis britanniques, à l'issue d'un match contre l'Écosse, le qualifient de « Français Volant », il est à croire que ses prouesses et son courage avaient véritablement impressionné l'ensemble des spectateurs.

A contrario, sa retraite sportive fut bien moins exemplaire. Marié à une Toulousaine, René Vignal joua quelques saisons dans la Ville Rose. En 1954, à vingt-neuf ans, il arrêta sa carrière du fait de multiples fractures. Or, à l'époque, et contrairement à aujourd'hui, un joueur de haut niveau, aussi brillant soit-il, ne pouvait vivre de sa gloire. Aussi connut-il l'ennui, les cabarets, les filles, les mauvaises fréquentations et bien sûr, quelques années après, en 1967, plusieurs condamnations pour proxénétisme, dont l'une de un an ferme, assortie d'une interdiction de séjour dans de nombreux départements.

Puis ce fut l'engrenage. Toulouse de nouveau où, malgré sa femme, les enfants et un travail de courtier en champagne, il y aura toujours les bars, les voyous, des amis judokas qui veulent monter une salle mais qui n'ont pas les fonds, alors... Un pas sera franchi, celui des hold-up. En juin 1969, à Colomiers, Vignal ligote avec deux comparses les employés du Crédit lyonnais et s'empare du contenu du coffre. En novembre 1969, c'est une supérette de Croix-Daurade qui est leur cible, puis, en décembre, la Banque nationale d'escompte et de crédit de la rue de la Colombette, où 36 000 francs sont dérobés aux convoyeurs. En 1970, ce seront plusieurs commerces qui seront attaqués, sans compter, en février, le braquage de la Poudrerie, où le coffre sera découpé au chalumeau et où des armes seront volées. Au total, vingt-sept hold-up et 65 millions de centimes de l'époque seront à mettre à l'actif de René et de ses amis.

Pour l'ancien gardien de haut niveau, la déchéance du perdant remplacera vite l'audace du vainqueur. Il ne passera pas entre les mailles du filet et sera condamné à quinze ans de réclusion, quinze ans de ballon, quinze années de cage, pourrait-on dire. Un bon point cependant : il sera remis en liberté prématurément, pour bonne conduite, de la prison de Muret, et sa rédemption sera totale.

Chapitre VI

L'enlèvement de Paloma D.

« Bonjour, madame. Livraison de produits pharmaceutiques. » Lorsque, à ces mots, Paloma D., épouse d'un cardiologue toulousain, ouvrit la porte de son domicile, le colis attendu, porté par deux hommes athlétiques, apparut précédé d'une arme de poing. Et en ce vendredi 25 janvier 1980, vers 10 heures, que faire, seule et en chemise de nuit, à part se plier aux menaces ? Si le premier réflexe des agresseurs fut bien sûr de faire main basse sur les liquidités détenues dans l'appartement, la victime s'aperçut bien vite que les quelques milliers de francs dérobés ne leur suffiraient pas.

« Habille-toi, on part ! »

Cinq minutes plus tard, Paloma montait dans une camionnette et s'affalait au milieu des cartons, les yeux bandés et tétanisée de peur par ce qu'elle croyait être un mauvais rêve. Un court trajet, quelques marches à monter, toujours des menaces, une chaise en bois sur laquelle elle fut ligotée et l'angoisse comme seule confidente.

« Il est où, ton mari ? On n'arrive pas à le joindre.

– Je sais pas. S'il est pas à Muret, à la clinique, il est peut-être à Rangueil ou à Pasteur. Que me voulez-vous ? Mon mari n'a pas de fortune...

– Ton mari, non, mais ton beau-père, oui. Et les trente lingots, il va falloir qu'il les casque ! »

Comme on peut s'en douter, l'effervescence régnait au même moment au domicile de la famille. La police tentait de mettre en place la surveillance de la ligne téléphonique et M. D. n'avait de cesse d'obtenir des nouvelles de son épouse, ce qui d'ailleurs fut fait aux alentours de midi.

« Monsieur D., nous avons enlevé votre femme… Il ne lui sera fait aucun mal. Je vous rappelle à 17 heures, vous avez cinq heures pour réunir trente lingots d'or. »

Lorsque, à l'heure dite, le ravisseur rappela, le montant de la rançon venait d'arriver à l'appartement familial.

« Vous avez la somme ? Alors mettez-la dans deux sacs différents… Impossible de parler à votre femme… Je rappelle dans une heure… Faites le plein de carburant de votre véhicule. »

C'est en fait vers 20 heures que le téléphone sonna de nouveau.

« Vous allez rouler avec votre véhicule en veilleuse à soixante kilomètres à l'heure. Vous prenez l'avenue Raymond-Naves, le boulevard Deltour puis le chemin de Limayrac, direction Lasbordes et le chemin de l'aéroclub. Là, vous nous attendez près du bar. Nous vous contacterons. Si on voit le moindre flic, on lui met une balle dans la tête. »

Malgré la menace, un dispositif de filature fut bien évidemment mis en place. Un véhicule de police précédait la B.M.W. du mari tandis que plusieurs autres la suivaient. Ainsi tendue et qui plus est soutenue par une couverture des différentes sorties de l'agglomération toulousaine, la souricière paraissait infaillible. Et pourtant… C'est vers la rue de Limayrac, alors en rase campagne, que la B.M.W. fut interceptée. Jaillissant du fossé, un homme armé profita d'un arrêt à un carrefour et monta à bord.

« Maintenant, tu éteins les veilleuses, tu t'arrêtes et je vérifie si les lingots sont là.

– Et ma femme ?

– T'inquiète ! Il ne lui sera fait aucun mal. Bon, ça va, y a tout. Tu peux y aller.

– Pardon ?

– Vas-y, *j'te* dis, je garde ta caisse… Allez, va tout droit vers la ville et surtout n'appelle pas la police. »

« Allô, ici Starter Gérard… Starter Gérard à autorités… Je suis un peu loin, mais je crois qu'il se passe quelque chose… Qu'est-ce qu'on fait ? On intercepte ? Allô, allô... Nous attendons les ordres... P..., où sont-ils ? Starter Gérard à... »

Mais l'ordre d'intervention n'arrivera jamais et D. fera de l'auto-stop pour regagner la ville.

« Allez ! Prépare-toi, dit l'un des malfaiteurs. On te relâche. Tu veux boire ? Écoute, on te met un bandeau et un bonnet de laine sur le visage. À chaque feu où on s'arrête, tu fais l'amoureuse et tu poses ta tête sur mon épaule. Si tout va bien, dans un quart d'heure, t'es libre. »

Effectivement, peu de temps après, vers 22 heures, Paloma fut déposée près de la place Saint-Sernin, choquée certes, mais saine et sauve.

« Allô... D'autorités au dispo... L'otage est libérée, l'otage est libre... Mais la voiture ? Où est la B.M.W. ? »

En fait, ce n'est que le lendemain matin que celle-ci sera retrouvée, hors des mailles du filet tissé la veille par les enquêteurs. Officieusement, il apparaîtra qu'au moment probable du passage de la voiture, le conducteur d'un véhicule en surveillance s'évertuait à effectuer une manœuvre pendant que son collègue, en proie aux vicissitudes d'un besoin naturel, s'appliquait à le satisfaire... derrière un platane.

Malgré un travail que l'on imagine conséquent, aucun élément tangible, ni sur les appels téléphoniques, ni sur les lingots, ni sur les divers renseignements reçus, n'aboutira à une issue positive. Comme quoi, dans certains cas, il est bien vrai que la réalité peut parfois dépasser... la miction.

Chapitre VII

L'étrange disparition de Corinne L.

À QUOI TIENT une vie ? À peu de chose, dit-on souvent. Peut-être au bon vouloir d'une jauge d'essence, pour Corinne L. Il est 19 h 10, ce 3 mars 1992, et c'est l'heure choisie par la jeune femme, aide-soignante de vingt-huit ans, pour quitter Cuguron et le domicile de ses parents, et regagner le sien à Calmont, où l'attend son amie Laurence. Personne équilibrée, de caractère affirmé, Corinne vient de terminer une journée de travail semblable aux autres dans une clinique de Muret où ses compétences et sa personnalité sont appréciées de tous. Un dernier signe à ses parents, un tour de clé et la voilà donc qui part au volant de sa Renault 20 rejoindre son appartement. Dès lors, plus personne ne la reverra...

C'est l'inquiétude de Laurence, vers 22 h 30, qui enclenche la première recherche. L'appel aux parents de Corinne et l'anxiété partagée amènent M. L. à effectuer le trajet ordinairement pris par sa fille et à retrouver, le lendemain, sur la commune de Labarthe-Inard et en bordure de la route nationale 117, au lieu dit « la Vierge », son véhicule abandonné.

Immédiatement prévenue, la gendarmerie de Saint-Gaudens se rend sur les lieux, constatant le verrouillage des quatre portières et la présence, dans l'habitacle, d'un sac à main et d'un vanity-case. L'enquête de voisinage, effectuée aux abords du véhicule, démontre vite que Corinne s'est présentée vers 19 h 30 au domicile de la famille B., se déclarant en panne et sollicitant de l'aide pour être accompagnée à la station-service la plus proche.

Ne pouvant être assistée par les B., elle y est alors vue en train de monter à bord d'une Peugeot 504 ou 505 très bruyante, équipée de feux additionnels.

Étayée par la police judiciaire, l'enquête s'oriente tout d'abord vers un riverain agriculteur possédant ce type de véhicule et dont l'emploi du temps, en ce début de soirée, mérite d'être vérifié. Quittant un garage voisin vers 19 h 30, l'homme, défavorablement connu, n'a en effet regagné sa demeure que vers 21 h 30, et il a justifié son retard en parlant d'un problème de filtre à gas-oil. Son audition démontrera en fait sa présence au sein de son ancienne entreprise et sa culpabilité dans le cadre d'un vol de carburant.

Dans le même temps, le commissariat de Saint-Gaudens interpelle celui qui est et restera le principal suspect de cette affaire. Entendu dans le cadre d'un viol qu'il vient d'avouer sur une personne handicapée, Jacques M., travaillant au centre hospitalier de Saint-Gaudens, concède connaître de vue Corinne, précisant cependant ne pas avoir travaillé directement avec elle et ne pas se souvenir de son nom. Compte tenu de la proximité de son domicile, de son absence avérée vers 19 heures « pour aller chercher du lait » et du fait que le lieu dit « la Vierge » se trouvait sur son trajet, des vérifications sont effectuées. Cependant, son véhicule, équipé de plusieurs phares et dont le pot d'échappement est défectueux, se révèle être un 4 × 4 Toyota et non une Peugeot 504 ou 505. La piste est donc abandonnée et ne sera reprise que trois ans plus tard.

Entre-temps, la piste « Belgique » est étudiée. En effet, quelques semaines avant sa disparition, Corinne avait fait, avec son amie, un voyage en Belgique, pays d'où était originaire Laurence. Quelles étaient les véritables motivations de ce périple ? Les raisons n'en seront jamais éclaircies. Il sera retrouvé, dans les affaires de Corinne, un courrier d'un mystérieux correspondant belge faisant mention de l'acquisition d'un bien immobilier dans ce pays. Mais l'absence de coordonnées ne permettra pas de « tirer ce fil ».

Bien étranges aussi les propos de ce gendarme de Toulouse. Peu avant son départ, Corinne s'était trouvée dans la Ville Rose, victime du vol de ses papiers d'identité. Une fois la déclaration de perte effectuée, les papiers avaient été refaits juste à temps pour le voyage. Pourquoi, quelque temps plus tard, le même gendarme avait-il déclaré au père de la victime : « Oh, vous savez, votre fille aussi savait mentir » ? Faisait-il allusion à une fausse déclaration de vol ? Les papiers auraient-ils été retrouvés alors qu'ils n'avaient pas été réellement volés ?...

Insolite aussi parfois le comportement de Laurence et notamment sa promptitude à quitter l'appartement commun après les faits. Des vêtements récemment achetés par Corinne ont disparu, ainsi qu'un meuble de salle de bains appartenant à la propriétaire. Aucune explication véritable n'est donnée quant à la destination de ces biens. En outre, qu'a véritablement fait Laurence la nuit du 2 mars ? A-t-elle effectivement entrepris des recherches sur les routes et les parkings, et ce jusqu'à 3 heures du matin, comme elle l'a déclaré à l'émission « Perdu de vue », ou a-t-elle rapidement abandonné en raison du brouillard, comme elle l'a dit au père de Corinne ?

Que penser de plus du fait que la jeune femme, l'après-midi de sa disparition, se soit rendue à Montréjeau se faire délivrer une fiche d'état civil ? Selon Laurence, la délivrance de ce document était indispensable à l'obtention d'un prêt bancaire, prêt destiné à recouvrer une dette contractée envers elle. Et les soupçons de menaces exercées sur Corinne sont-ils véritablement réels ? Rendant visite à une amie de Rieux-Volvestre, elle se serait soudainement dissimulée derrière sa voiture, avouant à son amie étonnée qu'elle se sentait suivie. Un autre jour, en conversation téléphonique avec elle pour le règlement du loyer, la propriétaire se serait vu répondre : « Je ne suis pas chez moi, j'ai peur car maintenant ils savent où j'habite. » Et la mère de Laurence n'a-t-elle pas confirmé que des hommes importunaient les filles et que Corinne se sentait épiée ?

En 1995, le cas de Jacques M. est à nouveau pris en considération. Cette année-là, il est écroué pour une série d'attentats à la pudeur et de viols ; son emploi du temps de la soirée du 3 mars 1992 fait apparaître un trou d'environ une heure. Quittant la ferme de ses parents vers 19 h 30 pour récupérer le lait, il ne serait revenu à son domicile que vers 20 h 30, le tout pour un trajet estimé à dix minutes environ et qui peut précisément passer par le lieu dit « la Vierge ». Qui plus est, et contrairement à ce qu'il avait affirmé aux premiers enquêteurs, il a bien, à Saint-Gaudens, travaillé dans le même service que Corinne. Or, il apparaît que toutes ses victimes, âgées ou non, étaient connues de lui…

L'homme restera toujours évasif sur sa connaissance de la disparue, et ses précisions sur son emploi de temps ne seront pas claires : il avouera avoir « coulé du béton » pour un box à chevaux en construction. Sa concubine niera les faits. Effectuées avec l'aide d'une entreprise de terrassement, les fouilles sur le lieu du box se révéleront vaines.

Dès lors, si l'ambivalence du suspect semble évidente, un point crucial reste en suspend : le véhicule. Toyota ou Peugeot ? Là aussi, les déclarations spontanées de la famille B. se montrent plus délicates, une perquisition effectuée par les enquêteurs ayant été considérée comme un déshonneur. Le témoignage initial de Mme B. parlait bien d'un véhicule « pouvant être une Peugeot 504 ou 505 », faisant du bruit et nantie d'un éclairage ajouté. Élément important, déclarait-t-elle, « à l'intérieur du véhicule, il [lui semblait] avoir reconnu un homme dont le front était légèrement dégarni ». Or, le véhicule de Jacques M., doté d'un plafonnier actionné par l'ouverture des portes, peut permettre, dans un état de semi-obscurité, de voir un visage. Coïncidence, l'intéressé présente un front légèrement dégarni.

Les analyses familiales et psychologiques ne démontreront aucun trouble grave de la personnalité. À noter que les concubines de Jacques M., sans relater une quelconque forme de brutalité, feront état de besoins sexuels fréquents et parfois assortis de propositions pour le moins originales.

Alors, que s'est-il passé réellement ce soir-là pour Corinne ? A-t-elle été enlevée ? Est-elle montée sans son sac à main dans un véhicule conduit par quelqu'un qu'elle connaissait ? Quoi qu'il en soit, sans corps, sans aveux, jamais un faisceau de présomptions, jamais quelques contradictions, jamais une intime conviction ne feront un coupable. Et c'est bien cela qu'a dû penser le juge chargé de l'enquête… en refermant le dossier.

Chapitre VIII

La vie d'un ange

Des braqueurs, des solides, des « beaux mecs », la police judiciaire de Toulouse en a connu quelques-uns, de ceux qui « tapent » sur l'ensemble du territoire, qui n'utilisent jamais de téléphone et ne possèdent presque rien à leur nom si ce n'est un casier judiciaire. Certains, les plus professionnels, sont d'âge mûr. D'autres sont parfois beaucoup plus jeunes, mais des braqueurs octogénaires, le cas est si rare qu'il restera comme l'un des plus pittoresques à jamais traités par ce service.

C'est le 10 octobre 1914, à Bastia, que naît Ange. Pas mauvais garçon, pas foncièrement méchant, pas démon pour un sou, mais un ange qui néanmoins volera toute sa vie. Ange et son frère, Nonce, n'ont que trois ans lorsque leur père, sous-officier de carrière, décède. C'est un oncle, commerçant à Lyon, qui les prend en charge et les place dans une école religieuse. L'armée puis la guerre se succèdent avec leurs lots de petits chapardages récurrents.

En 1943, enfermé à Poissy pour vol, Ange est contraint, avec d'autres détenus, de déterrer les bombes qui n'ont pas explosé sur la division de panzers située à proximité. 1946, 1948, 1950 : de l'île de Ré à Paris, de La Rochelle à Poissy, de coups et blessures en vols aggravés, l'homme visite bon nombre de prisons du pays et assoit sa notoriété dans le milieu. On lui prête même d'avoir dévalisé une banque à Paris en passant par un souterrain.

« Vous voyez, dira un ancien, que celui de Nice n'a finalement rien inventé. »

1955 : huit mois de prison pour vol ; 1958 : un hold-up, une interpellation et une évasion de la prison de Rouen ; 1960 : un an de détention pour usage de faux papiers avant, en 1963, de comparaître aux Assises pour vol avec circonstances aggravantes. Ange y prendra « perpète ».

« Qu'est-ce qu'il est sympa ! » diront ceux qui l'ont connu en cabane, servant même la messe avec une inextinguible foi pour saint Pierre aux Liens, ce martyr qui miraculeusement s'échappa des geôles romaines.

Et en 1964, c'est le grand saut... avec son frère, derrière l'enceinte de la maison d'arrêt de Melun. Une balle part, sans dommage ; un autre mur, une autre échelle, un autre coup de feu, Nonce est blessé mais Ange et lui parviennent à fuir. Marseille, l'Espagne, l'Argentine pour Ange, le Brésil pour Nonce et le cousin corse qu'on retrouve.

« Y a du travail pour vous aux États-Unis. »

C'est la période de la « French Connexion ». L'« héro » arrive à Marseille, il faut la transporter outre-Atlantique. Qu'à cela ne tienne, Ange est prêt. Mais il est arrêté à New York en 1967 avec 2,5 kilogrammes de « dope ». Les policiers américains avaient remarqué la nervosité de ce barman « belge ». Direction Atlanta et son pénitencier, « des gardiens à tous les coins avec des fusils à pompe », où il restera plusieurs mois avant d'être extradé, car la justice française n'a oublié ni son évasion ni sa « perpète » à peine commencée. Retour à la case départ, au pays, où on l'envoie à Fresnes, dont il ne sortira qu'en 1987.

À soixante-treize ans, seul à Paris, que faire mis à part les cartes et les bistrots ? Ange se souvient alors de l'un de ses compagnons d'infortune, un brave gars qui depuis est devenu trappiste.

« Prends-moi dans ton couvent, dit l'ancien prisonnier, que je me repose et m'apaise.

– Mon pote, répond le frère, ici je ne peux pas, mais va donc à Toulouse de ma part voir les petites sœurs des Pauvres, elles te trouveront quelque chose. »

Et c'est effectivement le cas. Mais la mère supérieure de cette communauté sise avenue Jean-Rieux, une sévère Irlandaise, lui impose une discipline qui lui rappelle de mauvais souvenirs.

« En plus, dira-t-il, elle ne me laissait que 360 francs par mois, même pas de quoi jouer au tiercé, il fallait que je trouve de l'argent. »

Le bandit retrouve alors Michel G., pied-noir de quarante-quatre ans demeurant parfois à Labouheyre, dans les Landes, qu'il a connu à Clairvaux et avec lequel, bien sûr, il va reprendre du service.

Lorsque la caissière du Crédit agricole de l'avenue Jean-Rieux actionne, en ce jeudi neigeux du 23 janvier 1992, la gâche d'ouverture de son agence, elle ne se doute pas un seul instant que la personne âgée à laquelle elle vient d'ouvrir va instantanément céder sa place à un autre homme, la quarantaine bedonnante et correctement vêtu.

« Tu bouges pas, je ne te ferai pas de mal, mais dis-moi où est la caisse ! »

L'équipe « du vieux et du jeune » vient de prendre forme. Au total plus de trente vols à main armée seront à mettre à leur actif. Quelques-uns en région bordelaise ou parisienne, la plupart sur Toulouse et très souvent avec le même mode opératoire : la personne âgée se fait ouvrir, puis tantôt cède sa place, tantôt menace les personnes présentes pendant que le complice qu'elle a fait entrer s'empare du contenu de la caisse. Aucune brutalité ne sera jamais commise. Michel G. jouera même les grands seigneurs en distribuant parfois l'argent récolté à des indigents ou à des connaissances en difficulté. Il se présentera souvent dans les hôtels comme un cardiologue suivant de près son patient.

Mais il n'est jamais bon, dit-on, de changer une équipe qui gagne... et manifestement, Ange et Michel ignorent cet adage. Un jeune homme, Patrick, les aide de temps en temps, puis c'est à une charmante brune, Laure, de prêter la main à Michel lorsque le temps humide aiguise par trop les rhumatismes d'Ange. Et le 24 mars 1993 au matin, lors de l'agression contre le Crédit agricole de l'avenue des États-Unis, Laure, dans sa précipitation, oublie... son sac à main sur le guichet. À l'intérieur, sa carte d'identité et diverses photographies, autrement dit du pain bénit pour les enquêteurs. La jeune femme sera interpellée peu après aux alentours de Lyon, et Michel G. à Lille.

Quant à Ange, avec sa « tête à répondre à tous les mandats d'arrêt », il sera « serré » le 25 mars au sein de l'institution religieuse qui l'avait recueilli. Il s'évadera à nouveau quelques mois plus tard, mais cette fois pour de bon, laissant derrière lui aux policiers une image de « caïd » affable et aux gens du milieu celle d'une légende et d'un monde à jamais disparu.

Voilà comment on devient champion de France.
La culture du rugby à Toulouse.
(Archives des Toulousains de Toulouse.)

CHAPITRE IX

Les rugbymen braqueurs

À QUOI TIENT la résolution d'une affaire criminelle ? Au travail, bien sûr ! À la perspicacité, certes. Mais la chance, qui a souvent son rôle à jouer, prend parfois, dans un dénouement positif, une part aussi prépondérante qu'inattendue. Tel fut le cas à Toulouse, en septembre 1995, pour cet important dossier de braquages traité par le service régional de police judiciaire, où les faits relatés ci-après, en tous points exacts, connurent une issue des plus insolites.

C'est à Agen, en mai 1994, que le premier hold-up d'une longue série fut commis par un solitaire à l'encontre d'une banque locale. De type européen, environ trente ans, un mètre soixante-quinze, l'homme à l'accent toulousain s'est fait remettre le contenu de la caisse sous la menace d'un revolver. Rien que de plus classique en somme comme mode opératoire, si ce n'est une particularité : l'individu a fait coucher le personnel.

Déjà connu pour vol à main armée, Éric L., solide rugbyman gersois, sera rapidement identifié par la documentation du service régional de police judiciaire. Dès lors, tout sera mis en place pour le « loger » : surveillances techniques auprès de sa famille, recherches ciblées sur d'anciens complices ou d'anciennes adresses, investigations sur divers véhicules, sans compter bien sûr l'exploitation des caméras d'agences. En vain !

En janvier 1995, il braquera à nouveau, mais cette fois avec un complice tout aussi athlétique que lui, et, là encore, ils feront allonger leurs victimes. Les faits se dérouleront à Gimont, dans le Gers, et à Layrac, en Lot-et-Garonne, autrement dit en zone rurale où les gendarmes, territorialement compétents, le resteront pour ces exactions, malgré une spécificité des actes plus proche de la culture de la police judiciaire que de la leur. Ce sera ensuite au tour de la Caisse d'épargne de Plaisance-du-Touch et des Crédits agricoles de Castelmaurou et de Bessières d'être la cible des malfaiteurs.

Pénétrant grimés, parfois agressifs, regroupant employés et clients avant de leur demander de s'étendre au sol, ils s'emparent eux-mêmes du butin en délaissant la liasse de billets piégés. Leur fuite s'effectue toujours au moyen de véhicules volés à des particuliers, parfois sous la menace. Au total, au cours des mois suivants, une vingtaine de hold-up seront à mettre à leur actif : Bruguières, Muret et Portet-sur-Garonne, en Haute-Garonne ; Labastide-Saint-Pierre, en Tarn-et-Garonne ; Lézat, en Ariège ; Cologne et Saint-Clar, dans le Gers, seront entre autres victimes de leur malveillance et ce sans aucune progression de l'enquête, malgré les efforts soutenus des autorités saisies. Plus le dossier s'épaissira, plus les résultats seront maigres, en dépit de la collaboration, pour une fois étroite, des fonctionnaires des services concernés. Seul le complice, Lucien C., ancien joueur de rugby de Lavelanet et petite frappe notoire, sera finalement reconnu.

« Tu veux manger où ? »

Lorsque Francis C., en fonction à la documentation criminelle de la police judiciaire, posa cette question fondamentale à son ami Joël R., avec lequel il venait de finir la tapisserie de son appartement, il ne pouvait en rien se douter de ce que lui réservait cette douce soirée automnale.

« Je sais pas, dit-il, ça m'est égal...

– Écoute, soit on va au chinois d'à-côté, ou alors un peu plus loin, y a un resto sympa qui fait de la bonne cuisine traditionnelle. Allez, choisis !

– Va pour le traditionnel », répondit Joël.

Rejoints par Cathy, épouse de Francis et enceinte de cinq mois, les deux hommes s'attablèrent aux environs de 20 h 30, en ce jeudi 14 septembre 1995, au restaurant *La Pergola* du quartier Lardenne de Toulouse. Le lapin chasseur venait à peine de réveiller ses papilles que Francis faillit s'étouffer. Devant lui, franchissant la porte d'entrée de l'établissement, les deux braqueurs, ceux-là même que tout le monde recherchait depuis un an, qui faisaient l'objet de plusieurs synthèses, de nombreuses réunions et de toutes les convoitises des hiérarques statisticiens, Éric L. et Lucien C., s'avançaient vers lui pour s'asseoir à la table voisine.

« Ce sont eux, bien sûr, c'est certain... Mais bon, à voir leurs tronches toute la journée, est-ce que tu ne débloquerais pas un peu ? se dit-il. Et puis, si à l'heure qu'il est, tu appelles dix collègues et que c'est pas bon, tu vas passer pour un c... pour le reste de ta carrière. »

Francis décida cependant de téléphoner.

« Jean-Pierre, tu m'entends ? Je suis au resto... *La Pergola*, à Lardenne... Écoute... je suis pas seul... nos amis sont là... Je pense que c'est bon mais viens vérifier, je te fais mettre un couvert. »

Lorsque Jean-Pierre G., collègue et ami de Francis, s'assit et prit la carte en main pour choisir les plats de son second repas de la soirée, un rapide coup d'œil à la table voisine lui suffit à comprendre.

« Alors, dit Francis, qu'en penses-tu de ce menu ?

– Moi, ça me semble pas mauvais. Ça me semble même très bon, répondit-il.

– Ça fait deux fois que je me lève pour téléphoner, dit Francis. À toi maintenant d'appeler le service et de rameuter la cavalerie. »

Vingt longues minutes après, pendant lesquelles Francis s'aperçut que son ami éprouvait quelques difficultés à se verser du vin et que lui-même commençait à manger ses pommes de terre bouillies avec la peau, la cavalerie lourde arriva, se positionnant le plus discrètement possible autour de son objectif.

Lorsque le commissaire Gilles S. leva son bras droit pour saluer l'un de ses amis, celui-ci retomba inexorablement sur Éric L., Francis C. et Jean-Pierre G. se ruant quant à eux sur son complice. Aussitôt menottés et fouillés, les deux braqueurs furent conduits au commissariat central de l'Embouchure, où leur fut notifiée leur garde à vue. À l'intérieur de leur véhicule faussement immatriculé, furent découverts deux sacs contenant deux revolvers approvisionnés, deux grenades quadrillées, un calepin mentionnant des éléments de repérage sur diverses agences et plusieurs liasses de billets. L'affaire était entendue.

Les investigations menées aux domiciles des suspects permirent de découvrir d'autres armes ainsi que des points de chute dans l'Hérault. Un contact fut pris avec la section recherche de la gendarmerie de ce département, et un rapprochement fut fait avec une tentative d'homicide commise en mars sur deux gendarmes à Balaruc. Effectuant un contrôle d'identité à 1 h 30 sur deux individus sortant d'une cabine téléphonique, les deux militaires avaient été grièvement blessés par balles et n'avaient eu la vie sauve que grâce à la célérité des secours. Leur confrontation avec les voyous et les expertises balistiques effectuées par le laboratoire de police scientifique sur les armes découvertes relièrent les deux affaires.

Voilà comment une tapisserie à refaire et un repas à prendre conduisirent à l'interpellation de deux individus d'une extrême dangerosité, interpellation qui apporta aux gendarmes chargés de l'affaire une belle promotion et à Francis C., fonctionnaire administratif à la base de la résolution, une lettre de félicitations (signée par un général de gendarmerie) et une prime de circonstance.

Doit-on en penser, comme Romain Rolland, que « le hasard sait parfois trouver ceux qui savent s'en servir » ou plutôt en conclure, comme Éluard, « qu'il n'y a jamais de hasard, seulement des rendez-vous » ?

CHAPITRE X

L'affaire Fatima

DRAMATIQUE ET TRAGIQUE, un enlèvement ? Oui, bien sûr, et pourtant, que penser de celui dont Fatima S., trois ans, fut victime à Toulouse le 19 août 1996, vers 12 h 30 ? C'est alors qu'elle accompagnait sa demi-sœur, Sabrina B., au centre commercial du quartier du Mirail que la fillette fut amenée de force à l'intérieur d'un véhicule blanc par un homme de couleur noire.

Des premières investigations effectuées par la police judiciaire ressortit le témoignage d'une enfant, Agnès, témoin de la scène, qui corrobora en tout point les faits décrits par la sœur aînée. Une enfant en pleurs avait bien été enlevée par un « monsieur noir portant un chapeau » qui s'était enfui avec une voiture blanche.

Dès lors et de façon concomitante, furent mis en place un dispositif de surveillance technique au domicile des parents ainsi qu'une ligne spéciale au commissariat central destinée à recevoir les appels à témoins. Aucune demande de rançon ne fut jamais reçue.

Tout aussi primordial est l'environnement familial. S'il ne laisse paraître aucun problème de couple, le père, Mohamed S., percevant un revenu suffisant et possédant un emploi stable dans lequel aucune difficulté n'est à noter, il met en revanche en évidence un différend profond avec sa belle-famille. Un précédent vol de bijoux a suscité de fortes suspicions à l'égard de certains cousins et a créé un climat si détestable qu'il a même engendré quelques coups de feu. Étudiée avec toute l'acuité nécessaire, cette piste demeure vaine et est vite abandonnée.

Six jours après le rapt, aucun élément tangible n'était donc à porter au crédit de l'enquête et aucune priorité n'était envisagée. En revanche, les 26 et 27 août générèrent l'émoi des enquêteurs. Plusieurs appels téléphoniques arrivèrent sur la ligne directe du service régional de police judiciaire. L'un d'eux, renouvelé à maintes reprises, émanait d'une petite fille disant se prénommer Fatima, qui après quelques mots raccrochait de façon systématique. Les coups de téléphone furent localisés dans un hameau isolé du département des Pyrénées-Orientales. Curieusement, un autre appel, provenant d'un photographe et correspondant de presse, signalait avoir pris la veille en auto-stop une jeune femme d'origine maghrébine et une enfant de trois ou quatre ans, et ce dans les environs de Villefranche-de-Conflent, c'est-à-dire dans le même département.

Sur place, il apparut que la jeune Laetitia B. avait appelé par simple jeu après avoir lu plusieurs articles sur l'affaire et que la fillette prise en auto-stop venait rendre visite à ses grands-parents en compagnie de sa mère.

Le véhicule blanc fut aussi l'objet de toutes les attentions. Les enquêtes de voisinage et les divers recoupements axèrent les recherches sur une voiture de marque Renault de type R 11 ou R 21. De très nombreux propriétaires furent contrôlés, minutieusement entendus, là aussi sans résultat. À l'évidence, en l'absence de toute revendication, l'éventualité d'un rapt commis par un pervers ou par une personne en mal d'enfant devenait la plus envisageable et l'issue de retrouver l'enfant vivante de plus en plus incertaine.

Lorsque M. B. vit, en ce dimanche 29 septembre, un véhicule blanc, tous phares allumés, qui effectuait une manœuvre devant chez lui, il pensa tout d'abord à un chasseur qui aurait pu s'égarer. Il était 7 h 15, nous étions en pleine période et en plein jour de chasse, et à part les amateurs, à cette heure-là, dans ce lotissement de Labarthe-Inard, à près de quatre-vingts kilomètres de Toulouse et en pleine zone rurale, peu de voitures circulaient. En revanche, lorsqu'il entendit, quelques instants plus tard, des pleurs d'enfant, il comprit très vite que quelque chose d'inhabituel se passait. Au-dehors, son voisin, M. C., se trouvait en compagnie d'une fillette correctement vêtue, qui venait de lui dire que sa maman était partie. Fatima venait d'être retrouvée en parfaite santé et nullement choquée. Accueillie au domicile de M. C. pour y être réconfortée, elle ne se montra ni prostrée ni traumatisée.

Les examens cliniques complets effectués peu après au centre hospitalier de Saint-Gaudens ne firent état d'aucune lésion, ni d'aucune privation. D'autres investigations confirmeront plus tard l'absence de sévices à caractère sexuel. Malgré l'issue heureuse, l'enquête se poursuivit. Fatima portait quelques vêtements récents qui firent l'objet de recherches auprès de bon nombre de fournisseurs locaux. Mais là aussi, malgré l'excellent travail fourni par l'inspecteur divisionnaire Marcel G., les recherches ne furent suivies d'aucun effet, le ou les ravisseurs ayant très vraisemblablement réglé en espèces.

Pas de rançon, pas de mobile apparent, aucun véritable élément d'enquête et une issue aussi heureuse qu'inattendue, voilà qui sans nul doute restera, avec l'affaire Marion un peu plus tard, l'un des cas d'enlèvement les plus énigmatiques confiés à la police judiciaire de Toulouse.

Deuxième partie

Histoires insolites

Le pont Saint-Pierre et l'église Saint-Nicolas, à Toulouse.
(Archives des Toulousains de Toulouse.)

CHAPITRE I

Patrimoine toulousain

La Toulousaino

On la connaît, ou du moins on la connaissait, cette fameuse chanson, cet hymne à Toulouse à qui Claude a fait un clin d'œil, mêlant l'occitan au français et son refrain aux paroles originelles : « *Ô moun païs, ô Toulouso, ô Toulouso.* » Il y a vingt ans encore, son air était de toutes les « *baloches* », de toutes les fins de repas, de toutes les cérémonies, grisant, de son identité et d'une langue qu'alors tout le monde maîtrisait, le bonheur des Haut-Garonnais de jadis. C'est en 1844, à Paris, que cette chanson est née, sous les doigts exilés de son créateur, un jeune musicien dénommé Louis Deffes, pianiste qui va lui-même nous conter la naissance insolite de ce qui fut son principal succès.

« J'avais alors vingt-cinq ans, élève au Conservatoire de Paris, et je donnais, en dehors des cours, quelques leçons de piano et de solfège dont le produit allégeait d'autant l'effort que mes parents devaient consentir pour m'entretenir dans la capitale. Un matin, le concierge me monta une lettre, au moment où je donnais un cours à une jeune Toulousaine. C'était une lettre dans laquelle un de mes amis me transmettait une belle poésie de Lucien Mengaud, *La Toulousaino*, en me priant, disait-il, de mettre quelque musique dessus. Une fête devait incessamment être donnée au Capitole et il désirait, en cette circonstance, faire interpréter l'œuvre qu'il me demandait. "Que d'honneur !" m'écriai-je en riant, tout en me mettant à lire la poésie à haute voix :

« “*Ô moun païs, ô Toulouso, ô Toulouso / Qu'aïmi tas flous, toun cèl, toun soulèl d'or*[1]...”

« – Mais c'est très joli, m'interrompit la jeune fillc. Qu'allez-vous faire là-dessus ? Quelle allure allez-vous donner à votre composition ?

« – Oh, répondis-je, je n'en sais trop rien. Tenez, quelque chose comme ceci...

« – Bravo ! Bravo ! s'exclama mon élève, dès les premiers accords. C'est superbe, enlevant, notez-le tout de suite !”

« Après l'avoir noté, j'écrivis le couplet, puis, le soir, sur le piano du Conservatoire, je me suis mis à l'orchestration.

« “C'est très beau cela, dit mon professeur, vous devriez le garder pour le final d'un grand opéra et faire un autre chant pour votre pays.”

Un extrait de la chanson La Toulousaino.
(Photographie de l'auteur.)

1. *« Ô mon pays, ô Toulouse, ô Toulouse / J'aime tes fleurs, ton ciel, ton soleil d'or... »*

« Je n'en fis rien et, quelques jours plus tard, j'envoyai mon œuvre qui, le 30 avril 1845, fut exécutée au théâtre du Capitole au milieu des acclamations. Si, à cette date, j'avais complètement oublié ma *Toulousaino*, la lettre de mon père me faisant part de son succès triomphal me causa autant de surprise que de joie. »

Dès lors, la chanson fit partie intégrante du patrimoine régional.

« Comment expliquez-vous, demanda-t-on un jour à Louis Deffes, le succès étourdissant de votre hymne ?

– Difficile à dire, répondit-il, il est venu au bon moment, peut-être celui où les Toulousains avaient le désir de porter haut et fièrement la reconnaissance de leur cité. Ceci dit, remarquez une chose, la similitude de construction de ma chanson avec celle de *La Marseillaise* : même verve, même entrain, "*Ô moun païs*" pouvant se rapprocher de "Aux armes, citoyens", les deux pouvant être le jaillissement de l'âme, spontané, irrésistible, celui qui soulève le cœur vers plus haut que soi. »

Aujourd'hui, mis à part de quelques anciens, *La Toulousaino* n'est plus connue de grand monde. Pourtant, ne serait-ce que pour la beauté de la langue – et ce sans régionalisme exacerbé –, elle mériterait, en compagnie du chant de Claude Nougaro, de retrouver, ici au moins, la place qui lui est due. Quand un hymne et une langue se perdent, c'est que le *païs* n'est pas loin de mourir.

Les rues de Toulouse

Vous êtes toulousain ? Vous habitez Toulouse ? Quelle rue déjà ? Ah oui ! La fameuse rue... au nom si insolite, si révélateur. Mais ce nom, ce qualificatif, français ou occitan, en connaissez-vous véritablement la traduction et l'origine ? Bref, en connaissez-vous tout bonnement l'histoire ?

Sachez tout d'abord que, au Moyen Âge, les rues ne portant pas de noms, la désignation de l'artère ou du *moulon* (« îlot de maisons ») était le plus souvent empruntée à une corporation, à un bâtiment public, voire à un propriétaire un peu plus riche ou un peu plus célèbre que les autres, et que ce n'est véritablement

Voici le Capitole, j'y arrête mes pas.
La place, telle qu'elle était au début du XXe siècle.
(Archives des Toulousains de Toulouse.)

qu'au XVIe siècle que les voies figureront régulièrement sur les registres, certaines restant néanmoins toujours désignées par leurs aboutissants, rue qui va de tel endroit à tel endroit. Il faudra en fait attendre le XVIIIe siècle pour sceller définitivement la consécration officielle de l'usage en entérinant, par la pose de pierres indicatrices, la dénomination de l'endroit.

Dès lors, au gré de la langue, des métiers exercés, des événements politiques ou des facéties locales, les désignations originelles ne cesseront d'être remodelées selon les circonstances.

Lorsqu'un certain Baragnon se prit un soir d'inviter à souper l'un de ses amis, pouvait-il se douter qu'à jamais son nom resterait associé à cette artère du centre-ville ? « Baragnon, on me tue ! » cria le convive en étant agressé. « Baragnon me tue ! » entendirent les voisins. Condamné à mort et exécuté, le pauvre Baragnon se vit « offrir » une croix expiatoire, les vrais assassins ayant été démasqués un peu plus tard.

Connaissez-vous la rue des Nobles ? Non, et c'est bien normal, car elle est devenue au début du siècle dernier la rue Fermat, peut-être moins par souci de rendre hommage au grand mathématicien que par désir de discréditer la noblesse.

Et la rue du Coq-d'Inde, autrement dit « le dindon », animal alors rare et fort prisé importé par les jésuites, saviez-vous qu'il y avait là une auberge dont l'enseigne représentait la fameuse volaille ?

Qui ne connaît Sesquières, sa rue ou son lieu-dit en périphérie ? Et pourtant, qui sait que ce surnom était donné aux rempailleurs de chaises, baptisés les « sesquiers » en raison des feuilles de la plante aquatique – la *sesca* – qu'ils utilisaient.

La rue des Polinaires tire quant à elle son origine de la corporation des polisseurs ou brunisseurs de métaux qui y résidaient. Idem pour la rue Peyrolières, habitée principalement par les fabricants de *payrols*, c'est-à-dire de chaudrons.

La rue des Tourneurs ? On y tournait... le bois bien sûr, après que l'artère fut dénommée rue des Grasaliers en référence aux *grasals* ou « auges de bois » qui y étaient fabriquées.

Y avaient-ils des pommiers à l'emplacement de l'actuelle rue de la Pomme ? Cela n'est pas certain pour cette artère, autrefois dite « des Imagiers » en raison du grand nombre d'artistes enlumineurs qui la peuplaient. Plus prosaïquement, c'est de l'ancienne hôtellerie du Logis-de-la-Pomme qu'elle tient vraisemblablement son nom. Un peu la même origine pour la rue de l'Homme-Armé, dont l'auberge, sise en ce lieu au XVe siècle, portait comme enseigne l'effigie d'un « sauvage » armé d'une massue.

Quel agréable quartier aujourd'hui que celui de Saint-Georges, ainsi appelé dès 1849, depuis que ses habitants ont tout fait pour effacer l'appellation « des Bœufs » dont il était affublé. La place en elle-même existait déjà sous ce nom ou sous celui de Montaigon, et elle possédait au Moyen Âge un couvert qui l'entourait pratiquement en totalité, couvert sous lequel se tenaient les marchés au vin et les grandes assemblées populaires. Au XVIIIe siècle s'y déroulait « le marché des proxénètes », les proxénètes étant autrefois les marchands fripiers, revendeurs de haillons, de hardes, de vieux objets ou de vieux outils de toutes sortes. C'est aussi là qu'en 1518 le célèbre cordelier Thomas Illiricus vint exercer ses prédications, écouté par une foule agglutinée sur des bancs dressés en amphithéâtre, l'église toute proche se révélant trop petite. Plus tard, la place vit se dérouler de nombreuses exécutions, notamment celle en 1589 du malheureux Duranti, cloué au pilori après avoir été massacré par les ligueurs, et bien sûr celle de Jean Calas en 1762.

Comme son nom le laisse supposer, la rue des Filatiers regroupait à l'époque médiévale de nombreux fileurs de lin. Quant à la rue Maletache, son nom pourrait venir des fripiers ou dégraisseurs, communément appelés « Male-Tache ». Celui de la rue des Quatre-Billards est issu du café du même nom, référencé d'ailleurs en 1761 dans les interrogatoires de l'affaire Calas.

Des « pharaons » seraient entrés dans notre ville en y laissant l'éternité de leur passage et en donnant leur titre à l'une des voies les plus anciennes ? À moins qu'il ne s'agisse plutôt d'une déformation du nom de Raimond d'Alfaro, bailli du comte Raimond, celui-là même qui dirigea le massacre des inquisiteurs à Avignonnet.

Autre déformation linguistique que celle de la rue du Canard, qui manifestement ne tire nullement son nom du palmipède bien connu, mais plus sûrement du sieur Cagnard qui vivait dans les parages, tout comme d'ailleurs la rue de La Pléau tire le sien de l'importance de l'ancienne demeure de la famille Lapléau.

Non loin de là, se trouve la célèbre place du Salin, lieu où se déroulaient la plupart des exécutions par pendaison, bûcher ou supplice de la roue. Conservé dans les anciens actes latins, le nom vient directement du salin royal qui y était entreposé. Cette place, probablement la plus ancienne de Toulouse, voyait les comédiens, jongleurs ou montreurs d'animaux distraire la population et recevait les grands marchés et les grandes foires annuelles. Marchés où les commerçants venaient avec leurs ânes qu'ils remisaient dans la voie dite aujourd'hui « des Azes ».

Au XIVe siècle, l'éclairage des artères étant fort en vogue, se créa une corporation des fabricants de lanternes, plus précisément positionnés dans la rue Lanternières.

En occitan, faire bombance se dit « *se tampouna* ». Est-ce donc ce terme qui a donné la dénomination de « Temponières » à cette artère nantie de nombreux estaminets, ou alors est-ce le patronyme d'un habitant des lieux ? Difficile à dire.

Plus facile est la traduction de « Fourbastard », rue référencée dès le XIVe siècle et qui doit son nom au four public qui se trouvait à l'actuel numéro 3.

De nombreux puits alimentaient bien évidemment la ville. Certains étaient clos ; d'autres, creusés. L'un des puits était au XVIe siècle surmonté d'un pilier de bois au bout duquel était suspendue une *canlebo*, autrement dit une perche faisant bascule pour puiser l'eau. Ladite perche étant peinte, la rue deviendra « Perchepinte ».

Que dire des appellations spécifiquement occitanes qui se suffisent à elles-mêmes ? impasse Canto-Laouzetto (« chante-alouette »), rue Negogousses (« noie-chien »), rue Nego-Saoumos (« noie-mule »), rue Nego-Roumieu (de l'ancien nom du pont de Balma, sur l'Hers, où durent se noyer quelques pèlerins) ou rue Tinde-l'Esclop (du bruit, à Port-Garaud, des sabots battant le pavé).

La rue des Blanchers, jadis « des Pescadours », tire son étymologie des blanchisseurs de cuirs qui, très anciennement, avaient leur corporation en cette rue, le mot « pescadours » venant quant à lui des nombreux pêcheurs qui y résidaient.

Les rues Tripière et Bédelières, en ce qui les concerne, s'appellent ainsi en raison des nombreux bouchers et tripiers (*bedel* signifie « veau » en languedocien) dont les étals emplissaient l'endroit.

Endroit historique par excellence, puisque les troupes toulousaines y bataillèrent farouchement sous le ramage d'un orme contre celles de Simon de Montfort, la place Saintes-Scarbes, ou Saintes-Carbes, fut vraisemblablement appelée ainsi en raison de l'oratoire qui se trouvait précisément sous l'arbre et auquel étaient offertes les premières gerbes de la nouvelle moisson.

Appellation fort alléchante que celle « des Trois-Banquets » ! Et pourtant, peu d'agapes en l'occurrence justifient ce nom... au mieux, trois bancs de boucherie qui s'étaient établis dans cette rue.

Les religieux ne manquèrent pas non plus de laisser des traces de leur présence. Le nom de la rue Boulbonne, vient des moines cisterciens de Bolbonne, qui possédaient une maison collégiale dans cette artère. Les confréries des pénitents blancs, gris, bleus ou noirs, qui étaient des laïques, marquèrent tout autant la ville de leur empreinte.

Affirmation bien connue, les grillons aiment la chaleur. Alors faisons-leur un four où ils pourront se réfugier, hiver comme été, et baptisons les lieux « rue Cantegril ».

Tout aussi champêtre, le pont des Demoiselles, où certaines, qui ne l'étaient plus, se promenaient tardivement. Ce lieu était bien plus frivole que le chemin de la Salade-Ponsan, Ponsan étant le nom d'un habitant local et Salade celui d'une danse, le tout désignant l'emplacement des gibets de la ville où les pendus « dansaient » au gré des vents.

Très ancienne rue de Toulouse, la rue du Poids-de-l'Huile doit quant à elle sa dénomination à la maison commune qui s'y trouvait, dite « Maison de l'enclos », où les huiles, jambons et autres chairs salées étaient entreposés pour y être pesés avant d'être livrés aux marchands.

Bien respectable devait être l'auberge dont trois coucous ornaient l'enseigne ; *lé coucut* occitan a dû perdre un « u » en s'envolant pour nous laisser aujourd'hui le quartier des Trois-Cocus. Celle du Tessou était-elle propre ? Et celles du Talon-de-Cuir ou du Pistoulet-Chinchat, où Goudouli a dû s'humecter de sirop de *mouscaillous* (de vin) ? Ces auberges, en hommage à Bacchus, voyaient leur devanture ornée de lierre sur lequel étaient fixées des cocardes en papier rouge et blanc pour préciser la vente de vin des deux couleurs.

Sans parler de ces « griffouls » (d'Orval) qui étaient, en langage vernaculaire, les fontaines publiques. Certaines possédaient, paraît-il, comme celle de la Coquille, des eaux bénéfiques à ceux et celles qui voulaient se marier dans l'année. D'autres furent carrément qualifiées de miraculeuses, notamment celle du faubourg Bonnefoy. En 1863, lors de la construction de l'église et alors que l'absence d'eau se faisait cruellement sentir sur ce coteau, un puisatier creusa sans résultat jusqu'à treize mètres. Tout d'un coup, alors que ses efforts étaient accompagnés de quelques *Ave Maria*, jaillit une source fraîche et abondante qui eut beaucoup de succès et occasionna bon nombre de guérisons. À 1 sou le litre, l'eau était même expédiée par train après avoir été mise dans des bonbonnes.

Qui pourrait encore aujourd'hui, comme Jules Chalande, refaire vivre ces noms et ces lieux ? Qui, à part peut-être ces personnages ô combien atypiques que Toulouse a connus : la dame Guillalme de Saintes-Scarbes peut-être, qui était si grasse qu'elle faisait trois mentons ; le « tastayre de bi » de Saint-Georges ; ou encore le courageux M. Gingi, « *qué taillabo la car sus sa bragreto per faute de tailladou*[1] ». Les hommes partent, les mots restent.

Les embarras de Toulouse au XVIIIe siècle

« Ah, ma bonne dame, quand je vois ce qu'on subit aujourd'hui, de la rocade du Palays à celle des Ponts-Jumeaux, sans parler du bord du canal le vendredi soir, comme il devait faire bon, autrefois, circuler à Toulouse.

– Eh bien, madame, détrompez-vous. Car dès le XVIIIe siècle, pour tout vous dire, la Ville Rose était sujette à toutes sortes de problèmes de circulation, difficultés d'ailleurs moins liées aux flots incessants des véhicules, comme de nos jours, qu'au fait que bon nombre de rues, déjà plus étroites, étaient le plus souvent obturées. »

Quand ce n'étaient pas les marchands et leurs étals, quand ce n'étaient pas les charrettes, les bestiaux ou les matériaux divers, quand ce n'étaient pas les joueurs de boules, les tonneaux ou parfois même des meubles, c'étaient les charpentiers, les charrons ou les tailleurs de pierres qui encombraient la voie publique. Sans compter les bancs et les chaises qui se révélaient source d'accidents. Eh oui, les bancs et les chaises ! Car ne l'oublions pas, Toulouse est une ville méridionale, et l'habitude de s'asseoir sur le pas de la porte, aux périodes propices, était fort prisée. Lorsque les voitures à chevaux passaient, il fallait donc au plus vite se ranger à l'intérieur. On imagine les accidents.

1. *« Qui tallait la viande sur sa braguette, faute de planche. »*

Des taxis devant la gare Matabiau en construction.
(Archives des Toulousains de Toulouse.)

Même les artères plus importantes, voire les places comme celle du Capitole (à l'époque, place Royale), se trouvaient confrontées à ce type d'embarras. Car beaucoup de vendeurs de fruits et légumes ou de volaillers étalaient inexorablement leurs produits ou leurs bêtes dans les rues adjacentes, occasionnant parfois quelques prises de becs mémorables. Même l'esplanade du Grand-Rond était touchée. Des bœufs et des chevaux y paissaient souvent en toute sérénité, au milieu des marchands de bois ou d'artisans divers. Les femmes, quant à elles, plantaient des clous dans les arbres pour tendre des cordes et suspendre leur linge et les porteurs de chaises, taxis de l'époque, stationnaient, là comme ailleurs, de façon anarchique.

Devant un tel désordre, les Capitouls entreprirent donc, vers 1780, d'assainir la situation en instaurant des règles on ne peut plus strictes.

Pour les porteurs de chaises, la répression fut draconienne. Le problème initial venant d'un manque de réglementation, tout fut vite planifié. En effet, non seulement les porteurs ne numérotaient pas leurs chaises, non seulement, pour la plupart étrangers à la ville, ils ne s'inscrivaient pas au greffe de police, mais ils pratiquaient des taris excessifs, stationnaient n'importe où et avaient souvent des rapports conflictuels avec leurs concurrents directs, les cochers. Dès lors, sous peine de prison, ils furent obligés de respecter un tarif précis et une certaine déontologie : notamment prendre le premier client qui se présentait en indiquant, si la chaise était déjà retenue, le nom de la personne en question ; s'inscrire au registre de police ; placer leurs chaises sur les places de la ville et non pas les cacher dans les maisons, le tout sans maltraiter ou injurier les cochers. Ces derniers devaient quant à eux stationner uniquement sur les places de la Trinité, Rouaix et Croix-Baragnon, pour un service de 8 heures du matin à 8 heures du soir, et ne pas refuser les clients.

L'actuel Grand-Rond fut interdit, sous peine d'amende, aux joueurs de boules et de quilles, le bétail fut soumis à confiscation en cas de divagation dans les allées et les artisans furent priés de déposer leurs objets encombrants en un autre endroit qu'en ce lieu de promenade.

La promenade au Grand-Rond en famille.
(Archives des Toulousains de Toulouse.)

Quant aux petites artères de la ville, il fut défendu aux riverains de s'asseoir sur des chaises dans les rues, de jour comme de nuit, et aux vendeurs de fruits de monopoliser les bancs publics. Bancs publics que les décrotteurs de chaussures ne devaient en aucun cas utiliser pour leur travail.

Ce pouvoir coercitif, soixante ans plus tard, se verra étendu par un avis du maire adjoint de la ville à un tout autre domaine :

« Le maire de Toulouse a l'honneur d'informer ses administrés qu'afin de prévenir les inconvénients résultant de l'existence du grand nombre de chiens errants et abandonnés qui parcourent la ville, il sera jeté du poison, dans les rues et la banlieue, soit de jour, soit de nuit. Les personnes qui possèdent des chiens de prix sont invitées à ne point les laisser divaguer pendant ce temps, attendu que la mesure de répandre du poison n'est prise que pour atteindre les chiens errants et abandonnés qui peuvent être dangereux. »

Comme quoi, vous voyez bien, ma bonne dame, à autres temps autres mœurs, certes, mais avec sur le fond des tracas comparables à ceux éprouvés de nos jours. L'histoire étant, comme chacun sait, un éternel recommencement.

Chez ma tante

« Philippe, où est votre montre ?

– Chez ma tante, mère. »

C'est ainsi que le prince de Joinville, troisième fils de Louis-Philippe, répondit à sa mère, n'osant lui avouer qu'il avait déposé sa montre au mont-de-piété pour honorer ses dettes de jeu. Depuis, restée célèbre, l'expression est associée à cette institution au même titre que « mettre au clou », qui renvoie à l'image de ces objets hétéroclites déposés en gage et suspendus à des clous.

Créées initialement en 1462 par un moine italien sous le vocable de « Monte Pieta », les avances sans frais et sans intérêt contre gage vont vite se répandre dans toute l'Europe. Appelées en France « mont-de-piété », ces premières banques privées vont se vulgariser aux XVIe et XVIIe siècles, Paris fondant la sienne en 1777.

Ce n'est qu'en 1827 que, sous l'impulsion du comte de Villèle, alors président du Conseil, et d'un prélat, Toulouse verra s'ouvrir

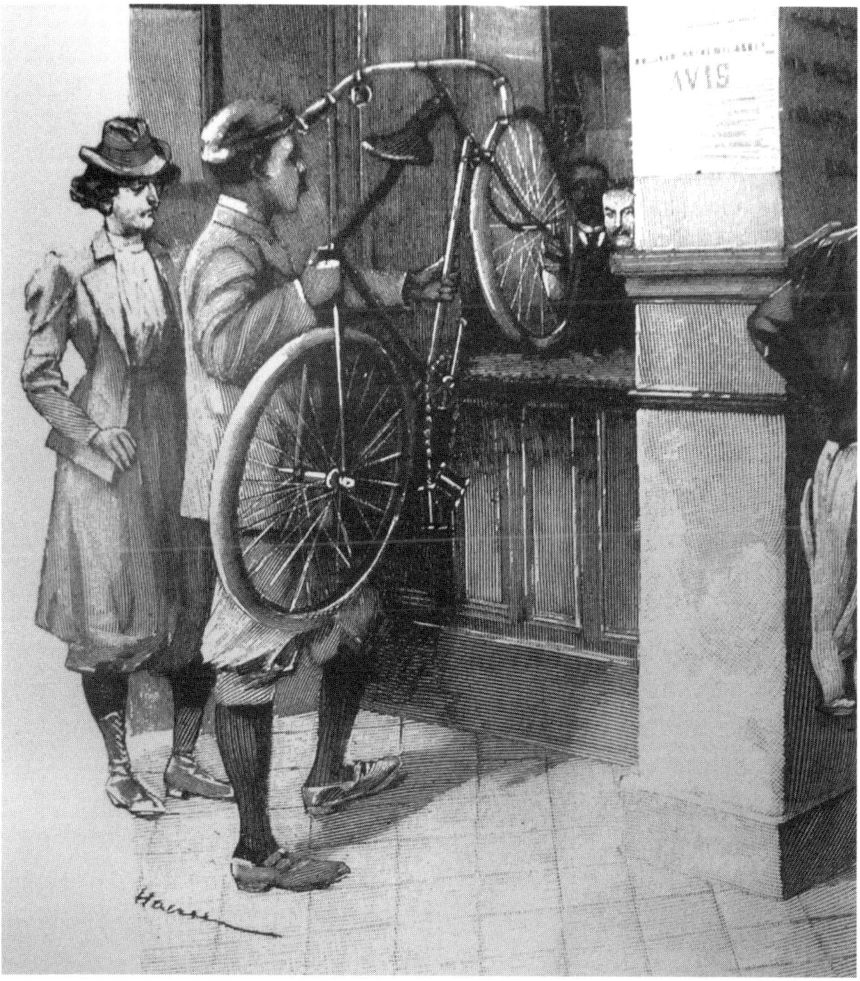

« Et si nous allions chez ma tante ? »
(Archives Crédit municipal.)

sa « Société du prêt gratuit », prélude au mont-de-piété toulousain, qui sera quant à lui inauguré quarante ans plus tard dans une ancienne literie militaire sise au numéro 29 de la rue des Lois.

Les années 1869, avec la défaite de Sedan, et 1871, avec la Commune, feront connaître quelques zones de turbulence à l'institution, qui parviendra néanmoins à prouver sa solidité structurelle et à montrer son influence, notamment en 1875, avec le secours aux innombrables victimes des inondations.

Des meubles, des bijoux, des armes, des tableaux ou des glaces vont vite se retrouver agglutinés et nécessiter une place accrue. De même, la désinfection des vêtements et objets de literie déposés nécessitera l'achat d'une étuve géante « pour se débarrasser des germes morbides et se préserver des parasites ». Les années 1900 scelleront véritablement l'essor du mont-de-piété toulousain et un bâtiment mitoyen à celui existant sera acheté pour augmenter le volume de stockage. Dès lors, de Toulouse à sa proche banlieue, du bourgeois en mal de liquidités à l'ouvrier endetté, de nombreuses personnes n'auront de cesse de recourir à ses services et à ses bienfaits.

La Grande Guerre fera subir au mont-de-piété le contrecoup de la crise, le taux et le montant des prêts étant plafonnés. L'argenterie, les bijoux, le métal blanc et les parapluies l'emporteront sur les draps et le linge, les petits propriétaires et les femmes de soldats constituant la principale clientèle. 1918 sera l'année du bouleversement des statuts puisque l'institution, avec l'accord de la commune, deviendra le Crédit municipal et sera désignée comme établissement d'utilité publique, développant une vocation bancaire qui s'affirmera de jour en jour.

Le prêt gagé sur automobiles constituera la ligne de conduite des années 1930, le vaste sous-sol de l'établissement étant transformé en garage. Cette activité, d'ailleurs, ne s'éteindra qu'en 1995 avec la disparition du dernier véhicule remisé, une Peugeot 403.

L'Occupation verra le Crédit municipal se replier, et ce jusqu'aux années 1950, où un nouvel axe vers les prêts aux fonctionnaires sera mis en place. Le volume des prêts sur gage diminuera et les grandes ventes aux enchères de bijoux ou de brillants constitueront dès lors des événements marquants. C'est à cette époque et vers le début des années 1960 que le Crédit municipal verra venir à lui « une clientèle variée de personnes en difficulté, femmes âgées ou seules, qui viennent par habitude déposer du linge neuf (désormais le seul accepté), mais aussi des petits ustensiles de cuisine comme des casseroles ».

Les années 1970 transformeront définitivement l'établissement en banque à part entière à laquelle son autonomie des ressources assurera une totale indépendance. Vocation qui sera totalement remise en question dans les années 1990, où le recentrage sur les activités d'origine sera exercé avec de fait une remise en cause de l'activité bancaire. Aujourd'hui, le prêt sur gage est toujours d'activité, renouant ainsi avec sa mission d'origine : la solidarité de « chez ma tante ».

Les « bedoucettes » toulousaines

« Chéri, t'as sorti la poubelle ? »

Question fondamentale s'il en est. Et pourtant, on n'entend par trop ce terme de poubelle alors qu'il est si impropre à la réalité historique et si ingrat envers son véritable concepteur. Car, le saviez-vous, ce chatoyant réceptacle, souvent bleu ciel et si délicatement déposé journellement devant nos portes, est d'origine toulousaine. Certes, c'est bien M. Poubelle, alors préfet de Paris, qui imposa en 1884 à tous les propriétaires d'immeubles de mettre à la disposition de leurs locataires des récipients communs, mais c'est bien M. Bedouce, maire de Toulouse et plus tard ministre, qui perfectionna l'objet pour le rendre conforme à l'image d'aujourd'hui.

En effet, la poubelle d'origine était un récipient métallique, généralement cylindrique, dont le couvercle, lui aussi métallique, ne manquait pas de tomber, de se cabosser, voire de servir de bouclier aux garnements du quartier. Albert Bedouce eut donc l'ingénieuse idée, au début du XXe siècle, de solidariser le couvercle et le seau grâce à deux montants articulés, lesquels permettaient de soulever le couvercle et de le faire basculer sur le côté sans qu'il puisse être séparé de son réceptacle.

Très vite adopté par les Toulousains, l'objet eut le mérite de moderniser un service de ramassage des ordures ménagères, qui, peut-être par souci de conserver les traditions, tardait à évoluer. Car dans les années 1920, c'était toujours de lourds tombereaux bleus ou marrons, tirés par d'énormes chevaux aux membres couverts de poils, qui effectuaient ce service. Bien nourries, bien traitées, les bêtes étaient en totale osmose avec leurs maîtres, s'arrêtant d'elles-mêmes de bedoucette en bedoucette, embarquant les odorants déchets poudrés du gris des cendres des cheminées et des cuisinières à charbon, et déposant derrière elles, en juste compensation, l'obole fumante qui allait faire fleurir les géraniums de la locataire. Le chargement était ensuite déposé vers des champs d'épandage avant que l'éboueur, assis sur le côté gauche du tombereau, à l'emplacement du « fait-néant », ne s'allonge sur son sac de jute pour regagner tranquillement son dépôt, savamment guidé par sa monture.

Toute médaille a néanmoins son revers et les bedoucettes se révélèrent dramatiquement gênantes pour deux couches de la population locale : les chiens et les *peilharòts*, les premiers s'ingéniant malgré tout à tenter de faire tomber les couvercles, les seconds continuant, avec leurs ânes et leurs petites charrettes, à passer dans les rues en criant : « *Peilharòt, peilharòt, pels* de *lèbres, pels* de lapins[1] », et à récolter les sempiternelles vieilleries qui se retrouvaient ensuite à l'*inquet* (« l'hameçon ») du marché aux puces de Saint-Sernin. Un poète du temps rapportait en ce sens :

L'inquet. *Un hameçon pour des puces.*
(Archives des Toulousains de Toulouse.)

1. *« Chiffonnier, chiffonnier, peaux de lièvres, peaux de lapins. »*

« Le couvercle élégant des neuves bedoucettes
gênera le crochet de beaucoup de chercheurs,
et les chiens affamés, sans os de côtbelettes,
hurleront contre vous leur haine, leur rancœur. »

Ce ne fut en fait que peu avant la Seconde Guerre mondiale qu'apparurent les premières voitures de ramassage, toujours hippomobiles mais équipées de pneumatiques et non plus de roues cerclées de fer, et nanties de couvercles basculants qui permettaient d'éviter autant la dispersion des débris par grand vent que l'alourdissement de la charge les jours de pluie.

L'occupation allemande verra malheureusement les chevaux s'amaigrir autant que leurs conducteurs, la pénurie générale ayant considérablement diminué les charges des bedoucettes.

Sur les voitures grises, on pouvait lire en lettres blanches :
« Os donnerez, savon vous aurez,
Vieux papiers donnerez, journaux vous aurez. »

Rendons en conséquence à Bedouce ce qui lui appartient tout en laissant le mot de la fin au même poète toulousain qui s'extasia quant à lui que :

« Rien ne pouvait compléter mieux
les embellissements heureux
de la cité des Violettes
que d'artistiques bedoucettes. »

L'or bleu toulousain : le pastel

Quand la magie du bleu dépose son or sur une plante, c'est bien sûr le pays tout entier qui en profite. Tel a été le cas, chez nous, en Haute-Garonne, au XVIe siècle où, comme une étoile en plein jour, la fleur jaune du pastel, bleuie par l'homme, a posé sa richesse sur toute notre région.

De tout temps, le bleu a été la teinte préférée des rois et des grands de ce monde. Symbole de la sagesse, de la piété, du bonheur, il a revêtu, depuis la plus haute antiquité, comme couleur

L'hôtel d'Assézat dans toute sa splendeur.
(Photographie de l'auteur.)

du ciel et de la mer, l'image de l'inaccessibilité, de la pureté absolue, de l'au-delà. Et même si, à la Renaissance, le protestantisme lui a préféré des teintes plus sombres, le XVIe siècle a vu renaître, par la maîtrise chimique du pastel, la vogue envers cette couleur, et la plante a connu son apogée à cette période. Plante étonnante à plus d'un titre, le pastel l'a été tant pour ses vertus médicinales, efficaces contre les affections du foie et de la peau, que par sa grande résistance naturelle aux variations climatiques, qu'il s'agisse des grands froids ou des grandes sécheresses.

Si le pastel n'a pas été découvert par les Occitans, ceux-ci sont en revanche à l'origine du terme « cocagne », qui révèle un mode de préparation bien particulier qui durait environ six mois. Dépoussiérées et lavées, les feuilles étaient entassées dans des hangars pavés et bien aérés avant d'être écrasées sous une meule jusqu'à se trouver réduites à l'état de bouillie aussi fine que possible. La pâte épaisse ainsi obtenue était laissée à reposer une quinzaine de jours avant de subir un parfait lissage, et la surface était alors enduite d'une gelée d'ail pilé destinée à éviter toute ponte de mouche.

Venait ensuite la confection même de la cocagne, autrement dit de la boule plus ou moins sphérique fabriquée à la main à partir de cette pâte. De la taille d'une pomme ou d'un petit melon, cette boule encore humide variait alors de soixante à sept cents grammes selon les endroits. Comme en témoigne un inventaire, on trouvait, stockées dans les entrepôts de Caraman ou de Bourg-Saint-Bernard, plus de sept cent quinze mille cocagnes en 1704. Les coques devaient sécher ensuite quatre à six semaines suivant les saisons et étaient empilées à cette fin dans des hangars dits « agrenoirs » comme celui, toujours en état, du château de Magrin.

Venait ensuite la délicate alchimie de l'*agranat* (de « moudre », en occitan). Après avoir durcies en séchant, les coques étaient brisées en menus fragments au moyen de masses de bois puis concassées encore plus finement grâce au moulin pastelier. La poudre ainsi obtenue était ensuite judicieusement liée avec de l'eau, voire de… l'urine, technique effectivement préconisée dès l'Antiquité en raison des vertus alcalines de la sécrétion humaine. Régulièrement remuée, la pâte obtenue reposait trois jours avant d'être de nouveau malaxée jusqu'à l'obtention d'une parfaite onctuosité. La pile était ensuite laissée au repos pour fermenter pendant au moins quatre mois, puis, la fermentation terminée, elle devait de nouveau rester immobile plusieurs semaines, tout l'art du pastelier consistant alors à bien mener conjointement la fermentation et la dessiccation.

Après tous ces efforts, étaient obtenus des granulés grossiers de couleur grise. Conditionnés dans des balles de toile, ils étaient dès lors prêts pour l'exportation, via le Tarn, la Garonne ou le réseau routier, à destination de l'Europe entière, où l'*agranat* de l'Albigeois et du Lauragais jouissait d'une remarquable renommée.

La confection du produit nécessitait une telle main-d'œuvre et intéressait tant de corporations qu'elle généra une ressource de tout premier plan. Du paysan de base au marchand flamand, le meunier, les magasiniers, les collecteurs, les gens de l'octroi, les peseurs, les teinturiers, sans compter les bateliers exportateurs,

La superbe façade Renaissance de l'hôtel de Buet, à Toulouse.
(Photographie de l'auteur.)

tous se retrouvaient dans le produit et profitaient de sa réputation. Le pastel drainait tant de numéraire que le pouvoir d'achat se trouva accru et la prospérité de la région assurée.

Ainsi furent bâtis dans Toulouse et la région bon nombre d'hôtels palais à l'influence italienne certaine. Celui d'Assézat, le « prince du pastel », en est le plus beau joyau avec ceux de Bernuy, de Bosredon, des Boisson-Cheverry et des Delcros-Lancefoc, pour n'en citer que quelques-uns.

Malheureusement, une autre plante, l'indigo, concurrençant le pastel, finira par l'amener vers une issue fatale. Arrivé en Europe dès le début du XVIe siècle, le « bleu américain » intensifia rapidement sa présence dans les ports de la façade atlantique, démontrant aux teinturiers locaux une supériorité qu'ils tentèrent de vulgariser. Supériorité non pas qualitative en fait, mais plutôt commerciale, les coûts d'extraction, esclavage oblige, se révélant « six fois moins cher que [pour] le pastel ». Qui plus est d'une concentration bien supérieure à celle de son concurrent et d'une facilité d'emploi optimale, l'indigo ne pouvait que s'imposer.

Compte tenu de l'enjeu économique pour le pays, des mesures coercitives et des lois furent bien évidemment prises pour interdire l'usage de l'indigo, mais rien n'y fit. Un « marché noir du bleu » se développa et amena les deux plantes à être qualifiées de « complémentaires », jusqu'à ce que l'une prenne définitivement le pas sur l'autre.

Après un bref renouveau au XIXe siècle, le pastel retomba dans l'oubli, et ce n'est qu'à la fin du XXe siècle qu'une véritable mobilisation historique, technique et agricole tenta de le faire revivre pour lui redonner une place de choix dans la réalité culturelle et économique de l'Europe d'aujourd'hui.

Quel que soit le résultat de cette démarche, n'oublions pas que si, au cours des siècles, de multiples alchimistes ont tenté, sans succès, de transformer de vils métaux en or, les pasteliers de chez nous ont su, grâce à cette plante jaune, parvenir un peu à cette fin en faisant couler la couleur bleue de la prospérité dans les veines des Hauts-Garonnais d'antan. Rendons-leur grâce.

Les « foraines »

Ah ! Cette brique toulousaine, cette « foraine », si chère à la Ville Rose, au Midi toulousain, si resplendissante au sein des hôtels pasteliers et si emblématique de notre culture et de notre savoir-faire, cette « foraine », si franche dans sa restitution du soleil, comment a-t-elle pu, au fil des siècles, lier l'origine de son nom à autant de mystère, de variantes et d'acceptions possibles ?

Défòro, dit-on en occitan pour dire « dehors » et rapprocher, à juste titre d'ailleurs, la racine du vocable de cette signification. Dehors certes, mais pourquoi dehors ? Certains ont pu penser à une distance lointaine, éloignée, entre le gisement d'argile nécessaire et le centre même de fabrication. Cependant, quand on sait que, précisément pour éviter les frais de transport et de casse, les tuileries (plus tard les briqueteries) étaient proches des sites d'extraction, l'explication semble peu probante.

D'autres ont considéré que la qualité de cuisson de ces briques était telle qu'elles avaient toute capacité à résister aux agressions climatiques et donc toutes les dispositions pour être placées à l'extérieur des murs. Pourquoi pas ! À noter toutefois qu'au XVIIe siècle, cette catégorie de brique était en concurrence, dans cet emploi de parement externe, avec d'autres types de briques comme la « violette », la « biscuite » (cuite deux fois), parfois même avec la peu recommandée brique crue. Sa spécificité d'usage externe n'est donc pas vérifiée non plus.

À l'évidence, ce n'est donc ni son utilisation pour les murs extérieurs ni sa provenance extérieure au chantier qui sont à l'origine de sa dénomination, mais plutôt sa position dans le four. Car dans une fournée traditionnelle de vingt mille briques, les plus cuites et donc les plus résistantes étaient celles situées à la périphérie du four, et ce par opposition aux briques communes qui, elles, étaient positionnées au centre. Tout l'art du tuilier était de savamment maîtriser la cuisson des différentes sortes de briques avant de les laisser refroidir une bonne semaine puis de défourner et de laisser place à un « coupeur » qui rectifiait les irrégularités et courbait les tuiles canal sur son plioir. Très long ensuite, le séchage nécessitait de grandes surfaces d'entrepôts qui se caractérisaient par une toiture basse afin d'éviter un ensoleillement brutal des briques tant au levant qu'au couchant.

Sur certains murs, les foraines étaient mélangées aux galets qui se révélaient tout à la fois d'un coût moindre et décoratifs, et qui surtout assuraient, comme les pierres en soubassement, l'évaporation des remontées d'humidité.

À signaler que, compte tenu de l'état des routes, chaque communauté possédait sa tuilerie, généralement située à moins de six kilomètres du village, et que la saison froide était réservée à l'extraction de la terre, à sa préparation et à l'approvisionnement en bois de chauffe alors que les mois d'été étaient consacrés aux différentes cuissons et au séchage.

À noter aussi que le prix des briques était tarifé par le consul de la communauté, ce qui ne comblait pas toujours d'aise les principaux intéressés. Pour exemple, ce malheureux tuilier du Fousseret qui, devant des prix trop bas, fut accusé de ne donner à sa fabrication ni la taille ni la cuisson nécessaires et de vendre clandestinement aux étrangers. Soumis à l'amende, il abandonna son commerce au profit d'un repreneur qui respecta scrupuleusement les règles consulaires avant… de faire faillite peu après.

Symbole parmi quelques autres de l'identité régionale, rendons en conséquence grâce à notre foraine qui, par sa consistance et son éclat, a su faire connaître notre département et contribuer à maintenir vivant un patrimoine que les hommes ont si souvent malmené.

Une fleur secrète : la violette

De la Ville Rose à la cité de la violette, de la couleur des briques à celle de la fleur, seule une nuance est nécessaire. Car l'arôme et la teinte appartiennent tous deux à Toulouse, qui a su, au XIXe siècle, embaumer l'Europe de sa fragrance et faire descendre dans la rue ce délicat parfum jadis réservé aux dieux. Car c'est à Zeus que l'on doit, selon la légende, la création de la violette. C'est en effet pour protéger sa maîtresse Io de la jalouse colère d'Héra qu'il l'aurait transformée en génisse ; il aurait ensuite adouci avec délicatesse la peine de son amante en parsemant son pâturage d'une nouvelle fleur tendre et parfumée.

Les Romains portaient la violette en tresse autour du front pour se protéger des maux de tête ; les Grecs l'utilisaient quant à eux pour parfumer les vins ou agrémenter les salades. Mais c'est surtout le Moyen Âge qui va voir cette fleur prendre une dimension nouvelle. De culture difficile, elle deviendra de fait symbole élitiste, toutes les grandes familles s'enorgueillissant de présenter, bleus, blancs ou roses, ses odorants pétales. La Renaissance redécouvrira ses vertus médicinales : grâce à la violette, inflammations des yeux, problèmes intestinaux, migraines ou maux de dos seront soulagés ; certains moines la cultiveront exclusivement pour leur pharmacopée et pour en parfumer quelques bonbons.

Le XVIIIe siècle verra la culture de la violette s'intensifier, les premiers champs apparaître en Provence et les premiers bouquets se commercialiser. Fleur des amours secrètes, la violette, par sa taille, se dissimule aisément et laisse un discret message, se prêtant tout naturellement aux jeux galants et aux liaisons dangereuses du siècle des Lumières. À la Révolution, une variété simple, la quatre saisons, sera cultivée toute l'année pour répondre aux besoins accrus de la population et satisfaire aux *desiderata* des plus riches. Quelle rue de Paris n'a-t-elle pas qui ses enfants, qui ses vieillards, portant leurs corbeilles plates à la ceinture, ses vendeurs à la sauvette de la délicate fleur !

Mais c'est véritablement avec Joséphine de Beauharnais que la violette démontrera toute sa splendeur et entrera dans l'histoire. C'est un bouquet à la main que la future impératrice rencontrera et enivrera Bonaparte de sa beauté, associant à jamais l'amour de ce dernier avec cette fleur désormais « impériale ». Dès lors, le « Caporal Violette » ne cessera, au détriment du lys royal, de promouvoir la fleur, voyant en sa simplicité et en sa popularité le symbole même de sa politique.

L'exil de l'Empereur ne marquera pas pour autant la désaffection de la violette dans le cœur des Français. Elle sera prohibée à la Restauration, puis réhabilitée et « amnistiée » par Louis XVIII. Charles X subira quant à lui l'affront de voir les grognards défiler un jour la violette au fusil, affichant en cela leur indéfectible fidélité à l'Empereur déchu.

Une autre impératrice, Eugénie, s'attachera ensuite à cette fleur avec la même passion que les générations précédentes. Surgira alors le moment où Toulouse parviendra à cultiver, et avec bonheur, une fleur double, splendide et au parfum inégalable. Eugénie en sera la marraine et l'arrivée concomitante du chemin de fer permettra de diffuser son odeur jusqu'en Angleterre et de populariser à jamais sa délicatesse dans l'ensemble du pays.

Le début du XXe siècle et la création de l'une des premières coopératives horticoles de France, bientôt suivie par une seconde en 1923, verront les producteurs toulousains à l'avant-garde commerciale. En 1960, le label de la violette de Toulouse conférera dès lors au produit une renommée à l'échelle internationale.

Cependant, si la profusion de la fleur est indéniable, un mystère demeure néanmoins quant à ses origines. D'où vient-elle véritablement ? Vraisemblablement d'Italie, pourrait-on dire, car il se dit que, un jour, un jeune soldat de la campagne d'Italie originaire de Saint-Jory aurait fait parvenir à sa belle restée au pays quelques plants en signe d'amour et d'espoir. La fidèle amoureuse en aurait pris si grand soin que, à son retour, le jeune homme aurait eu le plaisir de retrouver chez lui des violettes en abondance. Manifestement, le message est passé par la fleur. Message passé aussi dès le XIVe siècle par le poète toulousain Goudouli, qui fera l'éloge de la violette lors du concours littéraire du Gay Savoir.

Après avoir périclité les cinquante dernières années faute de rentabilité suffisante, la violette trouve à Toulouse un second souffle. La ville est devenue le siège du Conservatoire de la violette et de nombreuses confréries ont vu le jour pour remettre à l'honneur, lors d'échanges internationaux, ce symbole de la cité.

Aujourd'hui, dans les commerces, la violette se croque en bonbon, se boit en liqueur ou s'irise en parfum, diffusant son arôme aux quatre coins du monde, et demain, pour peu que la Ville Rose se propulse à l'échelle européenne de la culture, nul doute qu'assurément elle pourra s'ouvrir à nouveau et associer, comme elle a toujours su le faire, le parfum de sa fleur aux racines de l'art et du savoir.

CHAPITRE II

Patrimoine haut-garonnais

Les souterrains refuges

PEU CONNUS et bien mystérieux, les souterrains refuges ont toujours tenu une place non négligeable dans notre imaginaire. Qui ne s'est jamais laissé porter par l'envie de découvrir les cavités et les grottes où d'autres autrefois ont vécu momentanément, se sont réfugiés ou ont entassé des victuailles pour les protéger ? Construits le plus souvent sous des habitations ou des petits châteaux, les souterrains refuges sont présents dans l'ensemble du Grand Sud-Ouest, et plusieurs sont recensés en Haute-Garonne.

Sur la commune de Muret, à Bazert, se trouve l'un des plus célèbres. Découvert en 1913 par un agriculteur dont le bœuf de travail avait fait une embardée, comme cela était souvent le cas, il se compose de plusieurs galeries, lesquelles mènent à deux chambres rectangulaires, vastes et élevées. L'une de ces chambres possède une paroi percée de trois conduits permettant de surveiller l'entrée. Dans l'autre chambre, un conduit oblique sert de cheminée d'aération. Des niches sont aménagées dans les murs, vraisemblablement pour déposer des luminaires. L'une des caractéristiques de ce souterrain est son côté rectiligne, tout a été fait à l'équerre, ce qui semble dénoter une construction relativement récente. Cependant, des poteries diverses semblent attester d'une occupation moyenâgeuse. Ce type de souterrain était bien évidemment conçu pour que la population puisse y séjourner de façon temporaire, en cas de passage de bandes armées ou de soldats en déroute, par exemple.

C'est la même chose pour le souterrain de Forgues, une commune située dans le canton de Rieumes qui se trouve au sommet d'une colline. De conception encore plus simple, il se compose d'un couloir d'accès de trois mètres cinquante de long qui, après un angle droit, débouche sur une salle rectangulaire d'un mètre cinquante de large et de trois mètres cinquante de long, le tout avec une hauteur d'un mètre cinquante. Au plafond, l'amorce de l'aération extérieure se voit encore. L'absence de niches ou de meurtrières laisse manifestement penser que l'endroit était davantage destiné à cacher les récoltes ou divers objets précieux que les habitants du lieu. Là aussi, des tessons de poterie, pouvant dater du néolithique ou du Moyen Âge, ont été découverts.

Plus important est, semble-t-il, le souterrain de Saint-Orens, près de Toulouse. Creusé dans un sol sableux, il se compose de cinq chambres, d'environ trois mètres cinquante de long sur deux mètres de large, toutes reliées entre elles par des couloirs de soixante-dix centimètres de large se coupant à angle droit. Dans ces couloirs, des entailles carrées de douze à quinze centimètres ont été creusées dans les parois à environ cinquante centimètres du sol, destinées à accueillir des fermetures que l'on rencontre parfois dans des monuments de ce type. Fait suffisamment rare pour être signalé, une hache celtique, polie, y a été découverte.

Non loin de là, à Drémil-Lafage, au lieu dit « l'Escande », un souterrain est aussi répertorié. Très profondes (trois mètres) et très vastes, ses salles laissent penser qu'elles ont été habitées régulièrement.

Une chambre souterraine semble aussi présente sur la commune d'Auriac-sur-Vendinelle. Située au quartier de Prade, elle mesurerait trois mètres de long sur deux de large, serait voûtée et contiendrait des débris de charbon, sans autre précision.

D'autres souterrains existent : sous l'église de Cazères ; à Grépiac, sur la route de Labruyère, où des silex et des objets en fer ont été trouvés ; à Gaillac-Toulza ; à Saint-Léon, à proximité de la ferme de Toumas ; aux abords de Beauzelle, où l'un d'eux a été découvert en 1870 ; à Caujac ; à un kilomètre d'Auterive, sur la route d'Auragne. La liste n'est bien évidemment pas exhaustive.

De quelle époque peut-on dater ces souterrains refuges ? Difficile à dire tant ils ont été visités à différents moments... Une grande partie des historiens les estiment cependant antérieurs à la conquête des Gaules par les Romains. D'ailleurs, bon nombre d'auteurs latins (Pline, César, Tacite...) parlent de la coutume des Germains et des Gaulois qui creusaient des souterrains pour mettre à l'abri, en cas de danger, leurs grains et leurs personnes. Cela dit, aucune datation n'est fermement acquise, ce qui laisse la porte ouverte à certaines polémiques que les techniques futures permettront sans nul doute d'éteindre.

Les pierres mystérieuses

Peut-être les premières manifestations humaines du divin, du sacré. Nombreuses ont-elles été, en effet, ces pierres de toutes sortes, blocs erratiques, dolmens, pierres dressées ou stèles diverses, à incarner pour nos ancêtres des forces surnaturelles chargées de puissance ou de vertus fertilisantes.

« Incarnation d'une âme privilégiée, la pierre dans son érection attire la puissance fécondante du soleil. Frappée par la foudre, elle se désigne comme centre d'un lieu choisi par la divinité céleste pour être honorée. Tout bloc de forme ou de dimension surnaturelle est une des sources du fantastique[1]. »

Ainsi, les stèles discoïdales, très nombreuses au Pays basque ainsi qu'en Laugagais, furent peut-être introduites à la faveur de pèlerinages à Saint-Jacques-de-Compostelle. Datant du XIe au XIVe siècle, elles ont parfois été assimilées à des croix érigées par les Cathares, assertion totalement infondée quand on sait que ceux-ci honnissaient toute représentation matérielle de Dieu et donc de la croix.

Monuments monolithes taillés dans le grès, les stèles de ce type portent une croix grecque, à branches égales et cernée par une bordure. De tradition très ancienne, les stèles commenceront dès l'époque gallo-romaine à prendre la forme qu'on leur connaît aujourd'hui,

1. *Brion, Marcel,* L'Art fantastique, *Éditions Albin Michel, 1961.*

Une croix discoïdale à Caraman.
(Photographie de l'auteur.)

c'est-à-dire qu'elles seront terminées par un disque qui rappelle le plus vieil objet de culte connu, le soleil. Très présentes entre Villefranche-de-Lauragais et Castelnaudary, et souvent différentes, elles sont chargées de symboles ésotériques multiples comme pour asseoir la « pensée différente » si propre au caractère toulousain.

Y a-t-il corrélation entre la rondeur du disque et la meule ? Pourquoi pas ? N'oublions pas que l'action de moudre le blé, la mouture, use très rapidement les meules calcaires, dont l'entretien suffit à occuper, dans chaque village, le tailleur de pierres spécialisé qui se doit de redonner du relief aux crans. Une délibération de 1495 du consulat de Foix apporte ainsi un soutien précieux à cette hypothèse en relatant les nombreux vols de pierres tombales rondes commis dans les cimetières. L'essentiel du travail étant déjà fait, il était très facile d'utiliser ces pierres comme meules. Remarquons aussi que les stèles discoïdales se retrouvent généralement dans des régions essentiellement céréalières.

Que représentent-elles ? Des croix, le plus souvent, de diverses formes : grecques, potencées, fléchées, quelquefois la croix du Languedoc ou des fleurs de lys ; parfois aussi des objets indiquant la profession du défunt ; plus rarement un animal. On en trouve beaucoup en Lauragais. Saint-Félix, Lanta, Caraman, Laurac, Les Casses et bien d'autres communes encore détiennent ce type de stèle.

Le pré de la Fadaise

C'est dans le Lauragais, aux portes de Toulouse, en plein pays de cocagne et à égale distance de Lavaur, Verfeil, Lanta et Caraman, que se niche, à peine débusqué par le vent d'autan, le village de Bourg-Saint-Bernard.

Lorsque, en 1245, Bernard de Clairvaux, refoulé de Verfeil où il s'était rendu pour prêcher contre le catharisme, parvint à « ville longue » pour y trouver refuge, il ne pouvait alors imaginer que la commune qui plus tard prendrait son nom associerait tout autant son histoire à un épisode heureux du combat lié à cette hérésie. C'est en effet au temps de la guerre contre les Albigeois que prend source la coutume de la fête du « pré de la Fadaise ». L'origine remonte à l'an 1211 et à la première croisade menée contre cette religion et les terres du Sud par Simon de Montfort, sous les ordres du pape. La légende dit que c'est lors du siège de Lavaur que des jeunes gens seraient parvenus à délivrer des troupes « françaises » le fils unique d'une riche veuve capturé lors des combats. Celle-ci, reconnaissante, aurait offert à la jeunesse du bourg un pré lui appartenant afin d'y célébrer, chaque lundi de la Pentecôte, une fête équestre commémorative. Mais afin que le souvenir en demeure impérissable, elle aurait demandé que la manifestation s'y déroule à perpétuité.

Mais pourquoi « fadaise » ? Appellation récente, le terme de « fadaise » provient vraisemblablement, en langue occitane, du mot « fée » et deviendra, par extension, un qualificatif désignant des êtres simplets (les *fadas*), des situations légères ou des frivolités diverses. Historiquement en effet, le lieu était baptisé *prat contrast*, autrement dit « le pré de la contestation », ou plutôt, devrait-on dire, « des contestations », lesquelles se manifesteront à plusieurs reprises.

En 1599, ainsi que l'a noté M. Olivi, notaire royal du village, « les habitants de Bourg-Saint-Bernard et les soldats, tant à pied qu'à cheval, femmes et filles, petits et grands, avec leur enseigne et tambourin, vont annuellement le lundi de Pentecôte en signe de réjouissance au pré nommé "*contrast*" pour y courir et danser ; puis s'en vont en courant droit sur l'église de Saint-Martin-de-la-Rivière et de ladite compagnie des hommes ou enfants qui peut entrer à cheval dans ladite église et toucher la cloche est le roi, comme aussi la première femme ou fille qui entre en ladite église est la reine... Comme il est advenu cette année que certains se sont plaints que les habitants entraient à cheval dans l'église, ont fait assigner lesdits habitants par-devant les vicaires généraux du cardinal de Joyeuse, qui aurait trouvé cette coutume très bonne, honnête et louable, et qui se fait sans scandale sauf d'entrer à cheval dans l'église ; à condition que l'on mette pied à terre à la porte de l'église, les autres coutumes seront conservées. »

En 1647, le sieur Delguy essaiera d'interdire l'accès à ce pré lui appartenant. Dix ans de procès au parlement de Toulouse ne suffiront pas à interrompre cette pratique et, bon gré mal gré, le propriétaire finira par participer à la fête en acceptant le titre de « capitaine de jeunesse ».

En 1790, alors que les droits seigneuriaux sont abolis sur les prés, la municipalité du bourg tentera elle aussi, sans succès, d'en interdire l'accès, mais la garde nationale et ses trente hommes refuseront leur appui « sous prétexte d'avoir été prévenus trop tard... et c'est la larme à l'œil que le sieur Gasc, officier municipal, sera menacé de recevoir des coups de bâtons s'il ne monte bien vite à cheval pour se rendre au pré ». Ainsi donc, la municipalité se verra obligée de « faire ses courses... pour ne pas s'exposer à recevoir de plus grands désagréments ».

En 1802, la commune fut condamnée à verser au citoyen Peites, propriétaire du champ, la somme de 24 francs à titre de dommages-intérêts. Le maire avait bien tenté de faire respecter les ordres donnés et de les afficher, mais plusieurs individus avaient marqué leur désapprobation en commettant des exactions dans son jardin.

« Le lendemain, le maire accompagné de la brigade de Caraman se transporta à la prairie où il trouva plusieurs femmes et enfants qu'il fit retirer ; dans le même instant, il vit entrer [en chantant] dans la prairie cinq à six cavaliers avec environ neuf cents individus à pied. »

En 1884, la commune est à nouveau déboutée au bénéfice du sieur Arnaud. Ce sera l'un des moments où les habitants manifesteront avec le plus d'éclat l'attachement qu'ils vouent à leur coutume, et ce malgré le temps exécrable.

« À l'heure habituelle, écrit M. Loupiac en 1884 dans une lettre, les habitants du Bourg et pas mal de villageois voisins sont partis pour la prairie. Ils ont trouvé devant ce champ quatre gendarmes et derrière ceux-ci une barrière qui en gardait l'entrée ; mais on s'est faufilés dans les haies et, pendant que les gendarmes couraient après les premiers entrés, d'autres enfonçaient ou plutôt faisaient tomber la barrière et pénétraient à leur tour. Comme on ne pouvait pas prendre tout le monde, la population présente ayant été estimée à sept ou huit cents personnes, on s'est contentés des vingt et un qui ont été pris. »

En 1885, sage fut la décision prise par la commune : l'achat du terrain.

De nos jours, la tradition se perpétue avec autant de vigueur, toujours le lundi de Pentecôte. Madame le maire entre à cheval dans le pré, entourée de quatre cavaliers costumés et de soldats, puis donne le départ des festivités. Aucune fille ne doit rester debout, les garçons étant tenus de les porter au fond du pré et de les asseoir dans l'herbe. Elles ne se relèveront qu'après avoir concédé un *poutou*. On se met alors en quête de « l'herbe d'amour », dont on offrira un brin à sa promise en gage de fidélité. Puis commence la course équestre où, après plusieurs tours, le « roi » choisira la reine de la fête parmi les jeunes filles présentes. Tout le monde, en cortège, reviendra ensuite au village en entonnant la chanson du pré :

« *Aniren al prat, al prat, al prat de la fadéso*
Le loun de la Mouyssagueso,
Beouren de boun bi blanc
Bibo le rouge, a mail le blanc. »

(« Nous irons au pré de la fadaise
Le long de la Mouyssaguèse,
Nous boirons du bon vin blanc
Buvons le rouge et puis le blanc. »)

Puis le défilé se mêlera aux musiciens et aux danseurs, et toute la population assistera au feu d'artifice dans un climat bien plus serein qu'autrefois. Cas tout de même unique que ce pré où, depuis sept siècles, des générations de « Bourguignons » se sont succédé pour faire la fête, leur fête, et ce au mépris des récoltes et des autorités successives. Assurément le moyen, pour une communauté, en évitant la désuétude de sa coutume, de prouver là sa constance et son respect aux générations passées tout en affirmant sa solidarité et sa soif d'indépendance.

La fête du Papogay

C'est aux portes du Comminges et du Couserans, à cinquante kilomètres au sud de Toulouse, qu'existe l'un des plus beaux villages de France, autrefois siège d'un évêché et d'une judicature royale : Rieux-Volvestre. Ancienne capitale du Volvestre, pays de la tribu gauloise des Volques Tectosages, cité renommée au Moyen Âge pour ses coutumes et ses privilèges libéraux, la commune de Rieux a réussi l'exploit, depuis plus de quatre siècles, de pérenniser l'une des plus anciennes traditions médiévales de notre pays : le Papogay.

À cette époque, si les villes avaient obtenu des chartes leur octroyant libertés et franchises, des devoirs leur étaient aussi imposés, notamment celui d'assurer la garde et la surveillance de la cité par des compagnies bourgeoises. Ainsi, après la bataille de Crécy en 1346 et l'hécatombe au sein de la chevalerie française, massacrée par les archers anglais d'Édouard III, fut prise, par ordonnance royale, la décision d'inciter les sujets du royaume à s'exercer au tir à l'arc et à l'arbalète. C'est donc à cette fin que furent créés bon nombre de jeux d'adresses et de concours destinés à la formation et à l'entraînement des milices locales, chacun y trouvant son intérêt, le pouvoir pour les raisons que l'on vient d'invoquer et les bourgeois pour les avantages non négligeables conférés en cas de victoire.

Dans la langue médiévale, le mot *papogay* signifie « perroquet », le jeu consistant, pour ceux qui y étaient autorisés, à tirer à l'arc ou à l'arbalète sur un oiseau en papier ou en bois placé en haut d'un mât. Le vainqueur, celui qui décrochait la cible, se voyait attribuer le qualificatif de « roy », ou *rey* en occitan, et pouvait jouir, durant sa « royauté » d'un an, de privilèges importants tels que l'exonération d'impôts, l'exemption de guet et parfois le droit d'importer et de vendre une quantité déterminée de vin.

De plus, une grande sociabilité était développée autour de cette activité. Les jurons, les heurts et les conflits de toutes sortes étaient dénoncés comme contraires aux règles corporatistes et, en cas de décès, chaque membre se devait de participer financièrement aux obsèques et d'assister aux funérailles du disparu. À Rieux, deux confréries bien distinctes existaient. La première, datant de 1585, la Compagnie des gens de l'arbalète, était réservée aux gentilshommes ; la seconde, fondée en 1589, regroupait les paysans et les artisans. Elles étaient toutes deux placées sous la protection de saint Sébastien, martyr traditionnellement représenté le corps lié et percé de flèches.

Chaque 1er mai, le roi de l'année précédente était tenu de payer un fifre et un tambourin, le perroquet de bois, deux gâteaux, un jambon et deux flacons de bon vin, les petites victuailles étant consommées pendant la compétition, le jambon et le vin étant mangés et bus en soirée, au logis du « monarque ». Quant au nouveau roi, il devait, une flèche à la main, se rendre jusqu'à un promontoire où se trouvaient un connétable, un trésorier et un huissier. Il y recevait l'hommage des chevaliers, le salut de l'évêque et les compliments des dames. Le connétable portait alors l'oiseau abattu et tous allaient défiler devant la maison du monarque. Un grand souper était ensuite donné à l'hôtel de ville et un bal aux violons offert aux dames. Fifres, hautbois et tambours clôturaient la journée et faisaient danser le peuple en place publique. Le même cérémonial, mais plus modeste, était réservé à l'autre confrérie, où le vainqueur recevait un chapeau et des gants.

Aujourd'hui, chaque premier dimanche de mai, les Rivois continuent de valoriser au mieux l'exceptionnel patrimoine culturel de leur commune. Les musiciens du Conservatoire occitan de

Toulouse confèrent à la fête une qualité et une authenticité incontestables, les danses et les costumes d'époque donnant quant à eux un éclat des plus vifs et attirant une foule toujours plus nombreuse.

Bien rares sont les fêtes de ce type qui ont été maintenues dans notre pays. Et rendons grâce à Rieux, comme au Puy-en-Velay ou à Mécrin, dans la Meuse, de continuer d'assurer par ces festivités, si ce n'est la défense de la cité, du moins celle de nos traditions et de notre patrimoine.

Le port de Carbonne

Si, tout en incluant les termes de passage, de lien entre deux rives, entre deux villes, entre deux communautés, le mot « port » semble refléter l'apaisement, l'accalmie, la quiétude, celui de Carbonne, au XVe siècle, n'engendra pour la population locale que rixes, troubles et désagréments en tout genre.

En effet, depuis que le pont avait été détruit par la crue de 1456, la traversée de la Garonne s'effectuait au port de la ville, aménagé un peu en aval de la culée ruinée. Financé par l'administration royale, un service de bateau à corde était assuré, apportant un écot non négligeable aux ressources de la commune. Mais voilà qu'en mars 1494, un certain Pierre Potier obtint lui aussi de l'administration royale l'autorisation de disposer, au lieu dit « la Terrasse », d'un passage sur le fleuve et de construire deux bateaux. De fait, il paraissait beaucoup plus pratique aux habitants de la vallée de l'Arize de traverser le fleuve à cet endroit plutôt qu'au bout du pont de Carbonne, où la rive était marécageuse. Potier construisit donc deux vaisseaux, l'un relativement grand pour le passage des chevaux, l'autre plus petit pour les personnes, tout cela sous le couvert de la Trésorerie royale, à laquelle il versait une redevance.

Bien évidemment, la concurrence et le préjudice étaient tels pour le port de la ville que les consuls décidèrent d'ester en justice contre Potier, faisant malicieusement valoir que les profits manquants seraient autant de travaux qui ne pourraient être exécutés pour la réparation des murailles de la ville. Si les décisions de justice ont souvent pour mérite de clarifier les faits et d'apaiser les esprits, les procès, en ce temps, étaient fort longs, laissant la porte ouverte aux extravagances des victimes impatientes. En ce matin de septembre, six hommes se présentèrent au port de la Terrasse, « arbalètes bandées, reniant et blasphémant le nom de Dieu[1] », six hommes qui se mirent à molester les passagers qui voulaient débarquer et à menacer le nautonier de mort, six hommes qui obligèrent les habitants de Rieux à abandonner le passage et à s'en retourner. Ces six hommes s'appelaient Guillaume Ausat, Pierre Gimat, Jehan de Tremoulet, Barthélemy Chastaing, Thomas de Peyrottes et Bernard de l'Isle, et, non contents des violences exercées, ils entreprirent, pour déjouer toute nouvelle velléité d'embarquement, de boucher, à l'aide de gros chênes, le chemin d'accès au port.

« Avec d'autres complices, à heure suspecte et de nuit, [ils] se transportèrent à la Terrasse... là où le sieur Potier avait accoutumé de faire attacher et fermer à clé les bateaux. Par force et violence, ils rompirent les attaches et les chaînes des bateaux qui dévalèrent le fleuve où bon leur sembla. »

Les jours suivants, menaces et injures furent proférées à l'encontre du sieur Potier et de ses gens au point « qu'ils n'osaient plus sortir seuls dans les champs ». Une telle situation ne pouvant être tolérée, Potier déposa un recours et obtint du sénéchal de Toulouse une ouverture d'information à mener par le juge de Rieux, Bernard de Vaxis.

« Avec trois suiveurs et quatre chevaux, celui-ci se rendit sur les lieux, prit acte des lettres d'autorisation mentionnant que “pour le bien, profit et soulagement des habitants dudit lieu ou autres circonvoisins, il était nécessaire de faire construire un bateau ou *vaissel* [notre mot “vaisselle”, de forme oblongue, est né de ce terme] pour passer et repasser avec biens et marchandises” et “qu'il existait bien un bateau à Carbonne mais qu'il œuvrait en mauvais et dangereux passage dont le profit ne s'élevait qu'à 4 sols par an”. »

Manifestement, le droit se révélait être du côté de Potier, avant qu'un autre problème ne se greffe. En achetant le domaine de la

1. *Toutes les citations de cette sous-partie sont extraites du livre de M. Henri Menard,* Carbonne : huit siècles d'histoire, *d'après les pièces du procès.*

Terrasse, Pierre Potier en avait pris le titre et les bordes dépendantes étaient donc nobles, au grand dam de nouveau des consuls qui les auraient voulues rurales pour qu'elles puissent être soumises à la taille et contribuer aux finances locales. L'affaire se compliquait.

Dès le premier jour, Bernard de Vaxis convoqua les consuls, « à savoir Jehan Auriolle, Jehan Delisle, Pierre Degauses et Mondin Duchau », mais ceux-ci n'avaient peut-être pas la conscience tranquille car, dit le juge, « ne les pûmes trouver ». Le juge se rabattit sur les exécuteurs des basses œuvres : quatre d'entre eux furent interpellés et conduits aux *carces* (« geôles ») royaux de Rieux.

Le lendemain, le juge et sa suite décidèrent alors de s'occuper du sort des bateaux. De nouveau, devant le peu d'empressement manifeste des consuls, ils décidèrent de requérir d'autres autorités locales afin de les conduire sur les lieux.

« Quand fûmes auxdits bateaux, leurs fîmes commandement pour qu'ils les remontassent et les retournassent au port de la Terrasse... mais il nous fut dit et remontré que cela n'était pas possible, car ils n'étaient pas experts pour ce faire et que, pour monter lesdits bateaux, il faudrait plus de quarante hommes afin de les passer par-dessus la *paissière* du moulin de Belbèze. »

Sans insister, Bernard de Vaxis commença donc les visites domiciliaires afin de rechercher les coupables des exactions et d'effectuer la saisie de leurs biens. En la demeure de Guillaume Ausat, il entendit dire par sa mère que, « en raison de la peste qui avait eut lieu à Carbonne, il était allé avec son fils et sa femme habiter ailleurs, vers Noé, et qu'il y avait longtemps » qu'elle ne l'avait vu. *A priori* maligne et de fort caractère, la mère ne se laissa pas impressionner, arguant du fait qu'elle avait trois autres fils pour s'opposer à la saisie.

Chez un autre, la porte était et resta fermée, l'intéressé s'étant absenté. « Un tonneau de vendange pouvant faire deux pipes de bon vin rouge et une barrique de blanc » furent saisis et mis « dans la main du roi ». Chez Pierre Gimat, la porte étant fermée à clé, le juge apposa les scellés. Chez Trémoulet, lui aussi « absent et fugitif », sa femme, malade et alitée, affirma ne savoir où était son époux ; les biens furent mis sous séquestre.

Idem chez Chastaing « où par elle [l'épouse] nous fut dit et répondu qu'elle n'en avait point de nouvelles ». Et ainsi de suite.

De guerre lasse, Bernard de Vaxis abandonna Carbonne et se rendit à Rieux pour y minuter son procès-verbal. Comment et envers qui se déroulèrent ensuite les actions de justice, nous l'ignorons ! Il fut simplement porté à la connaissance de la postérité que quatre des principaux coupables, en 1519, furent condamnés à une amende ; qu'un dialogue fut instauré avec les consuls et que, dès lors, les eaux de la Garonne révélèrent bien moins de remous et bien moins de tumultes pour faire du port de Carbonne le véritable havre de paix qu'il méritait d'être.

Le petit train noir

Ou les « petits trains noirs », devrait-on dire en parlant de ces locomotives à vapeur qui, au début du siècle dernier, assuraient, avec encore quelques balbutiements, la liaison entre Toulouse, Revel et Castres, noircissant de leur fumée les outrecuidants voyageurs qui osaient passer leur tête par-delà la fenêtre.

C'est au pont des Demoiselles que commençait l'axe Toulouse-Revel, avant de passer par les stations suivantes : L'Ormeau, Montaudran, Fonsegrives, Cizerolles, Montauriol, Drémil-Lafage, Caraman – gare importante d'où partait un embranchement pour Loubens –, Vilarel-la-Salvetat, Auriac-sur-Vendinelle, Le Cabanial, Saint-Julia, Montégut, les Terrisses et enfin Revel.

Si aujourd'hui le trajet de cinquante-trois kilomètres peut nous paraître bien anodin, il ne se faisait pas, en ces temps, sans donner quelques sueurs froides au mécanicien et aux passagers. De fait, la ligne apparaissait d'un profil délicat, avec des rampes à plus de vingt pour cent. Compte tenu du manque de puissance de la machine, « le plus difficile, dira un témoin, se situait dans la montée entre Fonsegrives et Montauriol et surtout entre Auriac et Le Cabanial », où il n'était pas rare, l'hiver, de voir descendre le mécanicien pour saupoudrer les rails de résine afin d'augmenter l'adhérence des roues sous l'effet du gel.

Mais outre le froid, un autre facteur d'accident se devait d'être pris en considération : l'autan. Dix-neuf blessés furent ses victimes le 4 mai 1916. C'est en effet au départ de Revel, après avoir enjambé les voies de la gare du Midi ainsi que deux chemins vicinaux au lieu dit « la Vacherie », que six wagons, sous les rafales d'un vent terrible, se renversèrent. Plus de peur que de mal certes, mais il fallut tout de même attendre la fin d'après-midi pour terminer le parcours, et ce avec quelques précautions supplémentaires.

« À 4 h 15 de l'après-midi, l'ouragan est toujours déchaîné, mais le wagon de queue, chargé de moellons, résiste bien au vent[1]. »

Tel était parfois, en certaines circonstances, le lot bien insolite des voyageurs du petit train noir de Revel.

En ce qui concerne la ligne de Castres, c'est en 1930 qu'elle verra le jour, pour cesser, neuf ans plus tard, à cause de problèmes d'une tout autre nature : en l'occurrence, peu de problèmes mécaniques mais plutôt un décalage par rapport aux besoins nouveaux. De fait, après des années de guerre et de disette, chacun

Le beffroi de Revel.
(Photographie de l'auteur.)

1. La Dépêche du Midi.

aspirait à une certaine libération individuelle, aspiration développée par la vulgarisation des voitures. Dès lors, le transport en commun perdit peu à peu de son attrait.

Cependant, la banalisation de l'automobile eut aussi des aléas, notamment pour quelques Toulousains, et, à ce titre, je ne résiste pas à vous conter en quelques mots ce qui fut le dénouement « sémantique » de l'une des plus belles escroqueries de ces années-là. Lorsque, par le biais des grands journaux du temps, la société Canadian décida de vouer au marché français son tout nouveau véhicule Torpédo, bon nombre de compatriotes choisirent de s'offrir le fameux bolide, fleuron de l'industrie d'outre-Atlantique. La commande effectuée, Nantes fut le lieu de rendez-vous où deux charmantes secrétaires encaissaient toutes les liquidités portées contre un contrat en bonne et due forme, contrat stipulant les options choisies et la date de livraison. Comme on peut s'en douter, quelques jours plus tard, l'une des deux secrétaires passa la frontière avec son amant, lequel venait d'empocher 15 millions de francs de l'époque !

Mais l'affaire n'en resta pas là, car l'argent et le mal du pays amenèrent nos deux escrocs à acheter en Bretagne, sous le patronyme emphatique de marquis de Champaubert, une superbe propriété. La demeure possédant un parc jouxtant celui d'un authentique marquis local, un début d'amitié se noua et une invitation à dîner fut lancée par le noble voisin. Un contretemps empêchant notre couple de s'y rendre, une carte d'excuse fut rédigée, carte dont l'extrême politesse à l'égard de la marquise se terminait par la formule suivante : « Mes respects à votre dame. »

La façon de s'exprimer surprit à ce point le destinataire qu'il s'en ouvrit à un haut fonctionnaire de police de ses amis, lequel diligenta une enquête qui permit de démasquer les voyous, qui bientôt se retrouvèrent en prison et virent leurs biens confisqués au profit des victimes. Le langage venait de châtier ceux qui ne le châtiaient pas…

Les trains du Lauragais eurent donc une vie éphémère, la grande crise économique et la hausse des matières premières en cette veille de Seconde Guerre mondiale ne faisant qu'accentuer la faveur des routes à leur détriment.

Quelques acteurs indochinois au début du XXe *siècle.*
(Archives des Toulousains de Toulouse.)

Chapitre III

Personnages insolites

Roméo et Juliette en Volvestre

Si le XVIe siècle a bien su colporter jusqu'à nous ses guerres de religion, ses complots et ses massacres, rares ont été les histoires d'amour, embellies ou non, qui ont su se greffer sur les antagonismes du temps. C'est pourtant à cette période qu'en Volvestre, dans les environs de la ville de Montesquieu, a pu fleurir l'une d'entre elles, sur fond de guerre et d'intolérance.

Farouchement catholique, le comte de Rabat assistait alors sans relâche le sénéchal de Languedoc dans sa lutte contre le roi et la reine de Navarre. Sa fille, Angeline, passait quant à elle ses journées dans l'oratoire de son château de Fornex, priant pour le salut de son père et pour celui du jeune capitaine Ernest de Montbrun, lequel commandait la proche garnison alliée du château de Daumazan. De multiples rivalités d'intérêts opposaient viscéralement les deux familles, et pourtant... Depuis ce jour de la fête locale où les calvinistes étaient venus manifester devant l'église de La Bastide-de-Besplas et l'avaient insultée, Angeline n'avait de cœur que pour celui qui l'avait défendue : Ernest de Montbrun. Touchée par ce geste, elle s'était promis de faire connaître à son père la conduite chevaleresque du jeune homme.

Une nuit, la châtelaine fut réveillée en sursaut par des plaintes et de l'agitation. Le capitaine de Daumazan, blessé et poursuivi par des cavaliers protestants, venait d'être transporté dans l'enceinte de sa demeure.

« Vous avez bien fait, dit Angeline à son vieil écuyer. Je connais la haine qui sépare nos deux familles, mais ce que veut l'honneur, il faut l'accomplir sans s'inquiéter du mal qui peut en résulter. La reconnaissance me dicte mon devoir. »

Sans délai au chevet de celui que le destin avait porté vers elle, Angeline couva des yeux le blessé, ne le quittant qu'après les soins et les paroles rassurantes apportées par le médecin de famille. À peine eut-elle le temps de regagner sa chambre qu'un cri se fit entendre : l'annonce du retour de son père. Craignant pour son hôte, elle décida, avec l'aide d'une servante dévouée, de transporter celui-ci en son oratoire.

Quelques jours après, une troupe de huguenots, commandée par un homme surnommé « le Sanglier d'Orlu », se présenta devant l'enceinte du château, sommant la sentinelle de lui en ouvrir la porte. Cédant à la force, le vieux comte de Rabat les reçut avec toute la dignité requise, seul, assis au milieu de la grande salle.

« Alors, dit le Sanglier d'Orlu, où cachez-vous le sire de Montbrun ? »

Stupéfait, le comte ne trouvait mot dire quand sa fille vint à son secours, lui avouant toute la vérité, les blessures, le sang et la reconnaissance qui était sienne pour celui qui l'avait aidée. Aveuglé par sa haine ancestrale, furieux, le comte de Rabat se rendit aussitôt à l'oratoire puis sortit sa dague pour se venger de celui qui inspirait tant de mépris à sa famille et tant d'amour à sa fille. Ce ne fut qu'au dernier moment que son bras fut arrêté par sa fille, « aidée » des calvinistes qui réservaient au capitaine un tout autre sort. Amené dans la cour du château, agenouillé, Ernest de Montbrun dut se résoudre à voir ses derniers instants arrivés et sa tête tranchée. Seule la clarté des torches reflétait encore, mêlée aux insultes, le peu d'espoir qu'il lui restait… quand, dégainant son épée et entraînant tous ses gens à sa suite, le comte de Rabat se précipita finalement au secours de celui qui avait aidé sa fille, bouscula le Sanglier d'Orlu et délivra le prisonnier, provoquant la fuite des protestants.

Réconciliés, les deux ennemis de naguère chassèrent ensemble les calvinistes de Fornex puis se réunirent à nouveau quelques mois plus tard, en unissant à jamais leurs deux familles par les liens sacrés du mariage.

Le curé de Carbonne

Si « la violence nous paraît avoir été le défaut principal du clergé haut-pyrénéen », rapportait en son temps un historien local, il est à l'évidence, dans le diocèse de Rieux-Volvestre, un cas dont l'extravagance ne peut qu'à merveille illustrer ce propos. Ainsi, en la paroisse de Carbonne, a sévi dans les années 1660 un prêtre dont les écarts de conduite quasi caricaturaux n'ont cessé de jeter l'opprobre sur sa charge et l'émoi dans sa commune.

En quelques années, Jean Ranson, « âgé de quarante-six ans ou environ », accumula en effet tant de délits, de libations et d'excès en tout genre qu'il finit par devenir l'objet d'une ordonnance épiscopale, afin de sauver, à défaut de l'homme et du curé, du moins la dignité de sa fonction. Car pas moins de neuf chefs d'inculpation furent retenus contre lui par le « promoteur de l'officialité » : scandale public, à l'église comme au dehors, manque d'assiduité aux offices, ivrognerie, manque de dignité dans sa tenue vestimentaire, port d'armes, voies de fait, blasphèmes, injures et concubinage. Et lorsque l'évêque de Rieux, Mgr François de Bertier, commit Jean Rigail, autre prêtre de la ville, pour enquêter sur la conduite de Ranson, il ne put qu'être édifié par la multitude de témoignages recueillis :

« Noble Jean du Sérier, *escuyer*, âgé de soixante-trois ans », déposa en 1663 des faits suivants : le 21 mars, à l'office de l'après-midi, « il vit que, au commencement dudit office, M. Jean Ranson, prêtre, arriva et *estant* au lieu où les autres prêtres *chantoient*, commença de les *escandaliser*, faisant des *grimasses*, folies et excès, sortant la langue à *iceux* ».

« Noble Jean Dutil, *escuyer*, quarante-trois ans », affirmera quant à lui avoir vu Ranson « faire des folies dans la ville de Carbonne, des *battemens*, l'avoir entendu blasphémer, renier Dieu et souvent *yvrogne* tant de nuit que de jour et dire beaucoup de choses indignes et porter des armes à feu, faisant les actions d'un fol ».

« Pierre Mehe, *escolier* de dix-sept ans », confirmera l'attitude de l'ecclésiastique, affirmant l'avoir vu, le 4 avril, « dans la grand-rue de Carbonne avec un fusil, faisant mine d'*espauler*, faisant mille *grimasses*, disant des paroles *deshonnestes* aux hommes et aux femmes et s'*yvrognant* journellement » ; de plus, « il ne va que rarement aux offices, se dit grand seigneur et ne fait que *subject* au peuple de se rire de *luy* ».

Faisant fi du péché de mensonge, Ranson nia bien sûr toutes les accusations portées contre lui, ne justifiant le port d'armes « que pour se défendre contre ses *ennemys* par la permission de feu Mgr l'évêque », et jugeant les injures et le fait de « tenir femmes » comme infondés.

L'official Guilhaume de Santussan, qui, lors du procès du prêtre, s'enquit de savoir pourquoi, et à plusieurs reprises, il avait tiré dans les rues du bourg en criant « Tue, tue », se vit retourner le superbe argument suivant :

« Souvent, le feu se prend au haut de ma cheminée et [...] pour lors, je tire quelques coups de fusil pour l'éteindre. »

À l'accusation de tentative d'étranglement à l'encontre de la servante de son frère, Ranson nia, bien évidemment, avouant du bout des lèvres que « ladite servante l'avait *agassé* de plusieurs injures », démentant avoir ensuite déchargé son fusil contre porte et fenêtres, et accusant au contraire son frère de le maltraiter.

Vraisemblablement emprisonné à Rieux et interdit de culte par l'évêché, Jean Ranson n'en revint pas pour autant moins agressif. Le 3 juillet 1664, en compagnie de deux complices, « tous armés d'espèces de *pistoletz*, d'autres pièces à feu et d'*espées* », il se rendit sur le chemin de Bérat pour attaquer le valet de Dominique Marrast, lequel avait précédemment témoigné aussi contre lui. Conduisant le cheval de son maître, celui-ci fut « attaqué, battu, excédé à coups de bâtons, *poussades* des *pistoletz* et avec leur *espées* en telle façon » que les trois hommes l'ensanglantèrent. Dérobant la monture, le prêtre et ses deux sbires la menèrent à Poucharramet, « à trois lieues de là, pour l'*esgarer* ».

Trois jours plus tard, se présenta Jacques Dupau, marchand à Carbonne, lequel précisa avoir rencontré Ranson et lui avoir parlé de l'enlèvement du cheval de Marrast. Et le prêtre avait répondu que « s'il eût pu trouver ledit Marrast, il l'*auroit* aussi bien enlevé à lui et l'*auroit* conduit à *Tholoze* et fait pendre, et en l'y amenant, l'*auroit* poussé et fait jeter par chaque poil une goutte de sang ».

Mais les exactions de Ranson ne s'arrêtèrent pas là. Le 7 juillet, se rendant chez les Fourcade, fourbi de son habituel arsenal, « il mit l'*éspée* en sa main et donna divers coups à la femme du plaignant dont le corps *feust griefvement* meurtri en divers endroits ». Tentant de s'interposer, Fourcade fut quant à lui « grandement blessé et quasi *estropié* ». L'un des derniers faits à mettre à l'actif de « l'ecclésiastique » est la tentative de meurtre commise à l'égard du valet de l'un de ses confrères, le sieur Dupuy, qui reçut « un coup de couteau qui [déchira] son pourpoint ».

Que devint Jean Ranson ? Les archives ne le disent pas explicitement, elles mentionnent simplement que « six *cayers* ont été remplis à la demande de son frère, de l'évêché et de bon nombre de particuliers », cahiers nourris de ses méfaits, et que, bien qu'il fut maintes fois emprisonné, la liberté retrouvée ne l'a jamais incité à changer de vie, bien au contraire. À n'en pas douter, ce singulier personnage restera pour toujours l'un des plus extravagants représentants d'un clergé qui, par ailleurs, donnera tout de même un bien meilleur exemple et une bien meilleure image de sa fonction.

Esther à Mondonville

Esther, ou la célèbre pièce de Racine, écrite en 1689 et dont l'inspiration est en fait toulousaine. Car c'est à Toulouse, en 1624, au numéro 10 de la rue Ninau, que naquit Jeanne de Juliard. Belle, aimable, spirituelle, tout en ayant « l'instinct et le génie de la domination », elle voua toute sa vie au service des malheureux. Mariée à vingt-deux ans à M. de Turle, fils d'un conseiller au parlement de Toulouse et seigneur de Mondonville, elle créa, après son veuvage, la congrégation des filles de l'Enfance, où les jeunes filles de toutes conditions qui ne souhaitaient ni le mariage ni l'entrée au couvent pouvaient trouver asile.

Un coiffeur ambulant en Haute-Garonne au début du XX*e siècle.*
(Archives des Toulousains de Toulouse.)

Située rue Valade, l'institution fut fermement tenue par sa bienfaitrice, laquelle orienta l'enseignement et les convictions admises vers le jansénisme, doctrine certes catholique mais dont l'intransigeance pouvait se rapprocher du calvinisme. Racine et Pascal furent ses principaux sympathisants.

Mais sous l'ordre de Louis XIV, qui voyait en ce mouvement le symbole passif du refus de son autorité, les filles de l'Enfance se virent dès lors cruellement persécutées et durent fuir misérablement. Et Jeanne de Mondonville, après avoir imploré sans succès la clémence du roi, dut se retirer en Basse-Normandie, à Coutances, où elle décéda en 1703. Trois ans après la persécution, Racine lui rendit donc hommage indirectement dans sa célèbre pièce :

« Par quel crime ai-je pu mériter mon malheur ?
Ma vie a commencé d'éclore.
Je tomberai comme une fleur
Qui n'a vu qu'une aurore.
Hélas : si jeune encore
Par quel crime ai-je pu mériter mon malheur ? »

Comme quoi, à l'instar du soleil qu'il vénérait tant, Louis XIV pouvait lui aussi avoir ses zones d'ombres.

À l'insu de son plein gré

Prenez une petite pincée d'amour, un bon zeste d'ennui, un gros morceau d'intérêt, saupoudrez le tout d'un peu de jalousie et vous obtiendrez à coup sûr, baignée dans les turpitudes du temps, une histoire d'enlèvement bien peu banale. Ainsi furent en effet les ingrédients du destin de Charlotte de Calvière, unique enfant de messire Marc de Calvière, baron d'Auterive et conseiller au parlement de Toulouse, et de Magdeleine d'Entraygues. La jeune fille connut, dès l'âge de dix ans, le désarroi de se retrouver orpheline tout comme le privilège d'être portée héritière d'une fortune considérable. François de Calvière, son oncle, abbé de Psalmody de son état, se mit dès lors en devoir de pourvoir à son éducation, requérant pour le fait les ursulines de Montpellier qui accueillirent l'enfant au sein de leur couvent.

Nous étions en 1658 et, bien qu'isolée du monde par ses préceptrices, la jeune et riche Charlotte ne tarda pas à attiser les convoitises des ambitieux nobliaux de la contrée. Fulcrand de Castelnau, gentilhomme issu de la branche cadette de la maison des Castelnau de Bretenoux, était de ceux-là, et la proximité du couvent avec le château du Bosc, dans lequel il vivait, ne pouvait que favoriser le rapprochement pressenti. C'est à Foncaude, non loin de là, et alors que Charlotte se trouvait en famille, qu'il fit, mais sans succès, sa première tentative de coureur de dot. En effet, conscient des intentions à peine voilées du prétendant, le tuteur François de Calvière, peut-être lui aussi intéressé, eut tôt fait de ramener sa nièce sur le droit chemin qui conduisait directement chez les bonnes sœurs.

Mais c'était compter sans la détermination de Fulcrand qui, avec l'assentiment de ses parents, s'installa avec quelques valets armés à l'auberge du Cheval blanc, située aux abords du monastère. En apprenant un jour qu'un tailleur devait rendre visite à sa « promise », il confia à son valet Saintonge la mission de se déguiser et de pénétrer dans le bâtiment. Ce qui fut fait le soir même et Charlotte, entourée de nombreux cavaliers, se retrouva enlevée et jetée dans un carrosse à destination du château du Bosc.

Donnée de tous côtés, l'alarme permit rapidement aux poursuivants à la solde de la famille Calvière de rattraper les ravisseurs. Malheureusement pour eux, l'échauffourée apporta dans leurs rangs plusieurs blessures ainsi que la mort de quelques chevaux, et provoqua de leur part une fuite aussi éperdue que peu glorieuse à travers la campagne.

Une semaine plus tard, le 12 septembre 1658, une plainte était déposée par le tuteur auprès du parlement de Toulouse, lequel condamna aussitôt les odieux coupables à être roués vifs sur la place publique de Montpellier après avoir assisté à la destruction de leur château. Rien que de classique, en somme, en matière procédurale pour un acte aussi ignominieux..., si ce n'est qu'un recours fut entrepris par les « du Bosc » auprès du conseil du roi, la jeune fille préférant finalement la « mise sous séquestre » de son prétendant à la « libre » austérité des ursulines, lesquelles d'ailleurs, affirma-t-elle, lui avaient fait subir de mauvais traitements.

La fille du baron d'Auterive disait-elle la vérité ? Était-elle sous influence ? Encore fallait-il en avoir le cœur net. Une expédition fut donc lancée l'année suivante, expédition où gardes du corps officiels, soldats et brigands de grand chemin se regroupèrent, qui pour obéir à la justice, qui pour profiter de l'inévitable curée à suivre. Devant le château, les sommations restées sans réponse laissèrent alors place au chaos et, pendant que les perquisitions légales demeuraient stériles, les murailles étaient éventrées ; les biens, pillés ; et les pires atrocités – meurtres, profanations, viols et incendies –, commises par les soudards légitimés.

Cependant, Charlotte restait introuvable. Où pouvait-elle être ? Que pouvait-elle faire ? Eh bien ! Le plus naturellement du monde, avec toute l'insouciance de son âge et tout le bonheur inhérent à sa nouvelle vie, la jeune femme se mariait. Le contrat de mariage déjà passé, les bans dûment publiés, le 8 janvier 1660 reçut la bénédiction nuptiale et le consentement des nouveaux époux. Tout à fait officiel, qui plus est exempt de toute nullité du fait de la puberté de Charlotte, le mariage était bel et bien entériné, mais sans pour autant que l'ire de la justice royale ne se trouve amoindrie. Le moment fut donc jugé opportun par les « du Bosc » pour « restituer » leur désormais bru à son oncle, et ce avec toutes les excuses et les suppliques nécessaires et suffisantes.

Pauvre oncle, pauvre tuteur qui, manifestement de déception, se laissa dépérir, laissant de fait la tutelle à son neveu Antoine, lequel allait désormais tout faire pour détourner Charlotte de son époux et lui trouver un parti plus conforme aux intérêts de la lignée. Chose fut donc faite avec un complaisant Henri de la Fare, marquis de Tourniac, qui, comme on l'imagine, accepta le rôle à jouer avec le plus grand dévouement, la pauvre Charlotte étant, elle, tenue de passer un pacte de mariage avec son nouveau soupirant. À cette nouvelle, le vicomte du Bosc leva une véritable armée de quatre à cinq mille hommes et entra dans Montpellier pour assiéger l'hôtel des Calvière, prêt à enlever son épouse à la moindre occasion et jurant « bien que ni le roi ni la justice ne l'empêcherai[en]t d'exécuter son projet ».

Invectives, provocations, bandes armées... bref, l'affaire tournait mal, d'autant que la jeune fille, enceinte, ne cessait de répéter qu'elle ne voulait pas de Tourniac, au contraire de Du Bosc, son époux légitime. Finalement, de procès en monastères, de condamnations en recours, de Toulouse à Paris, ballottée d'un côté et de l'autre comme un fétu de paille sur le vent des intérêts, Charlotte vit la validité de son mariage confirmée et son existence se diriger vers celui qu'elle aimait vraiment. Un peu comme un premier pas vers l'émancipation de la femme.

Ces nobles qui n'en sont pas

On se demande parfois ce qui motive les révolutions. Les causes en sont certes multiples, mais le comportement souvent détestable de quelques nobliaux de barrière n'y est manifestement pas toujours étranger. Pour preuve, celui pour le moins exécrable du seigneur d'Ardiège, en Comminges, qui, au début du XVIIIe siècle, s'est révélé un véritable tyran pour l'ensemble de ses sujets.

Lorsque Michel Bouillon se mit au lit, en cette nuit du 7 novembre 1700, jamais il n'aurait pu imaginer la terrible épreuve qu'il allait subir. Vers minuit, le seigneur d'Ardiège, son frère Saint-Pau et le nommé Vignaux de Martres-de-Rivière, « homme mal famé dans tout le canton », l'attaquèrent dans son lit et le conduisirent au château. Battu, fouetté et ligoté, l'homme fut laissé pour mort, ne devant plus tard son salut qu'à une inattention. Le lendemain, Saint-Pau, l'épée à la main, se rua sur Pierre Fourtet et Raymond Montieu, qui revenaient du marché de Montréjeau. Fourtet, criant *« Ajude, ajude !*[1] », parvint à se réfugier dans l'église afin de se cacher sous l'autel, mais il fut finalement lui aussi amené au château pour y être séquestré.

Dès lors, devant ces abus répétés, alors même que depuis des années certains habitants avaient été estropiés, réduits à la mendicité ou spoliés de leurs biens, les langues commencèrent à se délier et à tenter de trouver un écho à leurs problèmes. Car ce n'était pas la première fois que le seigneur d'Ardiège commettait

1. *« À l'aide, à l'aide ! »*

des exactions, tant à l'encontre de Bouillon ou Fourtet que de bien d'autres personnes. Un an auparavant, toujours vers minuit, Ardiège, son frère et un cousin, armés de pistolets et d'épées, s'étaient déjà présentés au domicile des « Pène » en criant :

« Où sont Fourtet et Bouillon ? Allumez la lumière... »

La maison avait été fouillée sans résultat, ainsi que le grenier à foin, où Fourtet avait été débusqué. Trois coups de feu, un saut dans la cour et le pauvre homme, laissé pour mort, avait attendu un long moment avant d'être conduit chez le chirurgien, auprès duquel il était resté dix-sept jours.

La raison de cette haine ? Une jeune fille nommée Jeanne, servante chez le cabaretier du lieu et manifestement bien faite de sa personne, avait l'outrecuidance de préférer les honneurs de Fourtet à ceux de Saint-Pau. Un jour, devant aller à Barbazan, elle décida de se faire accompagner par quatre jeunes gens, dont Fourtet et Bouillon. À leur retour, Jeanne et les garçons furent accueillis par Saint-Pau, qui les attendait près de la fontaine de Cier :

« Fripon, dit-il à Fourtet, tu sais que je t'avais défendu d'aller avec cette fille à cause que je l'aime, et tu as contrevenu à mes ordres, tu le payeras. Bouillon, donne-moi ton fusil ! »

Comme celui-ci refusait, injures et coups d'épée lui tombèrent dessus et il finit par lâcher son arme, avec laquelle Saint-Pau blessa son rival à la tête et au bras.

Il faut dire que Jeanne avait tout lieu de se méfier de ce prétendant. Ardiège avait déjà mis enceinte une autre fille du village, qui avait été conduite chez un tisserand voisin. Ayant reçu l'ordre « de ne pas l'en sortir et de laisser toujours la porte ouverte afin qu'elle fût libre toutes les fois [qu'Ardiège] voudrait la voir », le pauvre artisan n'avait d'issue que dans la fuite, se retirant, de jour comme de nuit, dès que le seigneur voulait rencontrer la jeune femme, n'ayant pour tout salaire que coups de bâton et coups de pied.

De jour en jour, la facilité avec laquelle ces beaux messieurs dégainaient leurs épées et maltraitaient les pauvres gens se révélait prodigieuse.

« Il est fort beau, ton chien, nous allons le prendre », dirent un soir Ardiège et ses sbires à Jean Artigue, marchand à Valentine. Le refus de celui-ci lui valut d'être frappé à coups d'épée et laissé pour mort.

Pierre Fontan revenait quant à lui de Saint-Béat, où il avait vendu une mule, quand ils l'arrêtèrent.

« Il t'en coûtera un louis d'or pour ton passage. »

Refusant de donner la pièce, le pauvre homme eut le crâne fendu à coups d'épée et dut garder le lit plus de deux mois.

Une autre fois, Bertrand Camors, meunier de Pointis, rentrait du marché de Castelnau-Magnoac avec deux chevaux chargés de grain. La rencontre, près de Polignan, avec le sieur d'Ardiège, l'épée à la main, se solda par la fuite du meunier et bien entendu par le vol de ses biens. Six semaines plus tard, il récupéra ses sacs vides et l'un de ses chevaux, le second étant quant à lui retrouvé blessé d'un coup d'épée qui lui fut fatal. Peu après l'agression, Ardiège s'était vanté au cabaretier local de vouloir garder un cheval pour lui, de donner l'autre à son frère et de partager le grain entre « la Merle » et « la Grive », ses deux concubines.

Devant les faits recensés, si nombreux et si graves, l'intendant du Languedoc Legendre ne put que se résoudre à ouvrir une enquête et à mandater le sieur Clément Sède, maître des Eaux et Forêts à Saint-Gaudens. L'arrestation d'Ardiège et des siens ne fut pas facile. En juin 1701, dix-huit archers partirent de Lectoure, *via* Gimont et L'Isle-en-Dodon, pour investir et perquisitionner le château d'Ardiège. Peine perdue. Les biens trouvés, tant sur place que dans les diverses métairies, furent placés sous séquestre, mais nulle trace des coupables ne fut découverte.

Ce furent les manants eux-mêmes qui, dans des circonstances assez spectaculaires, se chargèrent d'appréhender les deux frères. Le 4 juillet 1702, réunie pour la collecte des dîmes, la communauté de Pointis vit arriver Ardiège et son oncle qui, déçus de ne pas avoir été attendus pour l'ouverture de la séance, multiplièrent les provocations. Du bout de sa canne, Ardiège commença par tapoter le visage de Cartier, le prêtre de la commune, tout en se répandant en paroles acerbes. Intelligent et pressentant la bagarre à venir, le curé ne répondit pas, laissant les acolytes se perdre en insultes et se rendre au cabaret tout proche, où les boissons consommées ne firent qu'affûter leur agressivité.

« Fripon ! crièrent-ils en sortant au consul et maire de Pointis, en lui administrant dans le même temps un grand soufflet.

– Aide au *roy* ! » répondit celui-ci.

La mêlée fut générale. Tentant de sortir son épée, Ardiège fut bousculé, mais il parvint néanmoins à se réfugier dans l'auberge voisine dont il ressortit avec un fusil. Un dénommé Capdevielle réussit à détourner le coup de feu destiné à la foule, mais ne put empêcher une nouvelle fuite dans l'établissement. Le cabaret fut investi, mais Ardiège avait déjà filé par la fenêtre du grenier. Il fut finalement rattrapé dans un champ d'avoine voisin.

Son oncle et un complice relâchés, « de crainte de faire des affaires, Ardiège [fut] enfermé aux geôles de Saint-Gaudens avant de l'être, quelques jours plus tard, en celles de Montauban ».

En septembre 1703, le procès du seigneur d'Ardiège fut exemplaire. Placé « sur la sellette » après avoir prêté serment sur les Évangiles, il fut soumis à un interrogatoire poussé. Compte tenu des innombrables faits et témoignages recensés et malgré ses dénégations, il fut déchu à vie de ses fonctions de noble curial, banni pour neuf ans hors du ressort du parlement de Toulouse et condamné à plusieurs milliers de livres de dédommagement tant envers Bouillon et Fourtet qu'envers diverses victimes de Cier, Pointis ou Martres.

Contre son frère Saint-Pau, il sera requis par contumace une peine initiale de dix ans de galères. Faute de résultat aux perquisitions effectuées et de réponses aux assignations laissées, Saint-Pau sera condamné à « être pendu et étranglé jusqu'à ce que mort s'ensuive à une potence qui sera dressée sur la place d'Ardiège, après avoir fait préalablement amende honorable, nu, en chemise, la corde au col, tenant en ses mains une torche de cire ardente du poids de deux livres au-devant de l'église paroissiale du lieu où, à genoux, il demandera pardon, à haute et intelligible voix, à Dieu, au roi et à la justice[1] ».

1. *Propos de l'intendant du Languedoc cités par Robert Pouyfourcat dans son ouvrage intitulé* Ardiège en Comminges et Nébouzan.

Libérés du joug de leur seigneur, les habitants d'Ardiège purent ainsi paisiblement attendre la Révolution, appréciant au mieux la phrase de Pascal : « La justice sans la force est impuissante et la force sans la justice est tyrannique. »

Le Monstre du Comminges

C'est aux alentours de l'année 1780 que le comté de Comminges compta parmi ses habitants celui dont la cruauté et la perversion se sont révélées telles qu'il en devint une légende vivante, rapidement connue sous le qualificatif de « Monstre du Comminges ». Il s'appelait Blaise Ferrage, mais se faisait appeler « Sevé ». Maçon de son état, il était très brun et très petit, mais doté d'une force extraordinaire et d'un tempérament dont les pulsions se focalisaient sur le vice et le libertinage.

Il commença tout jeune à poursuivre les personnes du beau sexe. Sa peur de la justice l'amena, dès l'âge de vingt-deux ans, à trouver refuge dans un repaire d'ours, une grotte située à flanc de montagne, lieu qui devint le point de départ de ses tristes expéditions. C'est en effet de là qu'il procédait, enlevant les brebis, les veaux, la volaille pour épancher sa faim, mais aussi et surtout les filles et les femmes pour assouvir ses terribles pulsions. Avec méthode, entêtement et malignité, il les traquait, les pourchassait, parfois à coups de fusil, avant d'abuser d'elles.

« Il coupait d'ordinaire les seins et les cuisses, puis, après avoir commis son office, achevait de les mettre en pièces pour en tirer les intestins ainsi que le foie dont il se régalait. »

Même les mourantes ou les impubères pouvaient être sa proie.

On apprit la manière d'opérer du Monstre du Comminges lors de son arrestation. Il accostait ses victimes le dimanche, alors qu'elles gardaient les troupeaux, puis, les jetant sur son dos, il les emportait dans les bois voisins pour donner libre cours à ses sordides dépravations et à son anthropophagie.

Âgé de vingt-cinq ans au moment du jugement, il fut condamné à expirer sur la roue avant d'être jeté au feu, sentence confirmée

Blaise Ferrage, le Monstre du Comminges.
(Droits réservés.)

par le parlement, hormis le feu qui fut remplacé par une exposition du corps en place publique.

Le 13 décembre 1782, le visage serein, Blaise Ferrage fut exécuté sous les yeux d'une foule innombrable. Le chiffre de quatre-vingts victimes fut avancé, laissant dans l'esprit des habitants de la région l'inoubliable souvenir de son insoutenable monstruosité.

Le confesseur de Marie-Antoinette

Légende ou réalité ? Quoi qu'il en soit, la commune de Saubens est au cœur d'un rapprochement historique pour le moins troublant.

L'historien André Castelot émet l'hypothèse, tout à fait crédible, que la reine Marie-Antoinette ait été secrètement confessée au cours de son incarcération à la prison de la Conciergerie. Bien qu'interdites, certaines « compensations » facilitaient en effet l'ouverture des portes ainsi que certaines visites. Précisément, un abbé nommé Magnin jura « solennellement devant l'autel, en chaire, avoir eu le bonheur de confesser la reine de France et de lui porter la sainte communion » en 1793. Jusque-là, rien de très extraordinaire ni de très contestable, d'autant que l'on sait que l'abbé Magnin, après cet acte bien téméraire pour l'époque, se fit porter malade et disparut. Ce qui peut se comprendre.

Or, selon un article du *Miroir de l'Histoire*, en 1930, le pape reçut du secrétaire de l'évêque de Nice, qui venait de décéder, le crucifix que la reine avait possédé à la prison du Temple – donc pourquoi pas à celle de la Conciergerie. L'évêque de Nice le tenait lui-même de la nièce d'un chanoine des environs de Toulouse qui aurait confessé la reine. Et à ce titre, il a toujours été admis qu'à Saubens, pendant la Révolution, s'était réfugié dans le presbytère un ecclésiastique traqué qui aurait, selon la rumeur transmise, connu Marie-Antoinette.

Alors, le prêtre en question était-il l'abbé Magnin ? Y a-t-il corrélation entre ce chanoine haut-garonnais et le crucifix de la reine ? Saubens a-t-il constitué la retraite de l'abbé ? Rien n'est impossible, même si, on le voit, le mystère reste entier.

Le bébé sur le toit

« Monsieur le maire, nous avons un bébé sur le toit du four. »

Voilà bien la phrase, pour le moins mystérieuse, que s'est entendu dire, en ce mois d'avril 1796, l'agent municipal de Cugnaux, le citoyen Jean-François Delos. Et effectivement, en arrivant sur les lieux, au domicile de Marie Lézat, il ne put en levant les yeux que constater les faits : un nourrisson était bien là, exposé sur le toit qui couvrait la convexité du four. Bien emmailloté dans un petit drap, l'enfant âgé d'environ un mois paraissait viable et en bonne santé. Examiné par le citoyen Bosc, officier de santé local, il apparut que le bébé était une fille et qu'elle n'avait aucune marque extérieure sur le corps.

Par qui et pourquoi l'enfant avait-elle été déposée là ? Personne ne le saura jamais. Marie Lézat avait constaté la présence du bébé en revenant du travail et avait immédiatement prévenu les autorités. L'enfant, peut-être placée sur le toit pour qu'elle bénéficie de la chaleur du four, fut bientôt appelée Marie-Marceline et fut nourrie et éduquée par sa famille d'accueil.

Étrange démarche tout de même que celle-ci, l'abandon d'un enfant, relativement fréquent à cette époque mais qui s'effectuait d'ordinaire aux portes des églises. Les noms de famille Dedieu, en France, ou Esposito (pour « exposé ») semblent d'ailleurs issus de cet état de fait.

La résurrection du mari

Pour le moins singulier est l'incroyable fait divers qui se déroula en juin 1865 à Toulouse et dont fut « victime » une revendeuse du quartier Arnaud-Bernard, Mme C. Le 9 juin, elle se rendit à l'hôtel-Dieu au chevet de son époux malade, et il lui fut répondu dès son arrivée que le malheureux venait de passer de vie à trépas. Conduite auprès du défunt, elle reconnut le corps avant d'embrasser son mari pour la dernière fois.

Le lendemain, eurent lieu les obsèques, avec leur habituel cortège de parents et de voisins. Le 11 au matin, une dernière messe de famille fut célébrée, avant que la veuve, en habits de deuil, ne

Le pont Neuf et l'hôtel-Dieu de Toulouse au début du XX*e siècle.*
(Archives des Toulousains de Toulouse.)

se rende comme de coutume place du Capitole pour vaquer à ses occupations quotidiennes. C'est vers 11 heures que sa mère arriva :

« Ton mari, je viens de le voir, il est à la maison, même qu'il déjeune d'assez bon appétit… »

À peine la belle-mère eut-elle fini sa phrase que le sieur C. arriva lui aussi sur le marché, comme on l'imagine à la grande stupéfaction de sa femme, encore sous le coup de l'émotion.

« *Eh bé, m'en as pla faïtas, mes te perdouni*[1] », s'était exclamée Mme C. peu avant sur la tombe de celui qu'elle croyait être son mari. Espérons pour le revenant que le pardon a aussi tenu pour lui.

Jean-Pierre de Montastruc…

… dont on parle encore aujourd'hui, et ce bien au-delà du canton de Montastruc-la-Conseillère, tant sa réputation s'est montrée au diapason de sa force herculéenne.

1. *« Eh bien, tu m'en as fait de belles, mais je te pardonne. »*

Haut de deux mètres vingt, de forte corpulence, chaussant du cinquante-trois, Jean-Pierre naquit en 1847 à Verfeil et Montastruc l'accueillit quelques années plus tard dans la métairie de Triffaut. Sa bonhomie et sa gentillesse n'avaient d'égal que ses extraordinaires capacités physiques. Un jour, alors qu'il se trouvait dans un chemin étroit avec sa charrette chargée de foin, arriva face à lui son propriétaire à cheval. Il se glissa alors sous l'attelage et, d'un coup d'épaule sous l'essieu, il déplaça le chargement pour permettre le passage du cavalier. Autre exemple : il s'amusait à prendre à bras-le-corps une barrique de deux cents litres de vin pour la charger seul sur sa charrette. Au bout du sillon, il soulevait sa charrue avec son timon pour prendre la nouvelle rangée. D'une seule main, il saisissait le pied d'une chaise sur laquelle était assis quelqu'un et levait le tout sans aucune difficulté. De l'extrémité de son pouce, il pouvait couper en totalité une pièce de 5 francs. Bref, une telle force était si exceptionnelle qu'elle ne pouvait, à l'image d'un Primo Carnera cinquante ans plus tard, demeurer attachée exclusivement à la terre.

Sous le surnom de « Jean-Pierre de Montastruc », l'hercule décida donc de se montrer dans les foires de la région, puis dans l'ensemble du pays, où ses prodigieux tours de force firent merveille. C'est en revenant de l'Exposition universelle de Paris qu'il trouva subitement la mort en 1901, non loin de Toulouse. De son vrai nom Jean-Pierre Mazas, il fut inhumé à Montastruc, laissant à jamais le nom de sa commune associé à la force tranquille de son prénom.

La « belle buse » de Montesquieu-Volvestre

En ce 6 août 1911, un gros point noir planait, virevoltait sans cesse au-dessus de Montesquieu.

« *Qu'uno toudo pla béro*[1] ! » s'écrièrent quelques femmes âgées.

Un aéroplane tournait et retournait sans cesse dans le ciel montesquivien, allant, venant, repassant sous les yeux éberlués des habitants. Mais il en est des oiseaux comme des avions, les

1. *« Quelle belle buse ! »*

Qu'es aquo que brouzino, qu'es le moutur de Védrines.
(Qu'est-ce que c'est qui bourdonne, c'est le moteur de Védrines.)
(Archives des Toulousains de Toulouse.)

plus gros finissent toujours par se poser. Tel fut le cas pour celui-ci qui, par erreur et en catastrophe, finit par atterrir non loin de là, à Daumazan, au lieu dit « le Poumaret ». Ramené jusqu'à Montesquieu grâce à un cheval, l'engin, à l'hélice brisée et au moteur endommagé, fut remisé sous une bâche, sur le boulodrome de la place du Pont, devenant l'objet de toutes les curiosités. Mais pourquoi cet avion ? Pourquoi ici, s'interrogeait-on ?

C'était compter sans la future fête locale et l'idée de M. Guichou, maire de la commune, d'organiser, avec l'aide de l'association sportive concernée, une journée d'aviation. À ce titre, une somme de 300 francs fut votée et vint grossir le montant de la souscription publique faite en vue de « cette solennité que beaucoup de nos voisins nous envient déjà », solennité où la présence du jeune et célèbre Brindejonc des Moulinais était assurée.

Remis en état de marche, l'engin fut conduit jusqu'au pré de Goueytes et réessayé le 13 août. À la première tentative, une roue creva. Second essai, second échec. Au troisième, le moteur fut arrêté car l'une des personnes qui retenait l'avion en attendant son plein régime était restée accrochée par sa bague à l'une des griffes fixant la toile à la carlingue. À la quatrième tentative, l'engin décolla enfin, passa de peu au-dessus d'une clôture et prit son envol, fin prêt pour l'exhibition prévue quatre jours plus tard.

Inutile de dire que la journée du 17 août fut un immense succès, où les spectateurs de tous les environs, qui à pied, qui à cheval, qui à bicyclette, purent admirer, bouche bée et tête levée, ce qui était extraordinaire pour l'époque : le vol d'un homme. Quelques clous furent bien posés sur la chaussée, paraît-il, par des habitants de Rieux, peut-être jaloux, mais, dans l'ensemble, la démonstration fut un retentissant succès et la « buse » fut appréciée de tous ! Depuis lors, une place de la commune a pris le nom de Brindejonc des Moulinais, pionnier de l'aviation qui mourut en 1916, à l'âge de vingt-quatre ans, devant Verdun.

Quand le destin ne tient qu'à un fil

Rien que de très banal. Nous étions le samedi 22 mai 1954 et, le matin, Roger Decugis et Berty Omankowski avaient convolé en justes noces devant Dieu en l'église du Taur. Il ne restait plus maintenant aux « Diables Blancs » qu'à recevoir, place du Capitole et à douze mètres de haut, la bénédiction du « père volant », événement majeur alliant l'insolite au cérémonial. Funambules de leur état, Berty la Tchécoslovaque et Roger avaient choisi d'immortaliser ainsi leur journée en se rapprochant un peu plus du nuage d'amour sur lequel la vie les avait perchés. Ils ne leur manquaient plus qu'un prêtre à leur hauteur, curé qu'ils avaient trouvé en la personne de l'abbé Simon, originaire du Doubs, lequel se révélait coutumier de ce type d'exploit. C'est donc en habits de noces et juchés sur leur câble que les jeunes mariés reçurent la bénédiction nuptiale, sous les yeux d'une foule innombrable et sous l'objectif de Jean Dieuzaide, qui n'hésita pas à monter sur les épaules du père de la mariée pour se tenir à hauteur des protagonistes.

Comme un goût d'inachevé, dès le lendemain, tout ce beau monde se mit en devoir de réaliser de nouveaux exploits. L'abbé

Un Peau-Rouge qui s'appelle Blanc : l'indien D'jelmako.
(Archives des Toulousains de Toulouse.)

Le pont Neuf vu du quai de Tounis, à Toulouse.
(Archives des Toulousains de Toulouse.)

Simon, afin de recueillir des fonds pour la restauration de son église, s'élança depuis le parapet du pont Neuf pour plonger, trente-cinq mètres plus bas, dans les eaux de la Garonne, exécutant au mieux sa figure favorite du « saut de l'ange ». Quant aux Diables Blancs, ils traversèrent le fleuve sur un câble partant de l'extrémité du cours Dillon pour arriver quai de Tounis.

À signaler toutefois que d'autres prouesses avaient précédé celles des jeunes mariés. Parmi les plus célèbres, il y avait celles de « l'Indien », alias Jacques Blanc D'jelmako, né en 1857 à Marseille. Sa mère était la fille d'un authentique trappeur canadien. Baptisé à la mode sioux, il garda toujours, pour ses traversées sur câble à quinze mètres de haut sur la place du Capitole, son nom signifiant « tonnerre qui gronde ». Il trouva la mort à soixante-seize ans à Riscle, en chevauchant une torpille automobile sur câble. L'engin n'ayant pas pris assez de vitesse, « l'Indien » tomba dans les arènes et se fractura le crâne.

Émilien Castanet, lui aussi, réussit en 1887 à franchir la Garonne sur un fil tendu à vingt mètres de hauteur. Personnage atypique, fils d'un avocat nîmois, il avait été tour à tour déserteur de la Marine, toréador et aéronaute avant de faire valoir ses qualités de gymnaste.

Plus près de nous, en 1960, ce fut au tour d'un Toulousain pur souche de montrer ses compétences. Claude Clastres, dit « Collin's », dix-neuf ans, parvint sur son fil à traverser la Garonne sur un parcours identique à celui des Diables Blancs, et ce en un temps record de deux minutes et cinq secondes, le tout sans balancier. Une semaine auparavant, Francine Pary, qui devait plus tard devenir son épouse, avait quant à elle battu le record d'endurance en restant trente-quatre heures en équilibre sur un câble tendu au sein du palais municipal des sports.

Pour terminer, l'année 1979 vit se produire le Toulousain Roger Serrus dans l'enceinte de la Halle aux grains, où il évolua sur son câble, avec une dextérité peu commune, chaussé d'échasses ou juché sur une bicyclette, perpétrant en cela la séculaire tradition des danseurs de corde ou des funambules locaux.

Chapitre IV

L'être et l'au-delà

Voyage au début de la mort

C'est dans son ouvrage *Témoignages d'éternité*, paru aux Éditions Aquarius, que Jean Morzelle, notre compatriote de Pibrac, a relaté dans son intégralité le témoignage de son exceptionnel voyage aux frontières de l'au-delà. Quarante ans lui auront été nécessaires pour passer outre l'appréhension des moqueries et ressentir la nécessité de faire partager, aux croyants comme aux autres, les faits dont il a été l'acteur.

C'est précisément le 9 juin 1949, alors qu'il avait vingt ans et qu'il effectuait son service militaire, que Jean, lors d'un exercice de tirs, subit un terrible accident. Alors qu'il assemblait les fusils en faisceaux par trois, penché au-dessus du canon de l'un d'eux, une manœuvre maladroite fit se déclencher une des armes. Même en bois, ce qui était le cas à l'époque, les balles d'exercice se révélaient dramatiquement dangereuses à courte distance.

« Je fus rejeté en arrière, comme par un énorme coup de poing, au milieu du fracas terrible de l'explosion de la balle. Elle avait éclaté dans ma cage thoracique, détruisant la moitié de mon foie, brûlant mon poumon droit et déchirant totalement mon diaphragme. »

Le lendemain, ses parents reçurent son avis de décès, envoyé par des autorités militaires quelque peu pessimistes.

Transporté aussitôt après l'accident à l'hôpital Larrey de Toulouse, Jean sombra pendant le trajet, ne se réveillant que sous le monumental porche d'entrée en briques roses, avant de s'évanouir de nouveau, juste avant son opération, pendant les préparatifs du chirurgien.

« Combien de temps s'était-il écoulé depuis le début de mon opération ? raconta-t-il. Je ne saurais le dire, mais brusquement, je me suis réveillé... Tout en haut, dans l'angle de la pièce, je me sentais merveilleusement bien en paix avec moi-même. »

Regardant autour de lui, il vit son corps, couché sous le drap, les deux chirurgiens qui s'affairaient et les trois infirmières qui les aidaient.

« Mon attention fut d'abord attirée par le gant du chirurgien, qui avait un instrument à la main. Je pus m'approcher de cette main jusqu'à la toucher, tel un "zoom" instantané très puissant puisque je distinguais même les petits plis du gant du chirurgien, le contour de la lame du scalpel, l'ombre sous l'instrument, même le drap dont je voyais les fibres tachées de sang. »

Avec une vision à trois cent soixante degrés, sa pensée dirigeait. Il voulait voir, il voyait, et ce sous tous les angles. Sous la table d'opération, il observa une petite plaque en fer verte avec des lettres blanches sur laquelle était inscrit : « Armes et Cycles de Saint-Étienne. »

« J'ai eu envie de me déplacer. Je suis descendu, puis remonté, toujours dans l'angle supérieur de la pièce. Puis j'ai eu envie d'aller vers le mur et, sans aucune résistance de sa part... je l'ai traversé : la brique rouge, la pierre de Garonne et le ciment avec ses petits points brillants... Je me suis retrouvé à l'extérieur, dans un décor que je ne connaissais pas. Au-dessous de moi, le long du mur, il y avait un garage à vélos avec une tôle ondulée en guise de toit. De grands arbres se trouvaient dans le parc et, bien qu'il fasse nuit, j'ai reconnu le porche éclairé sous lequel j'étais passé quelques instants auparavant. »

Jean décida alors de revenir et se retrouva à nouveau en salle d'opération, passant au-dessus du chirurgien qui tentait de réparer son foie avec d'infinies précautions. Puis, il repartit prospecter les lieux, arrivant dans une pièce où se trouvaient plusieurs robinets, traversant ensuite une autre salle qu'il considéra comme un dortoir. Il revint alors de nouveau au bloc opératoire, où un autre phénomène l'attendait :

« Le chirurgien demandait à ses assistants tel ou tel instrument, qu'il recevait dans sa main tendue, mais j'observais un certain décalage : les paroles m'arrivaient comme un écho, mais pas après que les personnes ne les eurent prononcées... Je les entendais *avant* qu'elles ne les expriment. Autrement dit, j'entendais la pensée des personnes présentes et ce qu'elles allaient dire. Le plus surprenant était d'être dans l'esprit des gens, de connaître leurs pensées et de sentir celles-ci se matérialiser par les paroles qui venaient ensuite. »

Face au chirurgien, Jean ressentit alors un problème avec l'infirmière. Elle ne se sentait pas bien, elle avait la nausée. Il savait qu'elle allait s'évanouir, ce qui ne manqua pas d'arriver quelques instants plus tard.

Jean vit ensuite une lumière, indicible, diffuse, qui lui parla non pas avec des mots, mais plutôt avec des sensations d'amour, de tolérance, de savoir aussi. Bref, un sentiment de bonheur pléthorique, d'absolue béatitude. Puis, tout d'un coup, il s'aperçut que la lumière s'éloignait et se sentit, « avec une infinie tristesse, réintégrer son corps, par le sommet du crâne, au niveau de la fontanelle, comme une main épouse un gant ».

La convalescence fut longue et difficile, mais la conscience de ce qu'il lui était arrivé fournit à Jean l'énergie suffisante pour surmonter ses douleurs.

« Un soir, j'avais soif, terriblement soif, il fallait que je boive ; je me suis souvenu alors que j'avais vu, lors de mon voyage, des robinets dans une pièce proche ; il faisait nuit et j'étais seul, mais comme il me restait quelques forces, je me suis levé, en titubant, me rappelant cette fontaine toute proche. Il me fallait simplement pousser deux portes, ce que j'ai fait... avant de me désaltérer longuement aux robinets bien présents. »

La vigueur revenant, Jean tenta de vérifier ses autres visions. S'approchant de la fenêtre, plongeant son regard vers le bas du mur, que vit-il ? Un toit de tôles protégeant un grand nombre de vélos. Tout était bien là, le garage, les grands arbres, l'entrée de l'hôpital et son porche, tout était vrai, mais que faire ? En parler, mais à qui ? Certains prendraient cela pour un choc postopératoire ; d'autres le considéreraient comme un fou, un illuminé. Tous discréditeraient donc cette conviction si intense, ce ressenti si précieux.

Un jour, une occasion se présenta. Seul avec son chirurgien, alors que celui-ci arrangeait son pansement, Jean lui dit en plaisantant :

« Enfin, docteur, comment se fait-il que j'ai encore des bouts de foie qui remontent ! Vous avez mal fait votre travail, vous auriez dû tout enlever quand vous aviez mon foie dans votre main.

– On vous l'a raconté ?

– Non, je l'ai vu, comme j'ai vu, sous la table, une plaque verte avec une inscription dessus. »

Le chirurgien, devenu blême, découvrira sous un drap la plaque ; il ignorait totalement son existence. Cette conversation nouera à jamais la vie de Jean et celle du chirurgien d'une indéfectible amitié.

Depuis, Jean ne s'effraie plus et parle avec la plus grande sérénité de cet ailleurs qui l'attend. Grâce à cette expérience, dite « N.D.E. » (*Near death experience*, « expérience proche de la mort »), sa foi est de plus en plus forte, mais bien plus tournée vers la spiritualité proprement dite que vers la ou les religions, qu'il considère avec détachement.

Alors, que penser du cas de Jean ? Aux États-Unis, ils sont huit millions à avoir vécu ce type de phénomène et, dans le monde entier, des revues on ne peut plus sérieuses se font l'écho de ces témoignages qui rendent perplexes les scientifiques. Rien ne prouve bien sûr, comme le souligne la journaliste Jocelyn Morisson, « qu'une N.D.E. rend certaines une forme d'autonomie de la conscience, la survie de l'esprit après la mort et encore moins l'existence de Dieu ». Effectivement, restons prudents. Cela dit, les témoignages sont là, relatés par des personnes tout à fait crédibles. Souvenons-nous aussi de ce fameux « voyage » effectué au début du siècle par deux touristes anglaises en visite dans le parc du château de Versailles, lesquelles avaient noté l'emplacement d'un petit bâtiment ignoré de tous, bâtiment qui n'apparaissait même pas sur les divers plans encore en notre possession, écartant de fait toute possibilité de trucage. Seules des fouilles ont pu confirmer leurs dires.

Jean a-t-il quitté la lumière ? La lumière l'a-t-elle abandonné ? Pas sûr, car depuis son aventure, il a manifestement toujours gardé en lui la plus belle lueur qui soit, celle qui éclôt sur la vie, qui fleurit sur le bonheur et qui se tend vers les autres, autrement dit la lumière du cœur.

Le geste d'ailleurs

Ce geste m'a été conté par Francis, lequel habite les environs de Caraman. Agnostique, cultivé, responsable, il n'a rien non plus d'un illuminé. Bien assis dans la société, à mi-chemin entre le monde rural et le monde urbain, il ne s'est jamais intéressé de près ni de loin à une quelconque forme de croyance ou d'ésotérisme que ce soit, son pragmatisme se révélant aussi tangible que son incrédulité. Pourtant, sans être véritablement extraordinaires, les faits relatés ci-après se révèlent troublants, ne serait-ce que par la conviction avec laquelle ils m'ont été rapportés.

« C'était dans les années 1987-1988. Il était environ 17 h 30, un peu plus tard peut-être, et, en ce mois d'hiver, je venais de récupérer, route d'Espagne à Toulouse, mon ami Maurice avec lequel je partais pour l'Ariège. Nous roulions sur la rocade à peu près à la hauteur de Portet-sur-Garonne. Le week-end était là, peu de stress, peu de véhicules, mais une pluie soutenue et une nuit tombante empêchaient la Renault 5 de dépasser les quatre-vingt-dix kilomètres à l'heure. Nous parlions de la semaine, du match de rugby à venir et de la stratégie à suivre pour la partie de chasse du lendemain. Bref, c'est en toute confiance et en toute insignifiance que nous devisions.

« Devant nous, un camion de graviers, à fond plat, comme il en circule beaucoup sur cet axe où les gravières sont nombreuses en bordure de Garonne. Le véhicule roulant un peu moins vite et qui plus est me projetant des quantités d'eau sur le pare-brise, j'entreprends de le doubler, toujours à la même vitesse. Coup d'œil derrière, clignotant, je me déporte, je double, je me rabats, et ce sans difficulté. La voie dégagée, nous continuons à parler sereinement lorsque, trois ou quatre minutes plus tard, un bruit sourd se fait entendre. Coup d'œil dans le rétroviseur et je vois alors le même camion qui tente de me doubler, roulant toujours à la même allure. Sans déroger à ma vitesse et bien sûr sans accélérer, je vois donc le camion progresser jusqu'à arriver à ma hauteur. Imaginez-vous, il me double, nous sommes côte à côte, à environ un mètre à peine l'un de l'autre quand tout à coup... directement sur moi... il se rabat, comme s'il voulait délibérément me projeter hors de la chaussée.

– Qu'avez-vous fait alors ? ai-je demandé.

– Justement, du côté droit de la route existait un espace qui a permis à ma voiture de s'y déporter. L'espace était là et sur plusieurs centaines de mètres, le problème, c'est que le volant... c'est pas moi qui l'ai tourné, je vous jure, j'ai senti une force me prendre le volant et agir à ma place, c'était incroyable, je m'en souviendrai toute ma vie. D'ailleurs, instantanément, alors que, je le répète, nous parlions sport et chasse, j'ai dit à mon ami : “C'est pas moi qui ai tourné le volant !”

« À froid, l'angoisse évacuée, j'ai bien sûr fait en sorte que le rationnel prenne le dessus. “Arrête tes c..., me suis-je dit, ce qui s'est passé, c'est que sous l'effet de la peur, tu t'es tellement crispé, contracté, tétanisé, qu'importe le terme, que tu as ressenti cette sensation au niveau du volant.” Vous savez, j'essaye toujours de me convaincre que c'est effectivement la raison pour laquelle j'ai pu ressentir cela, pourtant j'ai vécu ce moment, et je peux vous dire une chose : à aucun moment je n'ai pensé, je n'ai perçu dans mon esprit la manœuvre du camion, comme si le geste était antérieur à la peur, antérieur à ma perception du danger. C'est cela qui me trouble le plus, comme si le cerveau, allié à mon corps, avait pu percevoir le danger avant qu'il n'arrive à ma conscience immédiate. »

Nous avons bien sûr évoqué ce que certains appellent « les anges gardiens », mais, je vous l'ai dit, Francis est rationnel et le doute est souvent plus fort que la foi, alors...

L'ombre neuve de Louise

Qu'un drame accidentel bouleverse une vie, cela se révèle malheureusement souvent le cas, mais qu'à une issue positive succède un tel changement d'existence, de caractère, d'ambitions et de monde, cela est plus que rare. C'est pourtant ce que le destin, il y a peu, a apporté à une jeune femme des alentours de Caraman, Louise, personne responsable et cartésienne s'il en est, mais dont le poignant témoignage ouvre les lignes qui suivent vers la porte du mystère.

Il est 9 heures, en ce samedi 28 décembre 2006, et la campagne, telle une dame blanche, a paré ses terres, ses arbres et ses toits d'une couverture uniforme de givre. La campagne, certes, mais aussi la route, et la Renault Clio de Louise, dans ce virage, ne peut éviter l'épaisse couche de verglas qui la recouvre. Même à cinquante kilomètres à l'heure, l'accident est inévitable et les platanes en bordure ne feront qu'en accentuer l'impact.

Quelques secondes plus tard, la voiture se retrouve encastrée autour d'un arbre et Louise, blessée, prisonnière de son habitacle. Tout dans le véhicule est sens dessus dessous : les documents de travail, le sac à main, les cassettes. Tout sauf le téléphone portable, qui, posé sur le tableau de bord, est resté à sa place. Un dernier éclair de conscience, son ouverture d'une seule main et la composition du numéro de sa mère permettront à Louise de demander une aide qui lui sera apportée quelques minutes plus tard par les pompiers du bourg.

« Le samu, le samu, ici les pompiers de Caraman, nous sommes en présence d'une victime de la route, elle ne respire plus, on ne ressent plus le pouls et ce depuis deux minutes. Doit-on déclarer le décès ?

– Attendez encore une minute... »

Ces quelques minutes changeront la vie de Louise, qui déjà n'est plus là, flottant de légèreté entre le monde connu et celui qu'elle va découvrir. Un superbe ciel, d'un bleu éclatant, l'accueille, agrémenté de-ci de-là de quelques nuages vaporeux. C'est inexplicable, mais une sensation de bien-être total l'envahit, consciente qu'elle est de se sentir à la lisière de deux univers, consciente de celui qu'elle découvre mais consciente aussi de ne vouloir y rester. C'est alors que sa grand-mère et son arrière-grand-tante lui apparaissent, sereines, dans la force de l'âge :

« Ne t'en fais pas, ce n'est pas le moment, sois tranquille, tu vas repartir... »

La minute va s'achever...

« Je suis là », dit Louise.

Fêlure crânienne, clavicule cassée, bassin vrillé, contusions multiples, tel est le constat des médecins lors des examens médicaux effectués à l'hôpital où la jeune femme est amenée dans un état préoccupant. Quarante-huit heures après, elle est déclarée sauvée, avant de se réveiller le quatrième jour.

« Docteur, dites-moi, est-ce que vous m'avez injecté des produits, calmants ou autres ? »

Tels sont ses premiers mots à l'adresse du médecin.

« Non, répond-il, compte tenu de votre état, cela était impossible, vous éprouviez bien trop de difficultés à respirer pour que l'on vous administre de quelconques produits chimiques et *a fortiori* de la morphine... Pourquoi ?

– Non, comme ça... »

Une semaine plus tard, Louise reprend une vie quasi normale, bien évidemment émaillée des indispensables examens de contrôle.

« Je ne comprends pas, lui dit son médecin traitant, je vous connais, je vous suis depuis longtemps, je possède vos bilans, mais là, très sincèrement, je ne sais que dire. Vous qui avez toujours eu des problèmes circulatoires, regardez vos veines, elles ressemblent à des boulevards, c'est vraiment étonnant. »

Quel n'est pas non plus l'étonnement de Louise lors des tests visuels et auditifs, lorsqu'elle apprend que sa myopie légère et son astigmatisme ont disparu et que son acuité auditive, précédemment altérée de vingt pour cent, est devenue parfaite. Dès lors, le doute s'installe.

« Et si tout cela était en rapport avec ce que j'ai vu ? Arrête, ma pauvre fille, tu deviens folle, se dit-elle. Et surtout n'en parle pas, tu as tout à y perdre et rien à y gagner. »

Un mois plus tard, une autre vision lui parvient. Toujours le même ciel, toujours ce bleu, mais tout au fond, quelque chose, un point lumineux, indéfinissable... Quatre ou cinq jours plus tard, l'image se fait plus nette et le point lumineux plus gros, plus rapproché.

« Qu'est-ce que c'est ? Où suis-je ? Mais c'est une montagne ! Et c'est quoi, au-dessus, cet édifice ? On dirait un temple. Mais oui, c'est le Taj Mahal ! »

Une voix dès lors commence à lui parler :

« Approche-toi, viens. »

« Je refusais d'y croire, dira-t-elle, mais la voix insistait : "Accepte, viens, laisse-toi guider." J'arrivai alors devant ce célèbre temple [qui en réalité n'est pas situé en haut d'une montagne]. Je me voyais mais très étrangement je ne me ressemblais pas, et dès alors m'apparut un bouddha, souriant, bonhomme, apaisant, qui s'adressant à moi me dit très distinctement : "Louise, 'Shong', je t'ai élue, car tu es un être de grande bonté et je veux que tu sois l'une de mes disciples." Moi qui suis chrétienne, je ne parvenais pas à comprendre cette attirance, cette communion avec ce bouddhisme que je ne connaissais pas et avec cette image qui me parlait de façon très distincte, très nette. "Louise, tu vas entendre le mal des personnes d'ici-bas et même d'ailleurs et tu les soulageras, si tu as un doute, je t'aiderai." »

Un mois plus tard, Louise n'en revient pas. Elle qui n'a jamais lu le moindre livre sur le bouddhisme et qui ne s'est jamais assujettie au moindre dogme, la voilà qui se sent investie d'une mission.

« Louise, vous me semblez sereine depuis quelque temps, lui dit son infirmière.

– Il ne semble pas en être de même pour vous », lui répond-elle.

« Vous voyez, m'avouera-t-elle, je voyais tout en elle, ses soucis de couple, la distance que sa fille prenait avec elle. Alors je lui ai pris les mains, voyant ses autres vies défiler et une malédiction peser sur elle. »

Apaisée, l'infirmière verra ses rapports familiaux s'améliorer au fil des jours.

« Facteur psychologique, se dira Louise, mais pensons à maman. Elle que son arthrose cervicale fait tant souffrir et dont le bras est aussi très douloureux... »

Quelques minutes après, sa mère pourra remuer la tête sans difficulté, retrouvant une mobilité totale du bras souffrant.

Louise et Nathalie, sans être véritablement amies, se retrouvent un jour à la mairie de son village.

« Nathalie, je vois que vous souffrez, je vais vous aider, dit Louise.

– Comment le savez-vous ? demande Nathalie. Effectivement, j'ai très mal aux jambes. »

Trente minutes plus tard, soulagée, Nathalie ne pensera plus à ses douleurs, marchant comme si de rien n'était.

Que penser aussi de cette amie qui ne voit plus d'un œil, une tache noire étant fixée dans son champ de vision. Lors de l'« intervention » de Louise, la jeune femme ressentira la même sensation que lors d'une opération au laser. Lorsqu'elle reviendra voir son ophtalmologue, celle-ci sera stupéfaite. Si cliniquement l'étude de l'œil est identique, la lecture de la patiente se trouve elle très nettement améliorée, la jeune fille pouvant se permettre de lire des textes qu'il lui était impossible de décrypter auparavant.

Autre étrangeté, cette amie, quelque peu dépressive et qui habite dans une maison ancienne.

« Dans ta maison, a été commis un meurtre au début de XIXe siècle. Un vagabond y a été tué à coups de fourche. Il faut que je te protège », lui annonce Louise, décrivant la maison, les terres et les sentiers tels qu'ils étaient à l'époque.

L'amie se rend à la mairie pour compulser les plus vieux registres cadastraux… tout y est mentionné comme dans la description de Louise.

Que penser en conséquence des nouvelles facultés de Louise ? L'accident a-t-il été le facteur déclenchant de dons déjà acquis ? Que penser de ses problèmes de santé miraculeusement résorbés et de ses visions si nettes ? Rien d'étonnant pour Louise, pour qui l'âme se reconduit mais ne meurt pas.

Le jour de son anniversaire, sans rien connaître de tout cela, son père, ancien militaire de la coloniale, décida de lui offrir un objet ramené d'Indochine. Le croiriez-vous ? Il s'agissait d'un bouddha…

La place du Chairedon,
dans le faubourg Saint-Cyprien de Toulouse, après la crue de 1875.
(Archives des Toulousains de Toulouse.)

Chapitre V

Les faits divers

Le faubourg Saint-Cyprien et la crue meurtrière de 1875

Littéralement cauchemardesques furent en effet les journées de la fin du mois de juin 1875, où les Toulousains du quartier Saint-Cyprien se virent soumis à l'une des plus importantes et surtout l'une des plus dramatiques crues du siècle. En quelques jours, drames et scènes d'horreur se succédèrent avec une telle soudaineté, une telle ampleur et une telle intensité que la tragédie, des décennies durant, continua de marquer les consciences et de hanter la mémoire de ceux qui l'avait vécue.

Depuis le mois de mai, la pluie était continuelle et chaque jour apportait son lot d'averses, de giboulées, lesquelles, mêlées aux neiges tardives sur les Pyrénées, accroissaient sans cesse le niveau de la Garonne et des ruisseaux environnants. Dès le 21 juin, le fleuve ne cessait de charrier des débris de toute sorte arrachés à ses berges, augmentant irrémédiablement un débit qui, le 23 au matin, donna à la Garonne un aspect des plus terrifiant.

« Elle se brisait en grondant et en tourbillonnant avec une rapidité vertigineuse contre les piles du pont et contre la chaussée du Bazacle. Ses eaux jaunâtres, chargées de limon, entraînaient pêle-mêle des poutres, des arbres entiers avec leurs racines, des meules de foin, des tonneaux, des toitures éventrées, des meubles disloqués, des instruments aratoires, des cadavres d'animaux,

Le pont d'Empalot.
(Archives des Toulousains de Toulouse.)

tristes épaves qui témoignaient en passant des ravages faits en amont[1]. »

Vers midi, les eaux firent irruption dans le faubourg Saint-Cyprien, submergeant le secteur des abattoirs et de l'hôpital La Grave. Une digue de circonstance fut improvisée en haut de l'avenue de Muret, n'empêchant pas pour autant quelques maisons de s'écrouler. Mais c'est véritablement à 6 heures du soir que la catastrophe se produisit. Arrivant par l'avenue de Muret, une gigantesque masse d'eau emporta le pont Saint-Michel, détruisant instantanément les maisons situées sur son passage. Dès lors, indomptable avalanche de flots, surréaliste marée jaune, comme un gave tournoyant autour de ses pierres, la Garonne s'engouffra sur le cours Dillon, virevoltant de remous, emportant tout sur son passage jusqu'à se hisser à la hauteur des premiers étages des habitations. Les rues n'étaient plus alors qu'un grand bouillonnement, qu'un lourd grondement, que seul

1. La Dépêche du Midi.

pouvait inquiéter le nuage de poussière de l'effondrement d'une maison.

Quand la nuit arriva, l'obscurité ne fit qu'accroître l'angoisse des habitants qui étaient restés. Certains n'eurent même pas la chance de pouvoir se réfugier sur leurs toits, d'autres y parvinrent et furent engloutis quand leur maison fut emportée. Des familles entières disparurent, mêlant leurs plaintes et leurs cris à la pénombre, reportant sur leurs prières le peu d'espoir qui parvient parfois à convaincre la mort, guettant un ciel où la pluie venait enfin de cesser.

Le réveil de Toulouse fut apocalyptique.

« Partout, de quelque côté que se portaient nos regards, tout n'était que ruines, décombres, pans de murs éventrés, planchers effondrés suspendus en l'air par des miracles d'équilibre, tas de briques déchiquetées, grilles de fer tordues, arbres déracinés, ustensiles de ménage épars, lambeaux de vêtements, de linge, tout cela empilé, enchevêtré dans un désordre indescriptible, gisant çà et là dans des mares de vase infecte[1]. »

Les premiers secours, les fourgons d'artillerie tentèrent au plus vite de rassembler les quelques survivants exténués et grelottant qui parcouraient, hagards, des monceaux de décombres. Le jour se réveillait aux cris des enfants appelant leurs parents, aux pleurs et aux appels de détresse de tous les désespérés. Pire, le silence par moments se montrait plus bavard que le bruit. Là-haut, sur un toit, une femme avait accouché. Le père avait pu sauver l'enfant, mais la malheureuse mère était morte d'épuisement. Là passaient un berceau, un cadavre, une femme roulant dans les flots, son enfant dans les bras. Un animal, ici. Les hurlements perçants d'une femme se turent brusquement sous un craquement de charpentes. Plus loin, de nouveau, une famille entière, réfugiée sur un toit, se retrouva précipitée dans les remous et engloutie. Bref, en tous points, le malheur laissait sa trace.

Les secours furent exemplaires. Population et garnison rivalisèrent de courage et d'abnégation pour sauver les quelques vies encore en suspens.

1. La Dépêche du Midi.

Le réveil après la crue fut apocalyptique...
(Archives des Toulousains de Toulouse.)

« Un soldat du 143e de ligne se jeta à l'eau pour sauver un enfant qui se noyait. Des officiers bravèrent la mort pour secourir d'autres sinistrés. Même les frères de Saint-Nicolas-de-la-Grave se mirent à l'eau jusqu'à la ceinture pour porter sur leur dos les victimes de leur établissement.

« "Laissez-moi embarquer, cria le marquis d'Hautpoul, la vie d'un gentilhomme ne vaut pas plus que celle d'un soldat[1] !" »

Quelques instants plus tard, sa barque, lourdement chargée de quinze rescapés, revenait difficilement par la rue Viguerie. Au même instant, une autre embarcation portant une quarantaine de personnes se présenta face à lui, portée par un courant terrible qui précipita violemment les deux barques contre les murs de l'hôtel-Dieu. Les quinze personnes qui venaient d'être arrachées de leurs habitations croulantes périrent sans exception. Deux mariniers qui purent s'accrocher aux grilles d'un balcon ainsi

1. L'Auta.

qu'un gendarme qui empoigna la grille de l'hôpital eurent plus de chance.

Le marquis d'Hautpoul « au premier instant saisit un bec de gaz qui s'élevait à fleur d'eau, mais celui-ci cédant sous son poids, il disparut, emporté par le courant[1] ». Son corps fut retrouvé au moulin de Blagnac.

Deux cents cadavres furent ainsi dénombrés sous les décombres du faubourg Saint-Cyprien. Les corps furent systématiquement soumis aux objectifs de deux photographes, en vue d'une identification qui les mena ensuite au cimetière de Terre-Cabade, celui de Rapas, situé rive gauche, étant toujours sous les eaux.

Les Toulousains et l'ensemble du pays firent alors preuve d'une indéfectible solidarité. Vêtements, linge et dons d'argent affluèrent au Capitole, où des représentations théâtrales et des concerts furent organisés au profit des sinistrés, et ce dans l'attente des subsides officiels. Même le pape, don positif du ciel, y alla de sa participation.

« Que d'eau, que d'eau », dit à cette occasion le président Mac-Mahon, voyant à Agen cette même crue dévaster les campagnes. Car si Toulouse fut dévastée, les villes de Blagnac, Fenouillet, Agen, Castelsarrasin et Moissac furent tout autant touchées. Là aussi, la compassion et la générosité furent exemplaires, apportant à Louis Braud, alors rédacteur en chef de *La Dépêche*, la conclusion suivante : « Devant une telle solidarité, les hommes donnent un grand et noble exemple, et mettent en action cette si belle maxime qui émane de la morale la plus pure : les hommes et les peuples sont frères. »

L'effondrement de la Dalbade

« Vous savez, monsieur le chanoine, les fissures que nous avions déjà constatées dans le clocher ne cessent de s'élargir », dit en substance, en ce mois de mars 1926, le carillonneur de l'église de la Dalbade à M. Contrasty, pro-curé de la paroisse.

« Vous savez, monsieur l'architecte, les lézardes du clocher ne cessent de s'ouvrir », dit en substance le chanoine au sieur Milhoz, architecte de la ville de Toulouse.

---

1. L'Auta.

« Vous savez, cher confrère, je viens d'effectuer une expertise minutieuse de l'intérieur du clocher et de l'extérieur de la tour de la Dalbade, et cela est bien vilain », dit en substance M. Milhoz à son confrère des Bâtiments de France, seul habilité en la matière.

« Vous vous êtes alarmé à tort, tout cela n'est pas bien grave, rétorqua ce dernier. Avec quelques travaux d'entretien, nous en viendrons à bout, mais je vais tout de même adresser un rapport au ministre. »

Le ministre n'eut pas le temps de répondre. Le dimanche 11 avril, à 3 h 15, dans un étourdissant fracas suivi d'une immense nuée poussiéreuse, le clocher gothique de l'église de la Dalbade, le plus élevé de la ville avec ses quatre-vingt-quatre mètres, venait de s'effondrer.

Au matin, comme après un bombardement, une vue apocalyptique attendait les premiers secours. De l'élégante flèche du clocher qui dominait la ville, il ne restait plus que des amas de briques qui engorgeaient les rues des Paradoux et des Polinaires, ainsi qu'un trou béant au-dessus d'une nef totalement détruite. Mais plus terrible attendait les pompiers. Littéralement écrasées, les deux maisons des numéros 18 et 20 de la rue des Polinaires laissaient entendre des gémissements plaintifs. Première touchée, la boulangerie Denax n'existait plus, et si l'un des ouvriers fut rapidement retiré vivant des décombres, dix-sept heures furent en revanche nécessaires pour retrouver son compagnon de travail, blessé, certes, mais cependant plus chanceux que ses patrons dont les corps sans vie ne furent retrouvés que le lendemain soir.

Partout, la désolation était totale. Des morceaux de planchers étaient épars. Des lambeaux de papiers peints rappelaient encore les chambres ou les salons occupés la veille. Une cheminée intacte, comme posée sur le vide, supportait toujours une pendule qui ne s'était pas arrêtée. Disséminés, des ustensiles semblaient appeler les vies qui les avaient quittés. Bref, voilà le tableau que pouvait apercevoir l'innombrable foule pressée aux alentours des restes des habitations. De toute manière, comment pouvait-il en être autrement ? Une vingtaine de cloches, dont le bourdon, qui pesait à lui seul deux mille cinq cents kilogrammes, des dizaines de poutres, de moellons, sans compter briques et pierres, venaient de s'abattre sur les maisons. Les demeures adjacentes furent quant à elles moins durement touchées, mais elles virent bien sûr leurs habitants évacués puis relogés dans un bâtiment municipal situé au numéro 17 de la rue du Rempart-Saint-Étienne.

Remarquables d'efficacité, les secours de tous ordres, corps médical, pompiers, bénévoles, policiers, permirent heureusement par leur dévouement et leur rapidité de diminuer la gravité des blessures des survivants.

Une chapelle ardente fut aménagée rue Valade, au siège des pompes funèbres municipales, avant que les obsèques des deux malheureuses victimes ne donnent lieu à une grandiose manifestation de sympathie. De la rue Pargaminières à la place du Capitole, de la rue Gambetta à la basilique de la Daurade, des milliers de personnes, menées par le maire de la ville, M. Billières, saluèrent, dans le plus grand recueillement et en une haie extrêmement compacte, un cortège qui se dirigea vers le lieu de culte où furent rendus les derniers hommages.

Les responsabilités ? Une polémique naquit bien sûr de ce drame, mais ni l'opinion publique ni même les journaux satiriques locaux ne tinrent à jeter le discrédit sur telle ou telle personne. Il apparaissait manifestement que les services des Beaux-Arts n'avaient été que tardivement prévenus, et qui plus est sans alarmisme soutenu, personne à aucun niveau n'ayant su ou pu prévoir l'imminence d'une telle catastrophe. Le seul reproche globalement adressé fut, et pour cause, celui du manque d'entretien dévolu aux monuments historiques.

Peu de temps avant l'événement, une nouvelle cloche avait été installée et baptisée avec toute la solennité requise. Des témoins dignes de foi affirmèrent que, le jour de la catastrophe, en s'évadant de sa prison de briques, elle aurait sonné pour la dernière fois...

La catastrophe du train Superbagnères-Luchon

Elle ne faisait que treize kilomètres, treize kilomètres à peine, cette ligne qui pourtant restera dans les mémoires comme celle ayant connu l'une des plus importantes tragédies ferroviaires vécues par notre département. Mise en service en 1912, essentiellement pour assurer le transport des skieurs, elle tirait son convoi de Superbagnères à Luchon, passant par des voies étroites et parfois très pentues.

Tout semblait pourtant normal en ce 28 février 1954. À 17 h 40, quelque cent trente skieurs, fourbus de leur journée, avaient embarqué à Superbagnères, dans l'attente de regagner leurs foyers de Luchon ou de Toulouse. Mais à 18 h 10, au lieu dit « Mi-Sahage », à environ mille deux cents mètres d'altitude, le convoi se mit subitement à s'emballer. Et malgré tous les efforts du conducteur, trois cents mètres plus loin, la motrice électrique quitta les rails, roulant dans le ravin où elle vola littéralement en éclats, laissant de fait le reste des wagons dévaler frénétiquement la pente.

Les portes arrachées par la vitesse, tout volait, tant à l'extérieur de la rame qu'à l'intérieur, les skis, les bâtons et les sacs de montagne, laissant présager à tous une mort prochaine. Surgit alors le « serre-frein » qui, avec un remarquable sang-froid, à une vitesse de quatre-vingts kilomètres à l'heure et sur une pente à vingt-quatre pour cent, réussit à actionner sa manette et à ralentir le convoi. Se rendant compte du danger et de l'inéluctable issue fatale qui les guettait, certains passagers tentèrent néanmoins d'échapper à la catastrophe en sautant des wagons. Mal leur en prit, car la voie longeait à cet endroit le ravin et ils n'eurent de ressource que de se précipiter côté paroi rocheuse, sur laquelle ils vinrent s'encastrer avant d'être littéralement écrasés par le wagon suivant. Ils furent les principales victimes de la tragédie.

Le premier wagon couché, le second le percuta, provoquant de nombreux blessés, dont beaucoup furent touchés par des débris de verre. Huit morts furent recensés plus un décès collatéral en la personne d'une fillette de huit ans qui, blessée par une chute, aurait dû être transportée d'urgence à Luchon. Le train à crémaillère ne fonctionnant plus, l'enfant décéda à Superbagnères.

À Toulouse, la place Jeanne-d'Arc, où arrivaient les cars, était en émoi. L'inquiétude, les pleurs, les évanouissements liés à la rumeur et aux bribes d'information des moyens de l'époque se mêlaient à tous les regards. Quelques heures plus tard, l'anxiété céda la place à la dignité.

Quelles étaient les causes de cette tragédie ? Un emballement dû à un manque de courant a tout d'abord été envisagé, mais dans ce cas, le frein de sécurité aurait dû prendre le relais et arrêter le convoi. L'enquête établit que le matériel était hors de cause, car soumis à de fréquents contrôles. D'autre part, l'analyse des pièces maîtresses du châssis démontra une excellente résistance au choc. La seule éventualité crédible fut celle d'un déraillement de la motrice à l'aiguillage de Mi-Sahage.

De nouvelles machines furent conçues par l'ingénieur Nerou. Le projet se révéla obsolète lors de la construction d'une route en 1961. La ligne, quant à elle, fut définitivement abandonnée le 14 décembre 1966.

Des petits hommes verts dans le ciel haut-garonnais ?

Les ovnis (objets volants non identifiés), ou aujourd'hui les P.A.N., autrement dit les phénomènes aéronautiques non identifiés, certains y croient, d'autres sourient, quelques-uns les étudient, d'aucuns constatent. Sont-ils le fruit de l'imagination ou de la crédulité humaine ? Sont-ils l'œuvre de facétieux, de militaires ? Se rattachent-ils à une quelconque réalité physique ou psychologique inconnue à ce jour ou à une dimension interplanétaire ? Quoi qu'il en soit, des faits sont là ; des témoignages, aussi ; et des groupes d'études, tels que le G.E.I.P.A.N. (Groupe d'étude et d'information sur les phénomènes aérospatiaux non identifiés) à Toulouse, ont été créés en France comme dans d'autres pays.

Bien sûr, les canulars existent, il y a des photographies truquées, mais aussi des images « radar » incontestables. Et sur un même fait, les explications officielles sont parfois contradictoires. Alors, que faut-il donc en penser ? Ou peut-être ne pas en penser ? Le phénomène de mode des années 1970 est passé. Peu de journaux s'intéressent désormais à ces phénomènes. Le nombre d'ouvrages sur le sujet s'appauvrit et pourtant des archives disparaissent parfois ; des scientifiques on ne peut plus compétents travaillent... et filtrent, mais des interrogations demeurent, en Haute-Garonne comme ailleurs, jusqu'à parfois se révéler troublantes.

Les pages qui suivent, évitant l'outrecuidance d'une quelconque forme d'interprétation, vont ainsi s'attacher à recenser, depuis cinquante ans, les témoignages les plus pertinents comme les plus étranges.

Lanta, 27 septembre 1954

Vers 20 heures, trois témoins, dont l'instituteur du village, verront un disque lumineux de couleur rougeâtre traverser le ciel à grande vitesse vers le sud. Qualifié d'« immense », l'objet se déplaçait sans bruit.

Léguevin, 12 octobre 1954

Vers 20 h 30, un mécanicien travaillant dans son atelier verra sur un terrain voisin un disque lumineux de couleur orange et de forme circulaire, d'environ six ou sept mètres de diamètre et deux mètres cinquante d'épaisseur. Il tentera de s'en approcher et l'engin s'élèvera alors verticalement en silence et à une vitesse étonnante. Sur les lieux, posées sur l'herbe, seront retrouvées deux feuilles de papier glacé revêtues de caractères asiatiques mentionnant les entrées des navires de certains ports indochinois avec leurs... arrivages de poissons. L'enquête montrera qu'un groupe de Cambodgiens avait précédemment pique-niqué sur place.

Cier-de-Rivière, 17 octobre 1954

Lorsque, à la demande de son père, Guy Puyfourcat, vingt-deux ans, prend sa jument pour aller récupérer un râteau faneur laissé la veille dans un pré à environ deux kilomètres du domicile familial, il ne peut se douter que de cet anodin trajet va naître l'un des faits les plus extraordinaires de notre pays. Il est en effet 9 h 30 lorsque Guy, tenant son animal par la bride, emprunte le chemin de terre creux, bordé de taillis, qui mène au sommet de la colline. Rien ne retient de prime abord son attention si ce n'est le fait que la jument, d'ordinaire placide, ne cesse de regarder sur sa droite et semble brusquement apeurée.

C'est alors que, tout d'un coup, trois cris perçants pouvant ressembler à des cris d'oiseaux se font entendre. Aussitôt, dans un sifflement, émerge du rideau d'arbres un engin circulaire de couleur grise et d'environ un mètre trente de diamètre, entraînant avec lui un important déplacement d'air qui aspire l'animal jusqu'à une hauteur d'environ trois mètres, obligeant le jeune homme à lâcher la longe. Quelques secondes après, la bête s'écrase au sol sur le flanc et ne se relèvera qu'une dizaine de minutes plus tard, couverte d'écume et de boue, avant que l'objet, un temps stationnaire au-dessus de la scène, à environ cinquante mètres de hauteur, ne disparaisse à grande vitesse. Guy Puyfourcat, peut-être éloigné du champ attractif de l'engin, n'a quant à lui rien ressenti.

Lorsque le jeune homme revient chez lui sans le râteau faneur, il confie son aventure à son père, qui hésite d'abord à le croire, puis finit, devant le comportement anormal de sa jument et l'état de peur toujours présent chez son fils, par se convaincre de la véracité des faits et de la sincérité des propos tenus. Rien n'est remarqué sur l'animal, qui sera vendu cinq ans plus tard sans descendance, et l'enquête de gendarmerie ne donnera quant à elle aucun résultat.

Guy a-t-il menti ? Rien n'est impossible, mais mentir de la sorte et sur un tel sujet fait prendre le risque, à la campagne, de passer pour un hurluberlu jusqu'à la fin de ses jours et de faire subir à sa famille les railleries les plus acerbes. Alors, que s'est-il passé exactement ? Nul ne le saura jamais ! Il est à noter cependant que la personnalité du témoin, notoirement considéré comme sobre, pondéré et intelligent, doublée du scepticisme du père laissent quand même à penser qu'il n'est pas inimaginable qu'un phénomène véritablement exceptionnel se soit produit ce matin-là, non loin de Cazères, à Cier-de-Rivière.

Cazères, août 1955

Une femme s'approche d'une fenêtre et perçoit deux objets ovoïdes, lumineux et de toute beauté. Deux êtres paraissant chauves se tiennent à côté des engins. Prévenu, le mari observe à son tour le phénomène, prend son fusil et part alerter les voisins. Le chien de la famille se met alors à aboyer et les deux objets disparaissent aussitôt, ne laissant voir aux autres témoins que deux étoiles rougeâtres. Sur le lieu seront trouvés deux cercles de deux à trois mètres de diamètre formés de gouttes de métal ressemblant à de l'aluminium fondu. Par la suite, l'herbe ne repoussera plus sur ces deux emplacements.

Toulouse, 8 novembre 1957

Ce jour-là, un astronome de l'Observatoire national suivit pendant cinq minutes un objet non identifié. Voici son récit :

« Il était entre 18 h 35 et 18 h 40, le ciel était extraordinairement clair à ce moment dans un passage débarrassé de brume et de nuages. J'observais le ciel avec une lunette grossissant trente fois quand je vis soudain apparaître un objet de forme elliptique. Cet objet, extrêmement brillant, à peu près à l'éclat de Vénus, surgit au bout de ma lunette, à trente ou trente-cinq degrés au-dessus de l'horizon, se dirigeant dans la direction où le soleil venait de se coucher. Brusquement, il décrivit deux boucles très larges et repartit dans le sens opposé de sa marche initiale. Il réapparut trente secondes plus tard, se déplaçant cette fois dans une direction perpendiculaire, pour s'enfoncer dans la pénombre et échapper à tout contrôle. La durée d'observation fut de quatre minutes et trente secondes. »

Pendant deux jours, le témoin et ses collègues se livreront à des calculs serrés afin de déterminer les caractéristiques de l'engin. Publié trois jours plus tard, un communiqué officiel révélera que l'engin évoluait à trois cents kilomètres d'altitude et que son diamètre était de cent cinquante à deux cents mètres.

Roqueserière, juillet 1973

Vers 23 heures, un témoin entend dans son jardin des bruits de ronflements et observe des lumières. En sortant, il voit alors un objet en forme de cloche d'environ huit à neuf mètres de diamètre et de couleur laiteuse. Cet objet ne se déplace pas et plane à un mètre du sol. Deux ou trois ombres semblent se trouver à l'intérieur. Le témoin ressentira ensuite une douleur dans les yeux. D'autres personnes de la contrée signaleront la manœuvre d'un objet dans le ciel.

Gratentour, mai 1974

Deux amis qui partent à la pêche vers 6 heures aperçoivent un objet sphérique de couleur orange. Positionné à environ deux cents mètres au-dessus du sol, l'objet les suit pendant une vingtaine de kilomètres. Arrivé à proximité de Villemur, il disparaît à une vitesse effrayante.

Cadours, 18 août 1975

À 20 h 15, une femme s'apprêtant à fermer les volets de sa chambre observe une masse rouge bien plus grosse que la lune qui émerge d'un léger nuage dans un ciel très pur. L'objet, très net, descend à la verticale puis semble se hérisser de lueurs insoutenables avant de disparaître derrière la colline. Un deuxième nuage, identique au premier, descend de façon similaire mais prend la forme d'un cône. Le mari de cette femme aperçoit quant à lui un troisième phénomène identique. Chaque objet met environ deux minutes à descendre.

Beaupuy, même jour

Un témoin en voiture aperçoit à 20 h 20 une boule bien plus grosse que la lune descendre d'un nuage, puis remonter entre deux autres, ceci à trois reprises.

Cox, même jour

En rentrant son véhicule au garage, un homme aperçoit une boule rouge vif de la grosseur d'un ballon de football qui passe à une quinzaine de mètres du sol, derrière des arbres. Il s'écoule environ dix secondes. Le témoin prend sa voiture, se dirige vers les végétaux et observe une autre boule identique qui semble se poser sur la route, dans un virage. Rendu au lieu supposé de l'atterrissage, l'homme ne trouve rien. Revenu au domicile, il en parle à son voisin qui déclare avoir vu lui aussi deux boules rouges descendantes qui se suivaient. Un autre couple situé à proximité fera les mêmes constatations. Il est 20 h 25.

Brignemont, même jour

Constatations similaires aux précédentes : à 20 h 30, une jeune fille et sa mère voient, à intervalle régulier, trois boules rouges et bleues descendre du ciel.

Longages, 22 août 1975

Un conducteur aperçoit, à une dizaine de mètres de lui, une énorme machine sombre sans aucune luminosité. Lorsqu'il arrive à la hauteur de l'engin, celui-ci s'illumine à la base, émettant une fluorescence orange vif qui l'aveugle. L'objet passe tout près du véhicule, puis reste stationnaire plusieurs minutes. Sa face intérieure est rouge orange et semble varier d'intensité lumineuse trois fois par minute. Aucune flamme ne se dégage de l'appareil. Il est 22 h 45.

Noé, 28 août 1975

Au lieu dit « Danis », une trentaine de personnes aperçoivent un objet rouge de forme ovoïde dont le diamètre peut avoisiner les quinze mètres. Doté d'une aile, l'engin effectue plusieurs rotations pendant une minute environ avant de disparaître. Éblouis par les lueurs émises, les témoins se plaindront de douleurs oculaires.

Longages, 29 août 1975

Le témoin circule en voiture et remarque, à 22 h 45, un disque de couleur gris aluminium d'environ sept mètres de diamètre et trois mètres de hauteur qui survole un champ à près de dix mètres de haut. L'objet s'illumine brusquement d'une couleur incandescente et se dirige vers l'automobile, dégageant une lueur aveuglante. Le témoin arrête son véhicule et se protège la tête avec les bras. Au bout de quelques secondes, l'engin remonte à la verticale, s'immobilise, baisse un moment d'intensité puis produit de nouveau une intense couleur rouge. Un autre automobiliste, également spectateur des faits, ouvre la portière au premier témoin, lequel se trouve en état de choc après un trou de mémoire.

Longages, 30 août 1975

Vers 1 h 10, soit peu de temps après l'observation précédente, une femme habitant sur la route de Noé aperçoit près du sol une intense lueur produite par deux très gros phares. Les champs sont éclairés comme en plein jour, éblouissant le témoin qui ressentira des douleurs oculaires persistantes.

Saint-Plancard, février 1977

Un jour de ce mois de février, le témoin voit sa cuisine s'illuminer tout d'un coup. Dans sa cour inondée de lumière blanche, avance un objet ovoïde de vingt ou vingt-cinq mètres de long qui passe lentement à six ou sept mètres du sol. Il disparaît ensuite à grande vitesse. Il est 22 h 30.

Saint-Martory, 6 février 1989

Alors qu'il rentre chez lui en voiture vers 23 h 30 en compagnie de sa femme et de son fils, André R. distingue un énorme objet de forme oblongue et d'une trentaine de mètres de long en position stationnaire dans l'air.

« On était aveuglés, dira-t-il, tout le paysage a été brusquement éclairé comme en plein jour par une lumière bleu vert dont on ne voyait pas la source. »

Plusieurs personnes de la région constateront le même phénomène. Faute d'éléments recueillis par les gendarmes, l'hypothèse d'un satellite, d'une fusée ou d'une météorite sera avancée.

Saint-Gaudens, 14 août 1993

Pendant une quinzaine de minutes, trois témoins ont observé à la jumelle un point rouge très intense. De forme ovoïde, le phénomène, de très grande dimension, possédait plusieurs feux rouges ainsi que trois faisceaux lumineux. Aucune explication rationnelle ne découlera de l'enquête. Le dossier sera classé « D », c'est-à-dire sensible, par le G.E.I.P.A.N.

Montgiscard, 18 août 1993

Vers 2 h 30, un témoin a observé un phénomène lumineux elliptique, délimité par plusieurs sources lumineuses. Son déplacement était très lent et très silencieux.

Montréjeau, 25 septembre 1994

Depuis sa chambre, un homme voit une boule bleue tomber rapidement du ciel derrière une carrière proche. Une rentrée atmosphérique est vraisemblablement en cause.

Cintegabelle, 9 août 1998

Vers 22 heures, sur la terrasse de sa maison, un couple observe le passage très lent d'une sphère lumineuse. Tout à fait crédibles, les témoins remarquent le silence total de la nature environnante et le comportement inhabituel de leurs animaux. La sphère se déplace silencieusement et en légers zigzags avant de disparaître quelques minutes après. Un autre témoin, dans une commune avoisinante, verra le même phénomène. Aucune explication ne sera envisagée.

Latoue, 16 février 2003

Un chef d'entreprise spécialisé dans la récupération des métaux liés à l'aéronautique aperçut, à trois reprises, des lumières insolites et intenses balayer sa propriété isolée.

« La première fois, dira-t-il, il était environ 7 heures lorsqu'un énorme spot s'est mis à éclairer le ciel de haut en bas, sur quatre ou cinq mètres de rayon. Les extrémités des arbres étaient illuminées, puis la lueur est venue toucher une haie avant de repartir à l'aplomb des arbres... Au-dessus d'elle, je ne voyais rien, je n'entendais rien, et je suis resté figé jusqu'à son départ vers 7 h 35.

« À la gendarmerie de Toulouse, confiera-t-il, ils n'ont même pas pris mon nom. Ils ont dit que je devais photographier la chose... En fait, je pense qu'ils ne m'ont pas cru. »

Le 8 mars, il était 23 h 40 lorsque apparurent de nouveau, au moment où l'entrepreneur sortait, une dizaine de spots très éblouissants, toujours au-dessus des arbres.

« Je possédais alors un gros tas de titane, peut-être était-ce cela qui les attirait... J'avais ma caméra numérique, mais je n'ai pas osé filmer de peur qu'ils ne me voient. »

Cette fois, la gendarmerie prit les faits en compte et conseilla au témoin, selon la procédure, de prendre contact avec le C.N.E.S. (Centre national d'études spatiales). La dernière apparition se produisit le 16 mars : vers 22 h 30, dehors sur la terrasse, l'entrepreneur et sa femme aperçurent deux grosses étoiles plus brillantes que d'ordinaire. À minuit trente, l'une des deux disparut très rapidement alors que, face au couple, s'allumèrent trois énormes spots espacés d'une dizaine de mètres les uns des autres. Aucun bruit n'était perceptible. Le chien s'enfuit, tremblant, et se réfugia sous la table pendant que les témoins firent de même sous leur véranda.

« Vous savez, dira l'industriel, je possède chez moi des projecteurs de deux mille watts, mais là, ce n'était pas comparable, c'était beaucoup plus puissant ! »

Au C.N.E.S., les responsables concernés par ce type de phénomènes conseillèrent de ne pas négliger ce témoignage.

Caujac, 19 juillet 2005

Le témoin circulait à petite vitesse en direction d'Auterive lorsque son regard fut attiré par un objet ovoïde, aux reflets métalliques et d'une intense luminosité, qui frôlait la colline à une vitesse extraordinaire. L'homme descendit alors de son véhicule, cherchant l'objet qui venait de disparaître, comme volatilisé. Sa distance était évaluée à neuf cents mètres, et l'observation de l'ordre de deux secondes.

Parmi tous ces témoignages, il en est un dernier, certes quelque peu éloigné de la Haute-Garonne, mais qui, par sa nature et la qualité des intervenants, me semble devoir être cité.

Le 28 janvier 1994, le commandant de bord Jean-Charles Duboc assure la liaison Paris-Nice. À 13 h 14, alors que l'avion se trouve, par des conditions météorologiques excellentes, à une altitude de onze mille neuf cents mètres, l'ensemble de l'équipage aperçoit un phénomène pouvant ressembler à un ballon météo, hypothèse bientôt écartée, compte tenu du diamètre de l'objet. Celui-ci, situé à une altitude de dix mille cinq cents mètres, ressemble en effet à une gigantesque lentille de couleur rouge qui se déplace à environ cent quatre-vingt-cinq kilomètres à l'heure. Observé pendant plus d'une minute, l'engin disparaît ensuite progressivement, devenant évanescent, un peu comme s'il se dématérialisait. L'écho radar est confirmé par la tour de contrôle la plus proche sans qu'aucun autre avion n'ait été répertorié dans ce créneau. La taille de l'objet est estimée à deux cent cinquante mètres de long.

L'enquête personnelle effectuée ultérieurement par Jean-Charles Duboc lui apprendra que, dans sa vie professionnelle, un pilote sur dix observe un phénomène volant non identifié, sans pour autant le rapporter officiellement, par crainte tant du ridicule que des conséquences pour sa carrière. Trois tabous sont en effet associés à l'aéronautique. Le premier concerne le rayonnement cosmique à bord des avions : le personnel navigant, comme les cosmonautes, est classé parmi les individus recevant des doses de radiation sur leur lieu de travail ; un passager effectuant un aller-retour Europe-États-Unis reçoit en effet une dose rayonnante équivalente à une radio des poumons ; cet état de fait est bien évidemment passé sous silence. Le second tabou se rapporte au suicide des pilotes de ligne. Enfin, le troisième est le phénomène des ovnis : les nombreuses observations visuelles confirmées par radar sont communément occultées.

À l'évidence, le phénomène existe, mais se trouve de plus en plus éludé. Pourtant, des scientifiques et des revues sérieuses (*Ufomania*, dans le Tarn) parviennent souvent aux mêmes conclusions : il y a un lien entre ces observations et le domaine nucléaire. Le précédent responsable du département spécialisé au sein du C.N.E.S. précisera même que « la présence d'ovni est proportionnelle à l'activité nucléaire. On dirait qu'on nous surveille. » Alors ? Phénomène militaire ? Vie extraterrestre ? Laissons la conclusion du présent sujet au commandant Duboc :

« L'immensité de l'univers, sa beauté, ses inconnues, les progrès technologiques actuels, les voyages spatiaux, les stations orbitales et tout ce que j'ai vu ne peuvent que me convaincre que nous ne sommes pas seuls dans l'univers et que nous allons faire partie, si nous ne nous détruisons pas, de la communauté des espèces qui voyagent dans la galaxie. Le seul problème de notre planète n'est pas l'existence ou non de civilisations extraterrestres, mais toute la problématique causée par la pollution, l'accumulation des armes de destruction, le fanatisme, le totalitarisme et la surpopulation de la planète. »

Autrement dit, si nous avons quelque chose à craindre, ce sera peut-être des autres, mais aussi et surtout de nous-mêmes.

TROISIÈME PARTIE

La religion

Chapitre I

Les apparitions de Marie

Le culte de Marie, en Haute-Garonne, n'a cessé d'être constant depuis plusieurs siècles. Oratoires et processions sont en effet nombreux dans le département, en remerciement des innombrables bienfaits qui lui ont été attribués, et outre les apparitions d'Arnaud-Guilhem, détaillées par ailleurs, importants sont les lieux de pèlerinage qui sont dédiés à la Vierge.

Montgiscard et Notre-Dame-de-Roqueville

C'est en 1142 que, pour la première fois, au beau milieu de son champ, un laboureur remarqua une pierre qu'il ne pouvait ébranler. Chaque année, il contournait bien sûr l'obstacle, mais toujours avec cette curieuse sensation qu'au fil des ans la pierre ne cessait d'augmenter en volume. Bannières au vent, le prêtre et quelques habitants décidèrent donc un matin de se rendre en procession sur les lieux pour vérifier par eux-mêmes la nature de la roche. Quelle ne fut pas leur surprise ! À leur arrivée, la pierre s'était soulevée, dévoilant à tous le trésor qu'elle recelait : une statue en marbre de la Vierge.

La construction d'un oratoire fut décidée. Bientôt pris dans les tourments du conflit entre Raimond VI et le roi de France, il fut détruit en 1211 en même temps que Montgiscard. Reconstruite avant de devenir royale sous la protection de Louis IX, la chapelle fut agrandie en 1289 et un autel fut bâti en remerciement de la bienheureuse intervention céleste contre la peste.

En 1570, le bâtiment fut de nouveau ruiné, cette fois par les huguenots, mais les flammes, bien que détruisant la nef, évitèrent la divine statue. Protégeant de nouveau les populations du terrible fléau qu'était la peste, la chapelle devint centre de mission et haut lieu de pèlerinage. Aux jours sombres de la Révolution, la statue ne put cependant éviter d'être renversée et décapitée, mais une croyante ramassa la tête de Marie et la cacha sous son lit des années durant, ne dévoilant le fait à ses enfants qu'à ses tout derniers instants.

Entre-temps, la chapelle totalement démolie, l'autel se retrouvait en plein air jusqu'à ce que, en 1863, deux laboureurs soient intrigués par un amas de tuiles. C'est ainsi que, après plusieurs heures d'efforts, ils mirent au jour le tronc mutilé de la statue.

« Ô Notre-Dame, je jure, je fais serment devant vous et devant Dieu que je me voue à la réédification de votre sanctuaire de Roqueville. »

Ainsi s'exprima en 1883 le curé de la paroisse, et sa promesse fut tenue onze ans plus tard avec l'achèvement d'un superbe cloître dont la commune de Montgiscard ne peut que s'enorgueillir.

Cessales et Notre-Dame-de-Clary...

... dont la dévotion remonte au tout début du XIe siècle, lorsque plusieurs apparitions divines engendrèrent un premier lieu de culte. Puis, au XIIIe siècle, naquit la légende :

« Deux pigeons allaient boire régulièrement dans la même mare, qui s'avérait pourtant complètement sèche et aride. Des laboureurs, témoins privilégiés de la scène, vinrent ouvrir le sol ; quelle ne fut pas leur surprise en mettant au jour une source claire et limpide ! Continuant leur excavation, les deux laboureurs mirent la main, ou plutôt la pelle, sur une statue de la Sainte Vierge, tenant en mains l'enfant Jésus. Le bois de ce double buste n'était pas pourri et ne présentait aucune trace de putréfaction[1]. »

1. BASSAS, *Henri*, Les Pèlerinages de Notre-Dame dans le diocèse de Toulouse, *voir Bibliographie*.

Vénérée, la statue fut l'objet avant 1789 de l'un des pèlerinages les plus importants du Lauragais. Sauvée en 1793 par des mains pieuses, la chapelle Notre-Dame fut restaurée en 1854, laissant en bonne place, au sein du retable du maître-autel, la statue miraculeuse. Sa bénédiction était recherchée contre les affections dues au manque d'eau, d'hygiène ou de vitamines. Aujourd'hui encore, une procession a lieu le dimanche le plus proche du 8 septembre, jour anniversaire de la nativité de la Vierge.

Notre-Dame-de-Saussens

C'est en 1428 qu'est référencé pour la première fois le nom de Marie de Saussens, dans une clause testamentaire de Marguerite de Prunet qui prévoit « un legs pour le luminaire de la bienheureuse Marie de Saussens ».

De tout temps, de nombreux miracles lui furent attribués, et les pèlerins du Lauragais, qui ne manquaient jamais de se recueillir au sanctuaire, ne venaient pas uniquement pour s'y laver, mais au contraire y respectaient une solennité toute particulière. Les mères offraient leurs bébés à la Vierge en une sorte de « présentation », qui laissait place ensuite à une « consécration » à Marie. Une grande procession clôturait la cérémonie.

Clermont-le-Fort et Notre-Dame-des-Bois

La légende rapporte que, au lieu dit « Bonnetier », un jeune taureau abandonnait systématiquement ses congénères lorsqu'on laissait le troupeau paître en liberté et s'en allait toujours dans la même direction. Le paysan le suivit un jour et constata que l'animal, bien loin de brouter, restait figé au pied d'un genévrier, comme envoûté par quelque chose qui se trouvait dans le buisson. À la grande stupéfaction du gardien, le taureau gratta le sol pour en laisser apparaître une statue en bois de la Sainte Vierge.

C'est à cet endroit qu'au XIVe siècle fut édifié le premier sanctuaire, baptisé Notre-Dame-des-Bois ou Notre-Dame-de-l'Ermitage en raison du site. La Révolution, comme partout ailleurs, amena

Notre-Dame-de-Saussens.
(Photographie de l'auteur.)

la destruction totale de l'édifice en 1798, date à laquelle les ruines furent vendues à un particulier. Le siècle suivant vit le retour du culte et des pèlerinages ; et le XXe siècle, l'achat de la ferme en ruine dite « Notre-Dame » pour qu'un nouvel oratoire y soit déposé.

Avignonet et Notre-Dame-des-Miracles

À Avignonet, en représailles au massacre des inquisiteurs en la demeure de Raimond d'Alfaro, en mai 1242, par ces nobles dépossédés appelés « faidits » et réfugiés à Montségur, l'église fut fermée au culte pendant quarante ans. Le jour de sa réouverture, les cloches se mirent à sonner d'elles-mêmes pendant un jour et une nuit, la légende ajoutant qu'une statue de la Vierge Marie fut trouvée, seule, sous le porche. En reconnaissance du miracle, les habitants adoptèrent Marie comme sainte patronne et établirent une confrérie de Notre-Dame-des-Miracles.

En 1537, le pape Paul III accorda l'absolution des fautes à tous les fidèles qui venaient prier dans l'église, avalisant ainsi la ferveur populaire née des tourments du siècle. Depuis lors, chaque 8 septembre, Avignonet se veut le rendez-vous de tous les fidèles qui, d'Ariège, du Tarn, de l'Aude ou de la Haute-Garonne, convergent vers l'église pour se rassembler autour d'une prière à Marie. À la nuit, comme des vagues de lumière se brisant aux rivages des rues, ils déferlent alors, *candelous* à la main, vers la porte de l'église puis, tous à genoux, se dirigent vers le sanctuaire où se trouve l'icône.

Montoulieu et Notre-Dame-de-Saint-Bernard

Tout débuta à Montoulieu, en Comminges, lorsque la jeune Madeleine Serre trébucha et sentit son pied s'enfoncer dans le vide. S'affalant au milieu de ronces qui recouvraient un trou peu profond, elle vit alors, se mettant à genoux, une dame qui se présenta :

« Je suis la Vierge Marie et je souhaite ici la construction d'une chapelle. »

Nous étions en 1653 et la suspicion de l'évêque sur les faits déboucha sur un procès où, malgré les questions pointilleuses, aucune contradiction ne vint de la part de la jeune paysanne. En octobre 1688, l'évêque du Comminges bénit la première pierre de la chapelle Notre-Dame-de-Saint-Bernard en présence d'une foule innombrable. Dès lors, la dévotion envers le lieu fut si extraordinaire que, en deux mois, quarante-quatre processions s'y déroulèrent, rassemblant plus de fidèles qu'à Saint-Bertrand.

Malheureusement, un siècle plus tard, le vandalisme révolutionnaire ruina le monument pour ne laisser apparaître aujourd'hui que deux clés de voûte sculptées, une colonnette de marbre qui traîne sous un noyer et quelques débris enchâssés dans des murs récents.

Valentine et Notre-Dame-du-Puy

« Un jour, un jeune pâtre s'était endormi sous un berceau de noisetiers, lorsqu'une belle dame le réveilla en le prenant par la main. "Enfant, lui dit la vision d'une voix harmonieuse et pénétrante, tu enfermes tes agneaux sous ce toit de chaume ?" », questionna la dame qui manifestement ne connaissait pas l'usage de la bergerie.

Une autre légende rapporte quant à elle que le premier miracle de l'endroit est lié au sauvetage d'un enfant. Alors qu'une femme était assise sur les berges de la Garonne, son fils trompa sa surveillance et tomba dans le fleuve. L'enfant étant emporté par le courant, la jeune mère aurait dès lors levé les mains au ciel en l'invoquant :

« Sainte Vierge, sauvez mon fils et je vous élèverai une chapelle sur la montagne ! »

Vraisemblablement sensible à la prière, Marie fit en sorte que la mère rattrape son enfant, offrant ainsi à la jeune femme la possibilité de tenir sa promesse et d'élever une chapelle, dédiée à Notre-Dame-de-Pitié. Celle-ci fut détruite à la Révolution et une ordonnance de Charles X en 1825 permit la reconstruction du bâtiment qui n'était plus qu'une « cathédrale d'été » entourée d'arbres séculaires.

À Pâques et à Pentecôte, deux pèlerinages importants rassemblent toujours aujourd'hui une foule nombreuse de fidèles.

Notre-Dame-de-Montaut

Sur la commune de Montbrun-Bocage, aux confins de l'Ariège et de la Haute-Garonne, posée seule au milieu des chênes et avec le ciel comme unique couronne, la chapelle fait part de ses mystères. Un site splendide pour une origine des plus ancestrales et des plus incertaines. Ici, le manque même de légende est déjà une énigme en soi. La chapelle doit-elle son apparition à la suite de quelque malheur public, de quelque calamité ou de quelque épidémie ? Doit-elle sa dévotion à sa fontaine, considérée aujourd'hui comme anticancéreuse et antirhumatismale ? La piété des moines bénédictins du Mas-d'Azil aurait-elle motivé son édification aux alentours du xe siècle ? Quoi qu'il en soit, la rusticité du bâtiment tout comme l'état de la statue, Vierge mère assise, indiquent une construction et un culte très anciens.

Le XVIIe siècle vit la clarté de Montaut répandre sa lumière sur la vie spirituelle de la région et de nombreux pèlerinages s'y succéder. Le service divin était assuré tous les jours, et les dons en nature ou en argent affluaient de tout le diocèse.

Détruite à la Révolution, la chapelle refleurira de ses cendres en 1819, puis, rénovée en 1924, elle redeviendra dès lors le haut lieu de communion qu'elle était jadis.

Le 8 septembre 1943, le « premier résistant de Toulouse », le cardinal Saliège, celui que les nazis hésitèrent à arrêter du fait de son impotence, fit l'honneur de sa visite au sanctuaire. L'archevêque de la Ville Rose, juché sur une charrette à bœufs, atteignit le site cahin-caha avant de confier son supplément d'âme à l'office et aux nombreux fidèles.

Aujourd'hui encore, le 8 septembre est date de pèlerinage vers Notre-Dame-de-Montaut, l'église aux fabuleuses fresques murales récemment rénovées de Montbrun-Bocage servant toujours de lieu de rassemblement.

Notre-Dame-de-Polignan

Comme bien souvent, l'activité agricole se trouve au centre de la légende de Notre-Dame-de-Polignan. Tous les jours, alors qu'il sortait de l'étable, un bœuf avait pris pour habitude de se diriger en toute hâte vers un buisson touffu situé à proximité. La curiosité du fermier l'amena à fouiller l'endroit et à y découvrir la statue d'une Vierge noire portant dans ses mains l'enfant Jésus. Remisée en un endroit sûr à deux reprises, elle revint chaque fois sur son lieu de découverte.

Un acte mentionna le lieu du culte dès 1361 avant que, bien plus tard, vers 1611, l'évêque du Comminges n'y installe une maison presbytérale. Malgré la fermeture de la chapelle, la Révolution vit un engouement exceptionnel se forger autour de la dévotion pour Sainte-Marie-de-Polignan et de nombreux pèlerinages s'y succéder à l'occasion du 8 septembre.

Notre-Dame-de-Bruguières

À Bruguières, la Vierge est invoquée et honorée depuis le XIIe siècle sous le titre de « Mère de Grâce ». Au siècle suivant, le lieu de dévotion se vit enrichi par une statue de bois qui connut bien des vicissitudes. Enterrée pour échapper tout d'abord aux conséquences de l'hérésie cathare, puis à celles de la guerre de Cent Ans, la statue ne fut redécouverte, et de façon miraculeuse, qu'en 1450. Une chapelle fut alors bâtie et, « grâce aux campagnes de publicité, généreuses et gratuites » des nombreux pèlerins et du fait des guérisons miraculeuses ou des « consolations sensibles », elle devint rapidement un lieu de communion très prisé.

La notoriété du site fut telle que les dominicains s'y installèrent en 1605. Ils agrandirent le bâtiment et furent contraints d'établir, comme à Lourdes plus tard, un calendrier des pèlerinages où bon nombre de personnes exaucées offraient généralement un suaire.

Rasée pendant la Révolution, la chapelle sera rendue au culte en 1802 et la statue, qui avait de nouveau été enfouie par une croyante, sera replacée sur le maître-autel.

Aujourd'hui placée en l'église paroissiale, Notre-Dame-de-Grâce veille encore sur ce peuple qui toujours a su la protéger.

Montaigut-sur-Save et Notre-Dame-d'Alet

Vers 1200, non loin de la forêt de Bouconne, le surnommé « Ramounet », mécréant notoire ne craignant ni Dieu ni diable, travaillait son champ en vue des semailles prochaines. Le temps était chaud, la terre était dure et les bœufs lui obéissaient mal, malgré les coups d'aiguillon qu'il leur donnait. C'était plus qu'il n'en fallait pour mettre à mal la patience de Raymond qui, jurant et blasphémant, prit même le ciel à témoin de ses déboires. À ce moment-là, la Sainte Vierge apparut et se mit à lui parler :

« Raymond, lui dit-elle, va de ma part trouver les habitants de Montaigut et dis-leur que je veux qu'ils me bâtissent une chapelle.

– Madame, à Montaigut, tout le monde me connaît et, si je dis que vous vous êtes montrée à moi, personne ne voudra me croire.

– Plante ton aiguillon », reprit Marie.

Aussitôt planté, celui-ci se couvrit instantanément de fleurs. Alors, portant l'aiguillon pour preuve, Raymond parcourut le village, persuadant la communauté de bâtir une chapelle. Mais où ? Marie n'avait pas désigné d'endroit. Un champ fut alors choisi, mais, au grand dam des fidèles, chaque nuit voyait la destruction du travail de la journée. On s'obstina bien quelques jours. Peine perdue. En désespoir de cause, éreinté et impatient, le maître maçon lança sa truelle en l'air en disant :

« Où tombera ma truelle, on bâtira la chapelle ! »

La truelle virevolta, parut s'envoler, puis alla tomber au sommet d'une colline qui surplombe le village. C'est donc à cet endroit que fut construit l'oratoire.

Au XVIe siècle, les huguenots de Montauban détruisirent l'édifice, lequel fut rebâti en 1673 par une ferveur populaire issue de plusieurs apparitions. Un splendide retable fut offert.

La Révolution pilla le sanctuaire mais ne le détruisit pas. En 1847, le domaine fut confié aux prêtres du Sacré-Cœur, qui remirent en état la chapelle et rétablirent le pèlerinage. Les miracles et les guérisons se succédèrent, amenant toujours plus de fidèles. Des patients atteints d'ulcères, d'écrouelles, d'épilepsie, de cancer ainsi que de diverses maladies de la vue ou de l'ouïe se retrouvèrent guéris, accroissant sans cesse une notoriété qui se révèle intacte encore aujourd'hui.

Notre-Dame-d'Auterive

Autrefois entourée de murailles, la ville d'Auterive s'était vu doter au XIe siècle d'un petit sanctuaire édifié par son noble seigneur et dédié à Notre-Dame-de-la-Garde. Partant en 1096 pour la croisade prêchée par Urbain II et Pierre l'Ermite, ce seigneur jura qu'il ne cesserait « de prier Notre-Dame de protéger les habitants d'Auterive » pendant son absence et qu'il ornerait la future église des dépouilles prises aux indignes possesseurs du Saint Sépulcre. Quelques mois plus tard, ayant appris que leur valeureux seigneur s'était fait tuer en Terre sainte, quelques fidèles entendaient régulièrement des chants plaintifs émanant du sanctuaire :

« Gardienne attentive, protège Auterive. »

Détruite en 1228 à l'occasion du traité de paix signé entre le comte de Toulouse et le roi de France, l'enceinte fut rebâtie en 1359 par le comte de Foix. Lors de la reconstruction de la porte nord, il fut découvert, sous un sureau fleuri, une statue de la Sainte Vierge tenant son enfant. Touchés de ce don divin, les habitants s'empressèrent de mettre la statue en lieu sûr ; le lendemain, elle était miraculeusement revenue sous l'arbuste. « La gardienne de la cité » se vit alors ériger en ce lieu choisi par elle une chapelle dite « du Château », et elle protégea la ville des crues de la Garonne, des épidémies ou des mises à sac des huguenots.

Les laboureurs pour leurs biens et la terre, les nobles ou les bourgeois pour leur famille et leurs intérêts, les matelots du roi – nombreux près des cours d'eau – pour la protection : tous comblaient la chapelle de dons aussi magnifiques qu'hétéroclites. Un jour, traversant le gué de l'Ariège, une noble dame fut précipitée dans un gouffre sans fond après que son cheval se fut emballé. Un ange, dit-on, prit l'animal par la bride et conduisit la dame au bord opposé.

Les destructions révolutionnaires plongeront comme ailleurs les fidèles d'Auterive dans la tourmente destructrice jusqu'à ce que, un jour, il ne reste du saint lieu que la niche renfermant la statue vénérée. Un colosse essayera bien de s'en emparer, mais il en sera incapable, la statue restant inexorablement à sa place. Il s'armera alors d'une pique et démolira totalement le piédestal sur lequel elle reposait. Quoique privée d'appui, la sainte image demeurera en place. Malgré la stupeur, les habitants reviendront le lendemain pour tout détruire et la statue sera brûlée, laissant, à l'endroit du sacrilège, une stérilité du sol qui sera effective des années durant.

Un peu plus tard, plusieurs miracles amèneront la construction d'un nouveau sanctuaire, inauguré en 1859 et dédié à Marie, reine du ciel. Il permettra aux habitants d'Auterive de se placer de nouveau sous la protection de leur bienfaitrice.

Notre-Dame-de-la-Daurade et la Vierge noire...

... à Toulouse bien sûr, où le lieu appartient aux premiers temps du christianisme. Vraisemblablement, le premier sanctuaire marial des Gaules. Son édification paraît effective dès 431, date à laquelle les pères de l'Église promulguèrent le dogme de « Marie, mère de Dieu ».

De tout temps, la dévotion à la Vierge y a donné lieu à des pèlerinages, que la renommée de « la Dorée » associa vite à l'histoire du pays. Déjà réceptrice des dépouilles des comtes de Toulouse, Notre-Dame-de-la-Daurade accueillit le roi Louis VII le Jeune en 1154, puis reçut, lors du siège de la ville en plein conflit cathare, les supplications de « dames qui vont nu-pieds dans les églises » pour demander l'aide céleste. Aide qui fut accordée puisque une violente crue de la Garonne emporta le pont de la Dalbade, empêchant ainsi les « Francimans », les Français, d'entrer dans la place.

En 1312, « la Vierge Glorieuse » fut portée en grande procession pour demander « la pluie ou le beau temps ou quelque autre faveur à demander au seigneur ». Ce n'est véritablement qu'au XVIe siècle que la Vierge noire, également appelée en ce temps Notre-Dame-de-la-Brune, connut une ferveur extraordinaire. Les « descentes » en ville de Notre-Dame étaient si nombreuses qu'elles en étaient communes et si prisées qu'un jour, en 1628, en

L'église de la Daurade à Toulouse.
(Photographie de l'auteur.)

raison d'une désolante sécheresse qui brûlait la terre et entretenait la peste, « on fut tellement occupé à donner la communion, que, de 6 heures à 11 heures, sans aucune pause, on a distribué le pain céleste aux Toulousains ».

En mai 1668, des pluies excessives firent déborder la Garonne et ses affluents. Placée sur le grand autel, la Vierge fut pieusement visitée par les fidèles, de 4 h 30 du matin jusqu'à 8 heures du soir, et elle exauça les vœux de la population. En août 1672, le violent incendie qui ravagea Toulouse donna à l'icône l'occasion de se manifester de nouveau. Alors que l'incendie qui s'était déclaré à Saint-Michel avait déjà consumé deux cents maisons, l'archevêque tenta vainement de circonscrire le fléau en portant le Saint Sacrement sur les lieux du sinistre. Le recours à la Vierge noire, portée sur le site, permit au vent de tourner et aux foyers de s'apaiser. En souvenir de ce jour, les Capitouls firent peindre un tableau représentant l'incendie et la procession. En 1712, une inondation fut conjurée grâce à une procession à laquelle se rendirent tous les corps religieux non cloîtrés de la ville. La même chose se produisit en 1750.

L'époque révolutionnaire vit là aussi la Vierge noire être victime d'excès populaires. La statue fut brûlée avant qu'une copie aussi fidèle que possible ne soit réalisée en 1807. 1876 sera l'apothéose pour la Daurade, qui recevra le souverain pontife et se verra ériger en basilique.

Bien sûr, la liste des cultes à Marie n'est pas exhaustive et bien d'autres sanctuaires comme Notre-Dame-des-Champs à Cugnaux, Notre-Dame-de-Lorette à Alan, Notre-Dame-de-Luret à Luchon ou Notre-Dame-de-l'Aouach au Fauga, près de Muret, continuent de célébrer régulièrement, avec ferveur et enthousiasme, leur foi envers la mère de Jésus.

CHAPITRE II

Les apparitions d'Arnaud-Guilhem

QUI NE CONNAÎT PAS Fatima, au Portugal, et ses fameuses apparitions ? En 1917, trois enfants communiquèrent respectivement avec un ange puis avec la Vierge Marie, recevant de cette dernière les trois célèbres secrets.

Mais qui sait que chez nous, en Haute-Garonne, au cœur du Comminges, dans le petit village d'Arnaud-Guilhem situé non loin de Saint-Martory, eut lieu en 1859 un cas totalement similaire ? C'est le 23 juin de cette année-là que trois petites filles – Félicie Cavé, dix ans, Marianne et Françoise Bernadet, âgées respectivement de dix et huit ans –, conduisant vers 6 heures du soir leurs pourceaux au bois dit « des Côtes de Pichaloup », virent leur première apparition. Alors que Félicie proposait à ses amies de réciter un *Pater* et un *Ave* pour les défunts, les trois fillettes aperçurent, s'élevant subitement du bois vers lequel elles étaient tournées, un personnage mystérieux, tout blanc et les mains jointes. Regagnant son domicile, la petite Cavé entendit alors une voix :

« Venez me tirer un clou de la main, un autre des pieds, un autre de la tête. »

« Sur ce, raconta Félicie, je remarquai au-delà du ruisseau et à une distance d'environ trente pas, au milieu de petits chênes, une petite fille debout, de la taille d'un enfant de quatre ans, vêtue d'une robe d'or et d'un voile noir. Elle pleurait beaucoup, et à chacun de ses côtés se tenaient deux anges, plus petits qu'elle, qui étaient habillés de blanc et portaient une ceinture rouge. Elle les tenait par la main. »

Ayant rejoint leur amie, Marianne et Françoise virent alors la même chose, se demandant si ce n'était pas « quelque fille de Saint-Martory venue leur faire peur ». Françoise décida alors de s'adresser à elle :

« Comment t'appelles-tu ?

– Marie du ciel.

– Est-il bien beau, le ciel ?

– Oui, il est bien beau.

– Irons-nous tous au ciel ?

– Oui, vous irez si vous ne faites plus de péchés.

– Comment s'appelle ce drôle qui est à côté de toi ?

– Il s'appelle Pierre. »

Craignant pour elle, Marianne et Félicie décidèrent d'appeler Françoise :

« Viens, viens, il faut nous en aller ! »

L'apparition reprit alors son dialogue avec la fillette :

« Aimez-vous mon fils ?

– Oui, et vous, Marie, m'aimez-vous ?

– Oui.

– Et votre fils, m'aime-t-il ?

– Oui, dit Marie en fondant en larmes.

– Consolez-vous, dit Françoise, ne pleurez plus. Demain, nous vous apporterons des cerises. »

À ces mots, racontèrent les petites filles, la Sainte Vierge fit semblant de sourire.

« Il faut partir, dit Félicie, il est tard et nous devons assister à la cérémonie du feu de la Saint-Jean.

– Vous y serez à temps, répondit alors Marie. Tant que je vous verrai et tant que je vous entendrai, je pleurerai ; quand je ne vous verrai plus et ne vous entendrai plus, je me consolerai ; ne dites ces choses qu'à vos parents, à M. le curé et aux personnes qui vous paraîtront sages ; revenez demain et si vous ne venez pas assez tôt, j'irai à votre rencontre. »

Le lendemain, les fillettes se rendirent au bois et virent la Sainte Vierge qui les attendait près du ruisseau. Les semaines et les mois suivants amenèrent d'autres rencontres, d'autres apparitions, d'autres appels. Le curé Baron, prêtre de Pointis-Inard, rapporta les faits suivants :

« Un jour que l'une des enfants était alitée car fiévreuse, je demandai au docteur la nature de la maladie. Il me répondit qu'il s'agissait d'une bronchite très avancée. “Si cette enfant, me dit-il, se lève ce dimanche pour aller au pré avec les autres, comme elle me l'a annoncé et promis, j'y verrai de l'extraordinaire. Mais elle n'en fera rien et ne quittera le lit que lorsqu'on l'en retirera morte.” »

Au jour et à l'heure qu'elle avait annoncés, la malade était guérie.

L'un des phénomènes les plus extraordinaires, détaillé tant par le médecin local que par le prêtre, fut celui des extases. À aucun moment, dans ces circonstances, le corps des trois petites filles ne semblait réagir, comme si l'âme avait totalement pris le pas sur la chair. Malgré les piqûres ou les cris, aucune réaction n'émanait de leurs chairs, insensibles qu'elles étaient, comme en état de catalepsie, les yeux grands ouverts et fixés sur un point précis. Le curé Baron, que les « conseils » reçus de l'évêché incitaient pourtant à la plus grande prudence, écrivit ceci :

« Ce qu'il y a de plus étonnant, c'est qu'après avoir passé des journées presque entières en état d'extase, de pénitence, et ce par un temps affreux, neige ou pluie continuelle, elles n'ont jamais eu leurs habits mouillés ; ce fait m'a trouvé quelque temps incrédule et je suis donc allé voir plusieurs personnes crédibles qui les tenaient de près pour s'assurer de la vérité de cette merveille ; tous me l'ont certifié de la manière la plus positive, si bien qu'il ne m'est possible aujourd'hui de révoquer en doute ce qu'auparavant je n'étais nullement disposé à croire. »

Un jour, sur la route de Lourdes, l'une des fillettes rapporta avoir vu dans le ciel des nuages s'amonceler de tous côtés cependant que des légions d'anges en descendaient, séparant des multitudes d'hommes en deux catégories : les uns si laids, si hideux, qu'on ne pouvait en supporter la vue ; les autres, selon ses termes, « beaux, tout à fait beaux ». Puis le jugement fut prononcé et la terre se fendit, engloutissant les réprouvés pendant que d'autres s'élevaient dans les cieux avec Jésus-Christ. Ce récit fut fait par une enfant de huit ans qui ne savait pas lire.

Vinrent ensuite des faits d'un autre genre. Monsieur Fauré, curé de Roquefort, raconta que l'institutrice de sa paroisse, depuis longtemps atteinte d'une maladie de poitrine, se trouvait proche de l'issue fatale. Sa toux continuelle, sa fièvre, son insomnie et son inappétence le confirmaient de jour en jour. Après s'être fait porter à Arnaud-Guilhem et y avoir prié, elle se sentit subitement guérie, tant et si bien que la nuit suivante lui fut de tout repos et sans la moindre toux.

Un jour, sept demoiselles de Montréjeau, venues sur place en pèlerinage, déclarèrent et affirmèrent par serment avoir vu, pendant presque une heure, la statue de la Vierge s'animer, remuer les yeux et les regarder séparément.

La bataille de Solferino causait de grands tracas à l'une des habitantes de la commune, dont le fils était précisément soldat de l'armée d'Italie. Elle invita les fillettes à prier la Sainte Vierge pour savoir s'il était encore en vie, et celles-ci répondirent qu'il se portait bien et qu'elle aurait bientôt de ses nouvelles. Trois jours après, une lettre du soldat vint apprendre à ses parents qu'il avait vu une plaine jonchée de cadavres, mais que lui n'avait pas une égratignure.

Bien évidemment, les faits et leurs corollaires attirèrent sur les lieux bon nombre de pèlerins, et l'archevêché tança fermement le curé Baron, lui demandant de ne plus porter crédit à ce qui était manifestement du « charlatanisme ridicule ». Les autorités judiciaires intervinrent à leur tour, conduisant les enfants à Saint-Martory devant les plus hautes instances locales, lesquelles leur conseillèrent de ne plus manifester d'extravagances, sous peine de prison. Le lendemain, les apparitions recommençaient. La Vierge demanda aux fillettes d'aller à Lourdes et d'y rencontrer Bernadette Soubirous. Par un temps neigeux et un froid intense, elles prirent alors leur chariot découvert et partirent pour la ville mariale ; l'une d'elles, atteinte d'une fluxion de poitrine, se retrouva guérie.

Les apparitions suivantes traduisirent au mieux la volonté de l'Immaculée Conception, dont la constante était l'affliction quasi permanente, prenant le nom de « Mère des Douleurs ». Là, à la place d'un vieux chêne, une chapelle devait être érigée à l'endroit de sa première visite, sanctuaire où elle serait représentée debout sur une colonne, le cœur percé de sept glaives et tenant dans la main une couronne d'épines et trois roses. La phrase suivante devait y être inscrite :

« Ce sont les pécheurs qui me font pleurer ; mais qu'ils viennent à moi, je suis la Mère de la Miséricorde, du pur amour et de la sainte espérance. »

Après environ dix-huit mois d'apparitions, les petites filles firent leur première communion. Ensuite, la Sainte Vierge leur demanda de suivre les conseils du prêtre paroissial et d'entrer dans la vie religieuse, démarche qui ne fut guère aisée compte tenu de leur extrême ignorance. Les sœurs de Saint-Joseph au Dorat, près de Limoges, les accueillirent néanmoins et les éduquèrent dans l'optique de soigner les prisonniers et les femmes de mauvaise vie.

Lorsque les trois fillettes quittèrent Arnaud-Guilhem pour entrer au couvent, conformément aux souhaits de l'épiscopat, le silence ne tarda pas à se faire sur ces manifestations... Du moins jusqu'en 1871, année où Félicie Cavé, alors âgée de vingt-deux ans et devenue Marie du Bon Pasteur, reçut à plusieurs reprises, lors du Saint Sacrement, l'injonction pressante de bâtir cette chapelle sainte. Inflexible, croyant toujours à des balivernes, l'archevêque de Toulouse prit alors la décision, en vertu de la sainte obéissance, d'interdire à la religieuse toute parole et tout écrit sur le sujet.

Ainsi fut fait pendant environ un an, période où les dates des « visites » furent soigneusement notées par la supérieure du couvent. À chaque manifestation, cette dernière demandait à Marie du Bon Pasteur ce qu'elle avait vu, et celle-ci répondait inlassablement et avec la plus grande simplicité :

« Je ne me souviens de rien, je ne me souviens de rien. »

Même lorsqu'elle était pressée de répondre, aucun son ne sortait de sa bouche. La mère supérieure, à l'encontre des ordres reçus, lui enjoignit donc d'écrire :

« Ma fille, je vous ordonne, en vertu de la sainte obéissance, de prendre plume et d'écrire immédiatement tout ce qui s'est passé entre vous et le Seigneur. »

Une demi-heure plus tard, la sœur apporta la relation complète, avec force détails, de la première apparition. Mais le plus étonnant fut que, aux précisions demandées, Marie du Bon Pasteur ne pouvait que répondre invariablement :

« Je ne me souviens de rien. »

La mère supérieure venait de comprendre : la passerelle entre les deux mondes passait par l'écriture. Effectivement, Félicie Cavé dira plus tard :

« Quand je prends la plume, je ne sais pas ce que je vais faire. J'écris un mot et en l'écrivant je me dis : “Et l'autre ?” L'autre arrive, la plume court toute seule jusqu'à la fin, et quand j'ai terminé, je ne me souviens de rien tout en conservant l'intime certitude que ce que j'ai écrit est bien ce que le Seigneur a dit. »

La sœur achèvera sa vie à Toulouse après avoir exercé à la prison Saint-Michel.

Des interrogatoires successifs et du comportement de Félicie, de Françoise et de Marianne, plusieurs données et plusieurs constantes ont été notées tant par les prêtres que par les autorités laïques :

– les trois filles ne se sont jamais écartées ni des faits relatés ni de la ligne de conduite qu'elles ont adoptée dès le commencement ;

– leurs extases seront régulières : « J'éprouve le besoin d'affirmer que je suis certain de ce fait et qu'il est indubitable, quoi qu'on ait dit du contraire », dira le prêtre ;

– elles conserveront toujours une grande tranquillité d'âme, n'appréciant pas de parler de leurs épreuves.

N'oublions pas non plus que, à cette époque, le curé d'une paroisse était une personnalité importante de la vie communautaire et qu'il ne devait pas être dans les habitudes des ouailles, *a fortiori* des petites filles incultes, de bafouer son autorité en racontant de constantes fariboles.

Alors, que s'est-il vraiment passé à Arnaud-Guilhem ? Le curé Baron avait-il la réponse ? Parmi les plus anciens villageois de la commune, plusieurs personnes rapportent encore ce qu'elles ont entendu de la bouche même de leurs aïeux : à la mort du prêtre, en 1860, fut trouvé dans sa poche un papier écrit de sa main et sur lequel on pouvait lire :

« Les petites disent la vérité. »

Chapitre III

« Sainte » Héléna

« Sainte », oui, avec des guillemets, et pourtant... S'il est des saints « officiels », dûment canonisés, qui font l'objet d'ouvrages biographiques, de représentations aussi nombreuses que variées, de fêtes ou de pèlerinages, bref d'un culte reconnu, que penser alors de celui voué à Toulouse à Héléna ? En effet, les multiples dévotions dont elle fait l'objet aujourd'hui émanent, pourrait-on dire, d'une canonisation toute populaire à défaut d'être cléricale.

Ce sont un rosier grimpant vers le ciel, un lierre vivace qui soutient de nombreuses fleurs piquées en son sein et quelques jardinières de fleurs printanières qui annoncent la présence de la sépulture. Puis, invisible de prime abord, le regard qui plus est attiré par les innombrables ex-voto, une plaque en pierre mentionne qu'il s'agit bien de la dernière demeure d'Hélène Soutade, décédée le 11 août 1885 à l'âge de quarante-huit ans.

Qui était-elle réellement ? À vrai dire, l'on sait fort peu de chose sur elle, si ce n'est qu'un amour partagé l'aurait attachée à un jeune homme déjà marié à une autre, jeune homme qui aurait embrassé la cause des communards et serait mort, comme des milliers d'autres anonymes, au fond d'un bagne en Algérie. Dès lors, sa mission d'institutrice achevée, ses pas et son âme l'auraient portée des Minimes à Terre-Cabade, où les tombes abandonnées auraient été un refuge et un lien. Elle serait morte dans le désarroi le plus total et deux colombes se seraient posées sur son cercueil, ne disparaissant que lors de la mise en terre. « Sainte » Héléna naissait sur les cendres d'Hélène Soutade.

Aujourd'hui patronne des enfants du fait de son métier, elle les protège, tout autant dans leur chair que dans leur réussite scolaire et professionnelle. Combien de prières ont été faites en supplique à l'obtention d'un diplôme ou d'un contrat d'embauche ? Combien de vœux de guérison ont été écrits puis présentés devant un cadre sous-verre contenant un morceau de robe, rare relique connue ? Combien de requêtes ont été prononcées par crainte d'une perte d'emploi ou d'un échec sentimental ? Et à lire les marques de reconnaissance et à écouter les fidèles, aucun doute, ça marche. La preuve ? La guérison d'Aimée :

« Vous savez, je souffrais tant, surtout la nuit, on aurait dit qu'une bête me rongeait, raconte-t-elle. Mais je n'ai pas parlé de guérir en passant des mouchoirs en papier sur sa tombe. J'ai simplement demandé qu'elle m'enlève cette horrible douleur. C'était le jour des Rameaux, ma fille m'avait accompagnée en voiture le plus près possible de la tombe, puis je suis montée au caveau, comme j'ai pu, avec ma canne. J'y suis restée dix minutes et puis je n'ai plus ressenti le mal. J'ai bien vu ce que pensait ma fille. Elle s'est dit que je m'autosuggestionnais. Alors, j'ai marché dans l'allée sans ma canne et les larmes me sont alors venues aux yeux. »

Et la prière ? Dernières paroles dictées par Héléna avant son décès, prière mise à la disposition de tous dans cette boîte en plastique transparent, combien de photocopies accrochées dans les chambres, au beau milieu d'autels personnalisés ? D'autres saints ont leurs images ou leurs statuettes. Pas elle. Ce sont ses mots qui sont vénérés et qui amènent une adoration qui va bien au-delà des paroles.

Et puis Héléna a son messager, son apôtre, Théo, un septuagénaire qui a « rencontré » la sainte par le biais d'une religieuse de son école lorsqu'il avait quinze ans, puis ensuite grâce à l'aumônier militaire de son régiment :

« Il m'a beaucoup apprécié et m'a dit qu'il ferait de moi son héritier, et le jour de sa mort (dont il connaissait la date), il m'a passé ses dons et tout ce qu'il savait sur Héléna. »

Depuis, Théo s'est affirmé comme le *missi dominici* de l'au-delà, assurant le relais entre le terrestre et le divin. Il récolte, recense les demandes, puis les soumet à la sainte. Il note les requêtes importantes, sélectionnées selon des critères personnels, et les cache dans un recoin du tombeau pour qu'Héléna n'ignore rien des souffrances des visiteurs. Car comme il est le « chargé de mission » de la sainte, celle-ci n'est, selon lui, que la médiatrice de la Sainte Vierge et sa tombe n'est rien d'autre qu'une succursale de Lourdes.

« Toulouse est une grande ville et des personnes se déplacent de toute la Haute-Garonne pour prier ici. Alors Héléna doit quantifier, trier, classifier les suppliques avant de les faire parvenir à Lourdes où à son tour Marie les transmettra au ciel. »

Et puis, que penser de tous ces témoignages poignants et pour le moins troublants ? Ce fluide, cette puissance qui transpire du cadre en verre, ces picotements qu'on ressent au toucher, la conviction de tous ces guérisseurs qui viennent y renforcer leur pouvoir.

« Vendredi, j'avais l'impression qu'elle me tirait la main, raconte un visiteur. Le même jour, une dame a ressenti comme une gifle et a dû s'asseoir pour reprendre son souffle », confirme-t-il.

Assurément, oui, Héléna est une sainte, et si ce n'est celle de l'Église, du moins est-elle, et n'est-ce pas là fondamental, celle des petites gens ; celle des « autres », qui eux non plus ne sont pas reconnus par les décideurs de notre monde ; celle de ceux qui prient dans l'ombre, chez eux, devant trois bougies allumées ; celle qui rentre et qui reste au domicile, comme un dieu lare du temps jadis, qui est de « chez nous », humaine, mais pour laquelle on se déplace comme un pèlerinage rédempteur ou votif ; celle qui entend plus de confessions en occitan qu'en latin ; bref, celle qui est et dont on se veut proche. Celle qui prouve peut-être que le scepticisme officiel vacille toujours devant les convictions du cœur.

CHAPITRE IV

Saint Bertrand

BERTRAND DE COMMINGES, bien sûr. Car comment ne pas naturellement associer ce prénom à la puissante et majestueuse cathédrale qu'il personnifie en ce décor grandiose des Pyrénées ? Et pourtant, c'est à L'Isle-Jourdain, aujourd'hui dans le département du Gers, qu'est né au XIe siècle, à une date inconnue, celui qui sera lié à jamais à l'un des plus beaux bâtiments de l'art roman en France.

Petit-fils de Guillaume Taillefer, comte de Toulouse, Bertrand fut probablement élevé dans une ambiance martiale et fut, comme tous les nobles de son temps, vraisemblablement adoubé chevalier. Mais on n'échappe ni à son destin ni à sa foi, et il demanda très tôt à l'évêque de Toulouse, Izarn, son admission au chapitre de la cathédrale Saint-Étienne. Sa vocation fut suivie d'une réputation qui franchit bien vite les limites de son diocèse. Aux environs de l'année 1083, le clergé et le peuple commingeois lui proposèrent l'épiscopat.

Dès lors, il n'eut de cesse, au milieu des tâches agricoles de ses fidèles, de répandre sa sainteté au sein de l'évêché et de multiplier les faits miraculeux. Nombre d'entre eux, répertoriés dans un ouvrage spécifique par l'un de ses clercs, Vital, sont parvenus jusqu'à nous. À Villeneuve-Lécussan, il bénit les pièges d'un chasseur ; à Tibiran-Jaunac, il remplit les filets d'un pêcheur de la Neste ; au sein d'une vallée, il rendit productif un noyer stérile ; traversant un champ cultivé, il libéra les paysannes de leur pénible tâche en désherbant définitivement la récolte.

Bref, saint Bertrand fut et resta proche des préoccupations de ses ouailles.

Certains habitants avaient opprimé leurs voisins : il leur demanda de réparer les préjudices occasionnés, injonction dont ils se moquèrent, allant même jusqu'à couper la queue de sa mule. Il jeta alors l'interdit sur le pays et, pendant cinq ans, ni terre ni arbre « ne [portèrent] fruit ». Les paysans ne purent qu'expier leurs fautes auprès du saint qui, magnanime, remit les choses en bon ordre.

Un homme riche avait empiété sur une partie du cimetière pour bâtir sa maison. Refusant de restituer le terrain spolié, il fut atteint d'une maladie mortelle.

Une femme de distinction possédée du démon, car agitée de convulsions, fut guérie par l'eau bénite dont Bertrand l'aspergea.

« Un diacre travaillant à la conversion d'une femme de mauvaise vie se fit prendre par ses attraits, au grand scandale de toute la population. Mais ayant reconnu sa faute et avoué humblement son crime, il fut reçu à pénitence et absous. La malheureuse enfant, refusant de profiter de son humanité, méprisa au contraire ses avertissements. C'est pourquoi, en punition de son endurcissement, elle fut livrée à Satan qui la tourmenta en différentes manières et elle expira en présence de tout le monde[1]. »

Un diacre et un prêtre vivant ensemble furent exhortés de mettre un terme à leur coupable penchant. L'un des deux, reconnaissant ses actes, fut pardonné ; quant à l'autre, faute de repentir, il ne put que constater la destruction de sa demeure, pourtant construite en pierre.

Beaucoup de miracles, donc, en rapport avec la terre, les biens, les mœurs. Autrement dit, les bases mêmes des tourments d'ici-bas, car le peuple ne s'y est pas trompé, considérant très vite Bertrand comme un saint, le priant et lui demandant des grâces… et venant d'autant plus en pèlerinage qu'il avait la réputation de multiplier les prodiges.

1. *D'après le sieur de Lastrade, prêtre de la cathédrale de Saint-Bertrand-de-Comminges.*

CHAPITRE V

Sainte Germaine de Pibrac

LES DEUX HOMMES ont froid, très froid, en gravissant la côte qui mène ce matin à l'église. En ce mois de décembre 1644, Pibrac est blanc de gel et, sur l'épaule, les pioches sont lourdes. Pourtant, un travail est à faire et Guillaume Cassé, fossoyeur, accompagné de son aide Gaillard Baron, doit s'en acquitter d'ici peu. Les fidèles vont arriver pour la cérémonie et il faut tout préparer pour l'inhumation. Hier, Germaine Audouane est décédée et ses dernières volontés sont d'être ensevelie « dans le tombeau de ses prédécesseurs », c'est-à-dire dans l'enceinte même du lieu saint, face à la chaire.

« Hâtons-nous, dit Cassé, tout doit être prêt pour la messe. »

Quelques instants plus tard, la détermination des deux hommes cède la place à la stupéfaction. Aux premiers coups de pioche, juste sous « les tuiles » du pavement, un corps apparaît, enveloppé dans un linceul : il s'agit d'une jeune fille, parée d'une couronne de fleurs sauvages mêlées d'épis de seigle, qui tient encore son *candelou*, ce cierge donné lors des derniers soupirs et que le défunt garde à jamais. Toujours rose, son visage laisse même entrevoir une rougeur, blessure causée quelques instants auparavant par les ouvriers. On la croirait endormie.

« Mais qui est-elle donc ? »

Seuls les plus vieux pourront répondre :

« C'est Germaine, Germaine Cousin, celle qui était manchote et qui avait des écrouelles, tu sais, ces abcès tuberculeux au niveau du cou.

– Oui, je me souviens, on l'appelait "la Bigote". »

Dès lors, la découverte inopinée de cette sépulture aboutira à la reconnaissance puis à la canonisation de celle qui deviendra, deux siècles plus tard, l'une des saintes les plus populaires de France.

C'est de la région nantaise qu'arrive, en 1530, la famille Cousin. Répondant à l'appel de l'embellie du commerce pastelier et à la douceur de vivre méridionale, deux frères, Gilles et Laurent, décident de s'installer en secteur toulousain, à Bérat, dans un premier temps, puis à Toulouse, rue des Filatiers. Ils sont marchands d'étoffes et finissent par acquérir, par leur travail et leur compétence, une relative aisance financière. Des mariages confortent leur prospérité, leur apportant notamment en dot une propriété dans la campagne de Pibrac.

Germaine y naît en 1579 sans que véritablement sa filiation puisse être établie. Est-elle fille de Laurent, devenu maire de la commune quelques années auparavant ? Rien n'est moins sûr. Quoi qu'il en soit, après le décès de sa mère, la malheureuse Germaine, handicapée dès sa naissance par une atrophie de la main droite et des pustules tuberculeuses, se retrouve à l'âge de cinq ans sous la coupe de son impitoyable marâtre, Armande de Rajols.

Dès lors, la petite orpheline n'est objet que de haine et de mépris pour cette belle-mère acariâtre qui va jusqu'à lui interdire de parler à ses propres filles et la fait coucher sur un lit de sarments sous l'escalier de l'étable, la nourrissant de quignons et de salades cuites. Germaine est née avec la douleur, physique et morale, et celle-ci la suivra jusqu'à son dernier souffle. La jeune fille ne trouve son réconfort que dans les prières et dans son chapelet.

Taillable et corvéable à merci, c'est elle qui plie sous le poids des seaux d'eau qu'il faut monter du puits ; c'est elle qui va récupérer le bois mort dans la forêt voisine pour les fagots des servantes ; c'est elle qui, au lavoir, rince le linge frotté de cendre ; c'est elle, au printemps, qui doit garder les semis sous la pluie, le vent et le froid, et chasser les oiseaux ; c'est elle qui tisse, qui nourrit la volaille, elle qui vendange, elle qui ne parvient même pas à assouvir son besoin premier, sa seule passion : aller à la messe.

Cependant, un matin, elle s'y rend, mais doit pour cela laisser ses moutons seuls, malgré les nombreux loups alors présents en bordure de la forêt de Bouconne. C'est l'un des premiers faits miraculeux rapportés par la tradition. Germaine plante sa quenouille dans le pâturage et toutes les bêtes viennent se rassembler autour, comme protégées, en l'absence de leur maîtresse, par une force invisible. D'autres miracles suivent. On rapportera que les jours où le Courbet, grossi par la crue, devient un torrent furieux, on la voit malgré tout le traverser sans que pour autant ses vêtements en soient mouillés.

Puis c'est le prodige sans doute le plus éclatant, le plus symbolique : celui des fleurs. Alors que Germaine met du pain noir dans son tablier pour le distribuer aux pauvres de la paroisse, elle est aperçue par sa marâtre, qui lui demande ce qu'elle cache. Craignant sa colère, la jeune fille répond tout naturellement : « Des fleurs », puis ouvre son tablier. Il en jaillit alors des fleurs multicolores, fraîchement cueillies... Pourtant, c'est l'hiver.

Germaine décède seule, à vingt-deux ans, dans le dénuement le plus complet, accompagnée par quelques anges qui chantent au-dessus de sa maison. Mais ses miracles ne s'arrêtent pas avec sa mort.

En 1644, la châtelaine, Mme de Beauregard, vient d'accoucher d'une petite fille qu'elle allaite. Peu après, elle est affligée d'un abcès au sein. Le bébé refuse de se nourrir et, malgré les nombreux soins prodigués, tombe gravement malade. Très suspicieuse à l'égard du corps découvert dans l'église, Mme de Beauregard décide, sur les conseils de son mari, de se vouer malgré tout à la dépouille de Germaine. Écoutons-la :

« M'endormant sur cela, vint à se réveiller la petite. Je me lève lui donner la mamelle et vis tout à coup une grande clarté : me tournant vers la cheminée croyant que le feu fût à la maison, ne vis que l'obscurité et me retournant vers ladite petite, la clarté fut disparue et recommençai à donner les mamelles à ma fille, laquelle les vida fort bien. »

L'enfant est sauvée.

Germaine est placée dans un cercueil de plomb, lequel sera ouvert bien des années plus tard : le corps n'aura pas changé d'aspect. Béatifiée en 1854, elle sera déclarée sainte en 1867. D'une très grande rigueur, les procédures nécessitent de nombreux critères, notamment des miracles dûment constatés. Ceux-ci ne manquent pas.

Jacquette Catala, rachitique depuis dix-huit mois, s'atrophie de jour en jour et voit ses pieds se déformer. Sa mère se rend à Pibrac avec elle, portée par une bête de somme. Lors de la messe, au moment du *Sanctus*, l'enfant pousse un cri, suit sa mère à la communion sans aucune difficulté et s'agenouille à ses côtés. Madame Catala racontera plus tard qu'elle a entendu les os craquer. La guérison de la fillette sera aussi instantanée que définitive.

Philippe Luc, garçonnet de douze ans ne pouvant guérir d'une profonde fistule à l'os iliaque, décide quant à lui de se rendre à Pibrac en compagnie du curé de son village. Les quatre kilomètres séparant son domicile de Cornebarrieu du sanctuaire sont terribles. Sa mère, à l'église, frotte quelques-uns de ses vêtements sur le bois renfermant les reliques. Le retour est tout aussi éprouvant, mais, le lendemain, les chairs apparaîtront refermées et l'os aura retrouvé un aspect normal. Là aussi, la guérison sera totale.

Deux autres cas similaires, à Bourges, dans la maison du Bon Pasteur, seront pris en compte. L'une des sœurs s'occupant de la boulangerie raconte :

« On avait apporté à la fin d'octobre une provision de trois cents boisseaux de farine qui devait durer jusqu'à la fin de décembre. Je m'aperçus quatre ou cinq fois dans le mois que cette farine se multipliait et ne diminuait pas ; au mois de décembre, nous en avions plus qu'en septembre. "Comment vais-je continuer à nourrir ma communauté ?" se disait la mère supérieure, bien consciente que les réserves de farine finiraient malgré tout par baisser dangereusement. »

Ordonnant aux sœurs d'en utiliser un peu moins, elle espérait obtenir des pains aussi gros qu'à l'accoutumée. Sceptique, l'une des religieuses rajouta discrètement la quantité économisée ; les pains furent plus petits qu'à l'ordinaire. La supercherie découverte, la tentative fut renouvelée quatre fois, sans succès. La cinquième sera la bonne, les prières et la confiance de la supérieure permettant à la tournée de « donner vingt pains bien plus gros » que ceux qu'on avait déjà vus.

Pour être ainsi parvenue à faire pousser la fleur de la sainteté sur son fumier de souffrances, Germaine la Languedocienne sera dès lors la confidente des pauvres, des maltraités, de tous ceux qui souffrent et que la vie malmène d'une façon ou d'une autre, devenant, par son rayonnement mondial, l'une des thaumaturges les plus importantes de France, tout en restant à jamais dans le cœur des Toulousains comme leur « Germaneta » de Pibrac.

Le martyre de saint Sernin, bas-relief de l'église de Daumazan, en Ariège.
(Photographie de l'auteur.)

Chapitre VI

Saint Sernin

Jupiter s'apprêtait à être honoré. La foule était là, nombreuse, massée sous le portique du temple, sur les marches des maisons, remplissant le moindre recoin de cette place qui s'étendait devant le Capitole, bourdonnant d'impatience dans l'attente du sacrifice qui se préparait. Déjà le grand prêtre, couronné d'or et paré de bandelettes, était descendu dans la fosse, devant l'autel, prenant soin de protéger sa luxueuse toge de soie. Sur cet autel, avec précaution, venait d'être rabattu ce couvercle de bois, percé de multiples trous, sur lequel la bête allait bientôt être immolée. La cérémonie allait commencer.

Le taureau était splendide, blanc, énorme, meuglant son impétuosité, excité par le bruit et soufflant de tous ses naseaux vers les deux hommes qui le tenaient solidement. Entre ses cornes garnies de feuillage, le rutilant diadème de pierreries contrastait singulièrement avec son regard obtus et agressif. Lancés par la foule, les pétales de fleurs tombés de son échine jonchaient le sol tout autour de lui. Dans quelques instants, enfoncé au flanc de l'animal, un pieu bien affûté allait faire jaillir des flots de sang qui, en s'écoulant par les trous du couvercle, inonderaient le visage et les habits du prêtre. La purification serait totale.

Mais à peine l'ordonnateur eut-il levé son bras qu'une clameur, un tumulte, se fit entendre. À l'autre extrémité de la place, Saturnin – Sernin, en langage vernaculaire – et quelques-uns de ses congénères s'apprêtaient à traverser la foule pour se rendre dans la petite église qu'ils venaient d'édifier depuis peu à Toulouse.

Jusqu'alors, les membres de cette communauté, dite chrétienne, n'avaient guère causé d'incidents dans la ville tant leur influence y était minime. Mais depuis quelques jours, les oracles païens se taisaient et il se murmurait, au sein du peuple, que les chrétiens, par leur culte maléfique, pouvaient en être les responsables.

Le regard de mépris de l'apôtre et sa façon de secouer continuellement les mains, comme pour s'éloigner de l'odeur d'encens destiné à Jupiter ou à Cybèle la bonne déesse, ne firent qu'accentuer la colère des habitants.

« C'est lui, s'écria le grand prêtre, lui, l'ennemi de notre culte ; lui, le futur destructeur de nos temples. Amenez-le moi. »

Il faut dire que, en cette année 250, Sernin, qui avait été mandaté par le pape Fabien pour évangéliser la Gaule méridionale, n'avait cessé de prêcher pour son Dieu en divers endroits de la ville et de jeter l'anathème sur tous les idolâtres. La remise en cause des fondations même du culte romain, de ses croyances et de ses valeurs ne pouvait que lui attirer l'ire d'une hiérarchie religieuse jalouse de ses privilèges et d'une populace respectueuse de ses pratiques ancestrales. Ce n'étaient tout de même pas un petit charpentier juif et quelques fanatiques qui allaient fissurer le socle sur lequel la civilisation romaine reposait depuis plusieurs siècles !

Traîné jusqu'à l'autel, insulté, frappé, abandonné par ses compagnons, Sernin ne fit rien et se laissa faire.

« Allez ! ordonna le prêtre en lui tendant le pieu du sacrifice. À toi maintenant d'immoler la bête. »

Couvert de crachats, les vêtements déchirés, le visage meurtri, Sernin ne daigna même pas poser un seul regard sur l'arme sacrée.

« Vos dieux ne sont que des statues d'argile, dit-il. Je n'adore que le vrai Dieu et Jésus-Christ est son fils. »

À ces mots, la fureur de la foule ne fit que redoubler. Qui eut l'idée d'attacher le malheureux chrétien à l'animal qui s'agitait et trépignait de plus en plus furieusement ? Le sacrificateur lui-même ou l'un des gardes présents ? Nul ne le sait. Quoi qu'il en soit, ainsi fut fait, et ceux qui maintenaient le taureau le délivrèrent aussitôt de ses attaches. Mufle au sol, frappant de ses sabots les dalles marbrées, entravée dans ses mouvements par cette

La basilique Saint-Sernin, de nos jours.
(Photographie de l'auteur.)

charge, la bête se mit alors à tourner plusieurs fois sur elle-même puis s'élança droit devant elle, entraînant à sa suite le corps du supplicié qui ne cessait de rebondir sur les marches du temple, tel un pantin désarticulé.

Affolée, la foule s'écarta en un violent mouvement de repli. Sur le passage de la bête, les gens présents dans la rue – aujourd'hui appelée rue Saint-Rome – se réfugiaient sous les porches, pliant au plus vite leurs étals ou leurs boutiques.

« Bientôt, la tête de Saturnin se fracassa, ses cervelles se répandirent sur la terre et ses entrailles sortirent de son corps. »

Parvenu aux limites de la ville, le taureau continua sa course folle à travers la campagne, la corde rompue ayant auparavant abandonné les débris sanglants du futur saint. Le corps, dit-on, resta là tout le jour, jusqu'à ce que deux jeunes filles, à la nuit tombée, décident de recueillir ses membres dispersés et de lui offrir la dignité d'une sépulture. Il est rapporté que le peuple, ayant eu connaissance de leur acte, les traîna en place publique, où elles furent fouettées et bannies de la ville. Elles trouvèrent refuge dans un petit village situé près de Castelnaudary, dénommé depuis Mas-Saintes-Puelles, du latin *puella* signifiant « jeune fille ».

Après une période de latence, sous l'impulsion au IVe siècle de l'évêque saint Hilaire, le culte de Sernin se développa très rapidement et une petite basilique de bois fut construite sur l'emplacement de la tombe. La première église du « Taur », ainsi nommée en commémoration de la mort de saint Sernin, venait d'être édifiée.

À la fin de ce même siècle, devant l'afflux de fidèles, l'évêque saint Sylve décida de bâtir quant à lui un édifice plus en adéquation avec le haut lieu de pèlerinage qu'était devenu l'endroit. Il entreprit la construction de la première basilique Saint-Sernin.

Le fait que saint Sernin soit l'un des premiers et rares évêques à avoir été martyrisé en Gaule a sans doute contribué à fortifier son souvenir et explique peut-être l'engouement dont a fait l'objet son culte. Quoi qu'il en soit, si la popularité d'un saint se mesure au nombre d'églises qui lui sont dédiées, nul doute que, en notre région, saint Sernin est celui pour lequel, depuis de nombreux siècles, la dévotion est la plus forte.

Chapitre VII

Saint Vincent Ferrier

Mais que se passe-t-il donc, cet après-midi-là, à Toulouse ? La vie semble en suspens. Les ateliers sont fermés, les tavernes sont closes, les étudiants sont dispensés de cours et les audiences de justice sont renvoyées. Même les lupanars sont vides. Il est là, bien sûr. Vincent Ferrier est présent, en cette veille des Rameaux 1416, pour prêcher. Prêcher le repentir certes, mais aussi prédire la venue prochaine de l'Antéchrist et du jugement final. « Jamais personne n'a parlé comme cet homme », dit-on de lui. Et lorsqu'il parle, lorsqu'il évangélise, lorsqu'il exhorte, ce n'est pas lui qui s'exprime, ce n'est pas lui qui instruit, c'est Dieu ! Regardez-le ! Il arrive, juché sur son misérable baudet, sans selle ni étriers, blême, courbé, usé à soixante-six ans par la route et les années. Et pourtant, tous le savent, la métamorphose va s'opérer et bientôt, par la magie des mots, le masque du vieillard naissant disparaîtra sous l'étincelant visage de l'orateur.

Qui est vraiment ce Vincent Ferrier ? Il naît à Valence, en Espagne, en l'an 1350. Très tôt marqué du sceau de la foi, il entre à dix-sept ans dans l'ordre prêcheur des dominicains. Il accède ensuite à la prêtrise et s'exerce à la prédication avant, en 1395, de se rallier à la papauté d'Avignon, rejetant la légitimité du pape romain Urbain VI. Il devient alors le confesseur et conseiller de Benoît XIII, alors figure emblématique de la résistance à Rome.

C'est pour la fête de la Sainte-Cécile, en 1399, qu'il se rapproche de son destin. Investi par le pape de pouvoirs extraordinaires et de la charge de « plénipotentiaire du Seigneur », il décide de parcourir le monde pour porter la parole divine. L'Espagne, l'Italie, la Suisse puis la France sont autant d'étapes où son éloquence et son pouvoir de thaumaturge font merveille. Et bien sûr, lorsqu'il arrive à Toulouse, précédé de sa renommée, toute la ville est là pour l'écouter et s'imprégner de ses paroles.

Il parle de tout dans ses sermons : du silence, du péché, de la venue de l'Antéchrist, et ce avec une telle ferveur et une telle conviction que la foule en est frappée de crainte. Lorsque Vincent s'exprimait, relate le prêtre Jean Rey, « tous pensaient que sa voix était celle d'un ange, tous se mettaient à gémir et à pleurer de repentance, car l'annonce du Jugement dernier approchant les ébranlait tous et les invitait à la conversion : méchants conviés à s'arracher du péché ou bons invités à progresser ». En l'écoutant, les gens se flagellent, en larmes.

« C'est à moi qu'il s'adresse, c'est dans mon cœur qu'il lit », se disent-ils.

Dès lors, dans la ville, et pour un temps au moins, le climat est différent : les jeux de hasard cessent, les jurons blasphématoires disparaissent, les pieuses mélopées se substituent aux chansons lubriques, les ennemis sont invités à la réconciliation et les confréries religieuses voient leurs effectifs s'accroître. Bref, premier miracle, la vie change.

Vincent Ferrier prédit aussi la destruction de Paris et de Rouen.

« Nous en fûmes tous surpris, nous qui connaissions la prospérité de ces villes ; mais plus tard, cette parole nous revint quand nous vîmes Rouen assiégée par les Anglais et tenue longtemps bloquée, les communications avec Paris interceptées, le pouvoir passant à des mains étrangères, la capitale assiégée à son tour et réduite à la dernière extrémité, alors nous comprîmes que Vincent avait parlé selon l'inspiration divine qui le guidait toujours. »

Il prêchera plusieurs jours, pendant plusieurs heures, parfois la nuit, attirant des foules que l'on n'avait plus vues depuis saint Bernard, toujours dans sa langue maternelle, le valencien, comprise par le peuple d'oc. Un sous-sacristain du couvent des Jacobins, Pierre Gautier, racontera :

« Le jour où Vincent est venu de l'archevêché pour prêcher au couvent, j'étais chargé d'ouvrir les portes de l'église bien avant l'aube ; m'étant assoupi, les gens qui affluaient pour la messe trouvèrent la porte close. De la cohue sur la place monta un tel tumulte que je me demandai anxieusement comment ouvrir cette porte sans être bousculé par le flot des arrivants. Je décidai donc de n'ouvrir que l'un des battants et de m'abriter derrière l'autre. Dès que le battant fut ouvert, les gens s'engouffrèrent en se bousculant. Une noble dame, épouse d'un notable, fut renversée sans toutefois perdre le livre d'heures dont elle usait pour dire ses oraisons. Piétinée par la foule, incapable de se relever, elle se gémissait : "Je meurs, je meurs." Entendant ce cri, je fendis la foule avec ma canne et pus la relever, à demi-morte. Plus de cent personnes l'avaient foulée aux pieds. Le dernier à entrer dans l'église fut son mari, accompagné de ses serviteurs. "Tu l'as bien cherché, toi qui voulais venir de si bonne heure", lui dit-il. Elle répondit : "Je ne rentrerai pas chez nous avant que messe et sermons soient terminés." »

La dame s'en retourna saine et sauve.

Sans être Toulousain de naissance, saint Vincent Ferrier restera pour la ville l'un des hommes les plus marquants de son siècle. Il réussit même parfois à y instaurer une ère nouvelle qui, faute d'Apocalypse, naquit indubitablement de son charisme et de la conversion des consciences.

Chapitre VIII

Saint Orens

Orens, ou Orientius initialement, dont la notoriété et le culte s'étendirent dans tout le Grand Sud-Ouest, de Toulouse à l'Agenais, d'Auch au Quercy voire au-delà des Pyrénées. Trois récits nous content son existence entre la fin du IVe et le début du Ve siècle. L'un d'eux le considère comme le fils du duc d'Urgel, proconsul de Catalogne, qui rejeta les honneurs de sa naissance en fuyant les plaisirs du monde.

Dès son plus jeune âge, Orens suit une main surnaturelle, passe les montagnes et se retrouve près de Pau, dans le Lavedan, où il arrête ses pas et construit un oratoire. Il y est prêcheur, bien sûr, mais aussi bâtisseur, et la renommée de sa surprenante austérité remplit d'admiration les cités voisines.

Un jour, il voit venir à lui une troupe d'hommes qui se présentent comme des envoyés de la ville d'Auch et lui demandent de devenir leur évêque. Soupçonnant une tentation de l'esprit malin pour corrompre son humilité, il ne voit qu'une possibilité : il décline l'offre et prend la fuite. Il est pourchassé, et la montagne se coupe brusquement, dressant un abîme entre lui et ses poursuivants. Toutefois, devant l'obstination de ceux-ci, et s'inquiétant de ce que la sienne pourrait en fait s'opposer à la volonté céleste, il se met à prier et à réclamer un signe de Dieu. Aussitôt, son bâton se couvre de feuilles et il accepte la charge.

Respecté de tous, tant des rois wisigoths que des Romains, il ne cessera d'intervenir en faveur de la paix. Roi des Wisigoths,

Théodoric voulut s'emparer de Narbonne, mais fut repoussé jusqu'aux murs de Toulouse par deux généraux romains, Aétius et Littorius. N'ayant d'autre possibilité que de demander la paix, le chef barbare choisit Orens comme mandataire. Lorsqu'il se présenta devant Aétius, celui-ci descendit de cheval et demanda au prélat de prier pour lui. Littorius, quant à lui, de toute sa morgue, dédaigna le saint homme et repoussa les propositions de paix. Voulant envahir Toulouse, il fut très vite entouré d'un nuage, vaincu et fait prisonnier avant de mourir peu après.

Une reine d'Espagne, ayant pour nom Corneille, se croyait possédée du démon. Connaissant la renommée de sainteté d'Orens, le roi dépêcha auprès de celui-ci des ambassadeurs pour le prier de délivrer sa femme des mauvais esprits qui l'affligeaient. Tout occupé à labourer son champ, le prélat écouta le récit, tout en doutant cependant de sa véracité.

« Je vais, dit-il, lancer en l'air l'aiguillon qui me sert à guider les bœufs et si, après être tombé à terre, il prend racine, fleurit et fructifie, je considérerai ce que vous me dites comme véridique. »

Une fois l'aiguillon lancé, le prêtre et les ambassadeurs se mirent en quête et ce n'est qu'après force recherches qu'ils finirent par découvrir l'objet auprès d'une fontaine, planté, fleuri et portant fruits, ce qui persuada le saint de se rendre en Espagne.

Orens fut enfermé à Toulouse. La légende le dira prisonnier pendant plusieurs mois dans un cachot sordide avant qu'il ne soit décapité.

Chapitre IX

Saint Antoine de Lavaur

Lorsque Toulouse s'éveille, en ce matin brumeux du 8 février 1907, une rumeur, une vague, submerge la ville. « Le père Marie-Antoine est mort. Le saint nous a quittés. » Aussitôt, sans le moindre appel, sans la moindre concertation, tel un relent moyenâgeux, une étrange procession se met en marche vers le couvent de la Côte Pavée. « Ménagères, travailleurs, enfants, séminaristes, médecins, bateliers de la Garonne, tous ceux qui l'avaient connu et vénéré, tous ceux qu'il a aidés et secourus », tous sont là, sans distinction d'âge ni de classe, pour se rapprocher une dernière fois de la dépouille de leur saint homme.

C'est à Lavaur, le 23 décembre 1825, que naît Léon Clergue au sein d'une famille ruinée par la Révolution et profondément chrétienne. Alors qu'il n'a que cinq ans, il faut le voir, juché sur un tonneau, exhorter ses petits camarades à écouter les sermons qu'il improvise, rameutant les récalcitrants, haussant la voix, donnant sa « sainte bénédiction », utilisant bien sûr les mots de son âge, mais déjà avec une conviction et une force de persuasion dont il ne se départira jamais. À l'évidence, la foi coule en lui et son sang appartient au ciel.

Il a onze ans lorsqu'il arrive à Toulouse, au petit séminaire de la rue de l'Esquille. Là, entre deux cours et deux prières, une rencontre orientera sa vie. Chargé avec l'un de ses camarades de servir de guide à un capucin espagnol, il sera subjugué par ses pieds nus, sa gentillesse et l'austérité de ses habits. Les capacités intellectuelles de Léon, sa mémoire et son abnégation sont telles qu'il deviendra rapidement un élève brillant... Si brillant que ses précepteurs, après qu'il a reçu la tonsure, le destineront à la fonction de « jeune maître », à la fois élève au grand séminaire et professeur au petit. Des années de prêche, de don et de dévotion seront dès lors les siennes au sein d'une ville et d'une communauté agitées, en 1847, par l'assassinat et le viol de la jeune Cécile Combettes, pour lesquels le frère Léotade sera condamné avant d'être innocenté.

Trois ans plus tard, le 21 septembre 1850, Léon Clergue est ordonné prêtre et aussitôt nommé vicaire à Saint-Gaudens, où sa ferveur à l'autel, son optimisme et sa générosité devant la misère sont appréciés de tous. Un jour, il doit administrer les derniers sacrements à une jeune Espagnole mourante. La famille est si pauvre que l'enfant est couchée à même le sol, sur un peu de paille. Revenant chez lui, le prêtre enlève le matelas de son lit pour le porter à la fillette. Son père lui fera livrer un autre matelas qui connaîtra le même sort.

C'est dans cette ville que son dévouement et sa charité reçoivent un appel de saint François. Celui-ci incite Léon à revêtir l'habit de bure de l'ordre des frères mineurs capucins au noviciat de Marseille et à prendre, en ce jour du 13 juin 1855, fête de saint Antoine de Padoue, le nom de ce saint franciscain joint à celui de la Vierge. Les supérieurs du père Marie-Antoine ne vont pas tarder à lui confier la mission de sa vie : établir ou plutôt rétablir l'ordre des capucins à Toulouse. Deux siècles plus tôt, les moines se sont montrés héroïques pendant les épidémies de peste, mais la Révolution les a chassés de la ville et ils ne sont pas revenus.

Marie-Antoine apprend qu'un terrain, sur lequel a été autrefois apposé un petit autel, est à vendre vers la Côte Pavée. Il l'achète, y bâtit une cabane qui servira de couvent et transforme un entrepôt de Montaudran en chapelle. Dès le premier jour, la maison des capucins va devenir le refuge de tous les vagabonds locaux. La discipline est assurée par un colosse, braconnier, lutteur de foire, mais totalement soumis au bon père. Dès lors, sa popularité ne cessera de s'accroître.

« Mon père, lui dit l'une de ses voisines, entrez au fond du couloir, il y a là un homme qui travaille son jardin le dimanche, ne va pas à la messe et n'élève pas ses filles chrétiennement. »

Entrant dans le jardin, Marie-Antoine voit cet homme en train de biner ses choux. Il lui dit :

« Vous êtes voisin du couvent et je ne vous ai encore jamais vu à la messe.

– Je suis bien trop occupé à gagner mon pain pour mes enfants, répond l'autre.

– Ne craignez rien, mon ami. Dieu n'a jamais laissé mourir de faim ceux qui entendent la messe. Je vous attends dimanche prochain. »

Dès le lendemain, l'un des choux du jardin se met à grandir, à grandir, et ce jusqu'à atteindre deux mètres de haut au bout d'une semaine. Le miracle du chou vient d'asseoir la renommée du père Marie-Antoine.

« Vous me reconnaissez ? lui demande une croyante de Saint-Gaudens. Vous avez fait faire à ma fille la première communion ; délivrez-la, mon père. Aujourd'hui, elle est à Toulouse dans une maison close. »

Montant un stratagème avec un ami militaire, il se rend sur place et parvient à convaincre la fille qui, finalement, accepte de les suivre... juste avant de fuir et de réintégrer son bouge. Vexé, Marie-Antoine se fait ouvrir la porte de force sans pour autant convaincre la malheureuse. L'échec est cependant de courte durée, puisque, quelques mois plus tard, la prostituée regagnera la maison familiale.

Un jour, à Narbonne, il aperçoit une religieuse qui, toute triste devant la contamination du poulailler de la communauté, ramène une poule malade.

« Pauvre petite, il ne faut pas mourir, va-t'en, envole-toi », dit-il avant que l'animal ne rouvre les yeux et ne s'envole.

Quelques années plus tard, à Lourdes, une rencontre marquera à jamais l'existence du père Marie-Antoine : celle avec Bernadette Soubirous, qui lui relatera la demande formelle de la Sainte Vierge de venir en procession à la grotte.

« Elle était là, comme une fleur tombée du ciel, et m'a dit tout simplement : "J'ai vu Marie, oh ! qu'elle était belle ! Pendant les trois premiers jours, elle ne faisait que sourire sans me parler, mais le suivant, elle ouvrit ses bras, puis joignit ses mains sur son cœur." Non, dira-t-il, la petite paysanne aux vêtements rapiécés, au grossier capulet, qui s'est agenouillée mains jointes, pieds nus devant la grotte ne raconte pas une histoire. »

Désormais, Lourdes sera sa vallée, sa petite oasis céleste.

Les années 1860 amèneront bon nombre de missions dans la région, tant à Auriac-sur-Vendinelle et Aussonne qu'à Gabre, en Ariège, ou à Puylaurens, dans le Tarn, la plus grandiose étant peut-être celle de 1867, où il sera invité à Rome pour préparer les festivités de la canonisation de Germaine de Pibrac.

Les années suivantes verront guérir un menuisier de Lavaur, François Macary, qui, depuis vingt-cinq ans, était atteint de terribles varices. Lavant ses jambes un soir avec un peu d'eau de Lourdes, il sera irrémédiablement guéri le lendemain.

Fronton, « l'un de ces pays de vin qui généralement ne brillent pas par leur dévotion », sera aussi l'une des missions du père. Ses prédécesseurs avaient été chassés à coups de pierres, lui remplira l'église en quelques jours.

Mais c'est de nouveau à Lourdes que ses pas vont le porter pour organiser les pèlerinages qui, compte tenu des miracles, se révéleront de plus en plus nombreux. Il rencontre inopinément à Massabielle le dénommé Bourriette, qui lui raconte comment ses douleurs horribles et sa cécité de l'œil droit, mal réputé incurable de l'avis de tous, ont été instantanément guéries après qu'il eut bu de l'eau de la source. On parle aussi de ce maçon de Liège, paralysé des membres inférieurs, squelettique, qui a obtenu une guérison immédiate en passant sur ses membres un peu d'eau bénite. On raconte enfin que le petit Justin, à l'article de la mort, a été guéri après un bain.

C'est là, au milieu de tous ces germes divins, de tous ces bouquets de foi, qu'il va trouver pendant quelque temps sa véritable dimension, avant de regagner la Haute-Garonne où une terrible épreuve l'attend. En effet, en 1880, est prononcée une décision nationale à l'encontre de toutes les congrégations. L'expulsion des capucins de leur couvent de la Côte Pavée est désormais inévitable.

6 heures du matin, la police, les sommations, les coups de hache pour défoncer la porte, une brèche ouverte et enfin l'intrusion des autorités et des pompiers. Dûment propriétaire des lieux, Marie-Antoine y reste avec deux condisciples, les autres membres de la communauté devant s'exiler en Espagne, pays dont ils ne reviendront que neuf ans plus tard.

Des missions à Montgiscard, Nailloux ou Gaillac-Toulza ponctueront le quotidien des années suivantes, où, contre les vents et les marées anticléricales, le père continuera sans fléchir d'assumer sa charge divine.

Un jour, dans un train, il rencontre un juif qui s'étonne de son extrême dénuement :

« Mais, mon père, vous devez changer de train à Bordeaux et vous n'avez pas un sou sur vous, comment allez-vous faire ?

– Dieu y pourvoira », répond-il.

Descendant lui aussi à Bordeaux, le juif guette subrepticement le bon père pour voir si quelqu'un lui remet l'argent nécessaire au ticket. Faute de donateurs, c'est lui qui finalement paie le bon de transport.

« Vous voyez, lui dit Marie-Antoine, c'est Dieu aujourd'hui qui vous a mis sur mon chemin. »

Chemin qui le conduira lui aussi en Espagne, sur la terre du Cid, à Burgos exactement, où il devra à son tour, alors que sa santé commence à décliner, se retirer un an en raison des nouvelles lois anticongrégations et des scellés définitivement apposés sur le couvent en 1903.

Il a quatre-vingts ans, en 1905, lorsqu'il reçoit, à Lourdes, l'une de ses plus grandes humiliations. L'évêque du lieu, soucieux de respecter les nouvelles lois, lui interdit de confesser dans l'enceinte du pèlerinage.

« Monseigneur, vous me refusez d'entendre les confessions, mais, de grâce, ne refusez pas de me bénir. »

Disparaissant de tout regard pendant une journée complète, l'évêque reviendra vers lui pour lui accorder, et par écrit, tous les pouvoirs nécessaires à la confession.

Le 8 février 1907, celui pour lequel il a œuvré toute sa vie durant le rappelle vers lui. Le recueillement à son égard sera exceptionnel et, en quelques jours, des milliers de photographies du bon père s'envoleront aux quatre coins du monde. Tout comme des centaines de lettres, de suppliques et de bouquets, tel un pas évident vers une canonisation anticipée, qui envahiront bientôt l'humble caveau du cimetière de Terre-Cabade.

En 1928, le cardinal Saliège introduira à Rome le procès en béatification. En 1935, procédure indispensable à cette fin, l'exhumation du corps sera effectuée dans la plus grande intimité. « Les anges souffleront sur mes pieds pour les réchauffer », avait coutume de dire Marie-Antoine. Ces pieds, qui, des années durant, souffrirent tant et plus, se montreront en ce 14 novembre 1935 en parfait état de conservation, tout comme la bure, la corde et l'étole violette.

Quelques années plus tard lui sera décerné le rang de vénérable.

Si, comme a pu le dire saint Mathieu, la foi peut parfois déplacer les montagnes, nul doute, que l'on soit croyant ou non, que celle du frère Marie-Antoine a su quant à elle transporter les âmes vers un monde meilleur. Et à l'évidence, si souvent semée, sa graine d'amour a tout de même fini par germer sur tous ceux qu'il a tant aimés et qui le lui ont bien rendu en lui octroyant ce que peu reçoivent : la vénération.

CHAPITRE X

Faits miraculeux

Le « miracle » de Lauzerville

EN CE MOIS de septembre 2007, l'église de Lauzerville allait être témoin d'une extraordinaire découverte, qui plus est dans des circonstances qui ne le sont pas moins. C'est en effet à l'occasion de la restauration du chœur que la décision fut prise d'en déposer le baldaquin afin de le positionner plus tard sur un socle prévu à cet effet. S'il était établi que ce dernier devait avoir une surface de quatre-vingt-dix sur quatre-vingt-dix, multiples furent les tergiversations et les hésitations quant à son emplacement futur.

« Je le verrais ici, disait le conseiller.

– Plutôt là... », proposait le prêtre.

Finalement, l'endroit précis fut choisi et dûment délimité au sol par l'entreprise chargée du travail. Et là, quelle ne fut pas la surprise des ouvriers ! Sous les deux couches de carrelage, précisément dans la surface définie, venait d'apparaître une statue représentant une Vierge tenant l'enfant Jésus dans ses bras et le présentant à sa mère, sainte Anne. Troublante particularité, les trois têtes avaient été détruites.

Mais les maçons n'étaient pas au bout de leur étonnement. À peine voulurent-ils dégager l'œuvre d'art que, tout autour, la terre se mit à se colorer, en orange, en bleu, en rouge. Était-ce un miracle ? Pas encore. En fait, décorée selon les règles ancestrales de la polychromie, la statue perdait les couleurs de sa peinture au contact de l'air. Datant du XVe siècle, elle avait vraisemblablement été décapitée par les calvinistes lors de l'incendie de l'église en 1560 et déposée là, manifestement par déférence, lors de la reconstruction de l'édifice, dans le périmètre précisément défini plusieurs siècles après.

Selon les spécialistes, la transmission de l'enfant à sainte Anne peut être assimilée à la symbolique de la transmission du savoir, à la pérennité de la foi. Alors, la coïncidence de la découverte en est-elle vraiment une ? Peut-on y voir un message, une volonté de se rapprocher des hommes et de sa place première ? Qui sait ? Peut-être aussi la statue n'était-elle pas seule sous le carrelage de l'église. Certainement, même. Mais si l'art a ses mystères, il a aussi ses réalités, lesquelles sont autant de limites pour les petites communes.

Ah oui, un détail ! Une dame, aujourd'hui disparue, a passé sa vie à s'occuper, dans la plus grande dévotion et le plus grand dévouement, de cette église. C'est précisément le jour de son anniversaire que la découverte fut faite.

Le mystère de l'icône

Et pourtant, lorsqu'il l'avait achetée en l'abbaye tarnaise d'En Calcat, elle était là, comme bien d'autres, posée sur les rayonnages de la congrégation. Elle était là, icône parmi les icônes, fidèle reproduction de la *Vierge porte du ciel* peinte au XIe par les moines grecs du mont Athos. Elle était là, prête à partir sous d'autres cieux et à recevoir, conformément à sa destinée, les prières journalières d'un croyant passionné. Comment aurait-il pu deviner, lui, cet agent d'assurance toulousain en retraite, que, six ans plus tard, l'achat de cette image pieuse ouvrirait sa vie vers les portes d'un bien énigmatique mystère ?

Car ce mois de février 1990 allait totalement bouleverser sa vie. C'est en effet le 11 de ce mois que, au retour de la messe de la rue des Fleurs, un bien étrange phénomène se produisit au numéro 6 de la rue Darquier, chez M. Paul G. de S.

« Bien sûr, l'icône était là, toujours à la même place, entourée sur son pupitre du curé d'Ars et de Bernadette Soubirous, mais elle dégageait une odeur de jasmin, de rose, et elle transpirait, suintant d'un liquide gras ressemblant à de l'huile. »

Qui plus est, la date n'était pas anodine : le 11 février est précisément le jour où, pour la première fois, la Vierge était apparue à Bernadette. Dès lors, tout va se précipiter. Car, malgré le souci sincère de discrétion du retraité, un numéro de téléphone sur liste rouge et une propension naturelle à la réserve, une multitude de fidèles ne cessera de se manifester, qui par téléphone, qui en frappant à sa porte. À toute heure, des centaines de croyants viendront, en chapelet, patienter devant son domicile avant de s'agenouiller devant l'image sainte. Nous sommes au mois de mai, le mois de Marie, et le vénérable immeuble de Paul G. de S., dans le quartier du Salin, devient vite lieu de pèlerinage. Depuis février, le phénomène s'étant reproduit, des milliers de personnes, qui ont parfois fait le déplacement en autocar, sont venues ainsi se succéder chez lui pour prier, percevoir ou toucher les émanations huileuses.

À quoi ressemblent-elles, ces émanations ? Peut-être à des « fleurs » du Liban, dira-t-il, « c'est un parfum qu'on ne trouve que là-bas ». Paul G. de S. connaît bien ce pays, l'un de ses fils y demeure. De fait, à côté de l'icône, on peut lire cette phrase :

« Ô Marie, reine des monts et des plaines, patronne du Liban, notre patrie bien-aimée. »

De plus, constatera-t-il, « dès que je téléphone à Beyrouth, l'image suinte plus fort ».

Une question se pose certes à tous : G. de S. est-il crédible ? À titre personnel, la réponse ne peut qu'être positive, car, aux yeux de tous et depuis toujours, il apparaît au-dessus de tout soupçon, pour tout dire de bonne foi. D'une foi tellement bonne, tellement forte, qu'il est persuadé de n'être resté en vie, pendant la Seconde Guerre mondiale, que grâce à Marie. Il appartient à un groupe de croyants, l'Olivier, qui, rattaché au mouvement du Renouveau charismatique, oriente principalement ses bienfaits vers les pauvres et les vagabonds. « Notre sensibilité, dit l'un des deux cents membres toulousains, se porte vers la Pentecôte, comme les premiers chrétiens », et axe son nouveau souffle vers un retour au spirituel. Et d'ailleurs, Dieu sait si cette année 1990 est importante pour les Toulousains, puisqu'ils sont chargés, avec leurs homologues de Bordeaux, Pau et Brive, d'organiser le rassemblement du Grand Sud qui aura lieu au Caousou pour Pentecôte.

Des enquêtes seront bientôt menées. Yves Lignon, du laboratoire de parapsychologie de Toulouse, se rendra sur place.

« On ne peut jamais exclure un phénomène parapsychologique dans un contexte mystique », reconnaîtra-t-il.

Toutefois, il lui aurait fallu des éléments que G. de S. se refusera à lui donner. En effet, la condition *sine qua non* d'une investigation sérieuse passe selon M. Lignon par la présence d'un illusionniste. Sans elle, toute allusion à un miracle n'aurait à ce jour aucun fondement. Or, précisément, le propriétaire des lieux refuse cette assistance, alors... Et puis l'icône n'est toujours pas sous verre, ni sous clé. De ce fait, rien ne peut écarter l'hypothèse d'une main d'homme qui viendrait huiler l'effigie chaque matin, G. de S. vivant précisément dans un logement contigu à celui de l'Olivier. Un jour, l'homme attend justement un groupe de fidèles et aucun suintement ne fait son apparition. On sonne, il quitte la pièce pour accueillir les visiteurs et, quand il revient, l'huile coule à nouveau. La coïncidence est troublante.

L'évêché aussi observera le phénomène. Le père Abiven sera chargé, le 19 mars, jour de la Saint-Joseph, de rendre ses conclusions pour Pâques. Il étudiera les faits avec toute l'acuité nécessaire, mais toujours avec « une prudente réserve », attendant que « d'autres fruits spirituels » se manifestent. Autrement dit, « une icône qui exsude, c'est un signe, mais on ne pourrait parler de miracle que s'il y avait par exemple une guérison chez un pèlerin ». Le prélat remettra son rapport en temps et en heure avec, comme on peut en douter, des conclusions qui resteront secrètes.

Alors, que s'est-il véritablement passé à Toulouse, en cette rue Darquier, en ce début d'année 1990 ? Une chose est sûre, l'affaire sera miraculeuse pour le commerce local. La librairie spécialisée des Six Sœurs épuisera en quelques jours son stock de reproductions de l'icône, multipliant ses ventes de cartes postales, de collages sur bois ou de posters comme des petits pains. Quant au rassemblement charismatique de Pentecôte, il sera un franc succès.

L'icône, un peu plus tard, sera remisée en lieu sûr, continuant peut-être ses manifestations, mais avec une discrétion fort appréciée de la hiérarchie religieuse comme des autorités politiques, G. de S. étant semble-t-il apparenté à une femme politique fort connue dans l'agglomération toulousaine. Aussi...

Lorsque l'on demandera plus tard au possesseur de l'icône comment tant de pèlerins ont pu être informés, contre son gré, de ces suintements, il répondra benoîtement :

« Il faut le demander à la Vierge. »

Comme quoi, Chateaubriand avait bien raison en affirmant qu'« il n'y a jamais de religion sans mystères ».

QUATRIÈME PARTIE

Légendes et diableries

Chapitre I

Les êtres fantastiques

Il est en Haute-Garonne, comme dans l'ensemble de la région, un florilège de croyances relatives à un certain nombre de personnages dont le caractère commun réside dans la crainte qu'ils inspirent. À l'origine créations de foi païenne, génies de l'air, de l'eau, du feu, ils ont nourri nos ancêtres de leurs excentricités, de leurs espiègleries, et appartiennent aujourd'hui à une époque où l'au-delà n'est plus rentable, à un patrimoine culturel qu'il convient de préserver. Ils étaient, dans les rapports étroits que nous entretenions autrefois avec la nature, les réponses aux phénomènes inconnus, un palliatif à l'incompréhension, un exutoire à l'ignorance, une excuse à certaines situations, un bouchon d'âme en quelque sorte capable de répondre à toutes les interrogations quotidiennes.

De manière non exhaustive, les pages qui suivent répertorient quelques-uns de ces êtres fabuleux, avec les us et coutumes qui leurs sont liés.

Le drac

C'est le plus connu sans doute de tous les esprits familiers d'antan, mais le plus indéfinissable aussi, tant la multiplicité de ses représentations est large. Le terme vient vraisemblablement du latin *draco*, le « dragon » – les sorcières étant appelées « *las dragas* ». Certains le décrivent comme un « reptile légendaire aux ailes membraneuses dont les ébats étaient censés produire des tourbillons dans les fleuves et les rivières », d'autres comme une espèce d'âne qui pouvait s'allonger démesurément pour porter plusieurs enfants avant de les dévorer.

Chaque cours d'eau possédait son drac, qui parfois s'amusait à couper la ligne du pêcheur puis lui faisait prendre un bain forcé.

« Un jour, non loin d'Albi, un valet vit le poulain de la borde qui gambadait sur le pré. Au moment où il éveillait son maître pour lui dire ce qu'il avait vu, le poulain rentra dans l'écurie en passant

Le drac.
(Droits réservés.)

per la gatonièra (“par la chatière”). Cela ne pouvait être que le fait du drac.

« Une jeune fille revenait de la foire de La Salvetat avec des amis. Elle eut l’imprudence de ramasser un ruban trouvé sur la route et de le mettre dans son corsage. Un rire nerveux s’empara d’elle peu avant sa rentrée au logis paternel. Dès qu’elle fut arrivée, elle monta sur la table de la cuisine et se mit à tournoyer sans relâche, à la grande consternation des habitants. L’exorcisation fut le seul remède efficace. »

Une autre fois, un pauvre paysan, bien content, ramassa un écheveau de laine et le mit dans son sac. Quelques lieues plus tard, le sac devenant de plus en plus lourd, il fit une pause, puis reprit sa route d’une marche de plus en plus lente. Tout à coup, un rire le fit sursauter et il vit, sortant du sac, un diablotin tout noir danser autour de lui en chantant :

« Tra la la, je me suis fait porter. »

Lous dats

Ces nains, assimilés aux fées, étaient originaires des grottes du Comminges, où ils étaient qualifiés de « *pes d’auco* » (« pieds d’oie »). Ils vivaient en parias et parlaient une langue inconnue.

L’un de ces *dats* était une naine capturée près de Saint-Gaudens, « une femme lilliputienne, à peine de la taille d’un enfant de cinq ans, avec des pieds d’oie. Les gars de la montagne entendaient le bruit de leurs battoirs et certains assuraient avoir aperçu des femmes très belles dans le ruisseau ; ils prétendaient avoir vu, sur le sable, la marque d’une feuille de platane. Les vieilles leur expliquaient que ces traces étaient des pattes d’oie des *encantadas*. »

Une *draga* s’était mariée avec un homme en le prévenant :

« *Que te fascon, que te digon, me dis pas “pé d’auca*[1]*” !* »

Au risque de la perdre, son mari ne devait jamais lui rappeler cette caractéristique si particulière. Un jour, elle rentra la moisson encore verte, de peur qu’elle ne soit détruite par l’orage, ce

1. *« Quoi qu’on fasse, quoi qu’on dise, ne me dis pas “pied d’oie” ! »*

qui lui valut d'être qualifiée de « *pé d'auca* ». *Sine die*, elle quitta le logis !

La male-bête

Très redoutée à Toulouse, la male-bête était une sorte d'épouvantail nocturne auquel on prêtait, au XVIIe siècle, l'origine suivante. En l'an 1496, l'auteur des *Annales de Toulouse* s'était diverti à faire peindre sur les deux premières pages le visage bizarre d'un homme gigantesque ne possédant qu'un œil au milieu du front, monté sur un cheval monstrueux, se tenant à côté d'un autre cavalier couronné qui lui-même renversait d'autres hommes à cheval à l'aide de ses multiples lances.

En ce temps, ce monstre, appelé « la *malebeste* », courait les rues de Toulouse aux heures de la nuit, et tous ceux à qui il se montrait mouraient infailliblement le lendemain. Il hantait tout particulièrement les environs de la place Saintes-Scarbes, prenant la figure d'un âne qui rôdait toute la nuit, toujours prêt à recevoir sur son dos qui s'allongeait les imprudents qui voulaient s'y asseoir. Lorsque leur nombre était suffisant, il allait les jeter dans l'égout de la rue Saint-Jacques où il les dévorait.

Des curieux de la campagne ont été vus en train de demander à l'hôtel de ville où était la *malebeste*. Toulouse étant réputée procurer des sensations fortes, nul touriste n'aurait jamais achevé une visite de la ville sans descendre au célèbre caveau des Cordeliers, lequel conservait intacts les corps des pauvres victimes.

La *masca*

Autrement dit la sorcière ou le génie nocturne. Elle revêt le jour une forme humaine, généralement celle d'une vieille mendiante accroupie à la porte d'une église. La nuit, pour se prévenir de sa visite, il faut placer un vase rempli d'eau près du trou de la serrure ou à la chatière, et l'on suspend au-dessus une vieille culotte en prononçant :

« *Caussas al trauc*[1]. »

La *masca* se noie généralement dans l'eau en poussant des cris ressemblant à ceux d'une souris capturée par un chat.

Le roi Arthur

Lui est le héros des chasses fantastiques, diurnes ou nocturnes.

« Dans le Lauragais, à Vieillevigne, on le voit passer chaque année avec sa meute de chiens blancs, en septembre ou en octobre, à l'époque des vendanges, et ce quel que soit le temps ; il commence à apparaître sur les coteaux d'En Selves avant de disparaître sur ceux d'Escoyolis, condamné qu'il est à perpétuellement chasser pour avoir autrefois quitté la messe au moment de l'élévation pour suivre un lièvre. »

L'étouffe-vieille

Esprit évoqué dès le XVIe siècle, il s'apparente au cauchemar. Connu aussi sous le nom de « *cachavièlha* » (« pèse-vieille »), il est délicat de vouloir s'y opposer.

« Il y avait un mauvais esprit qui venait chaque soir embêter une personne quand elle était au lit : "Il se porte sur moi, disait-elle, et je ne suis pas bien" ; on lui conseilla alors de poser un peigne de chanvre sur sa poitrine avec les dents au-dessus pour qu'il se pique en arrivant. "Quand l'esprit est venu, raconta-t-elle, il m'a dit : 'Et si je le retournais vers toi ?' Puis il est parti." »

L'homme sauvage

Il est en fait l'incarnation des forces de la forêt, les hommes utilisant toujours le même subterfuge pour le prendre au piège.

« Un jour, il y avait un paysan qui labourait un champ près d'un bois ; il avait une paire de sabots sans brides qu'il laissait à l'entrée

1. *« Culottes au trou. »*

du sillon pour ne pas les user. Il remarqua au bout d'un moment que lorsqu'il tournait le dos, un homme sauvage, velu comme un ours, sortait de derrière un buisson, mettait les sabots et essayait de marcher en allant tout de travers. Quand le laboureur revenait, l'homme sauvage quittait alors les sabots et allait se cacher dans le bois. Le soir, le paysan raconta à sa femme ce manège qui avait duré tout le jour. Celle-ci lui dit : "Demain, tu prendras des souliers, le sauvage essaiera de les mettre mais ne saura pas les enlever, alors tu l'attraperas et le mèneras ici." Ainsi fut fait, et lorsque l'homme sauvage sortit du bois le lendemain, il regarda longuement les souliers, hésita puis finit par les essayer. Mais il ne put pas marcher et lorsque le paysan revint, il ne put s'enfuir. Le laboureur parlait mais l'homme ne répondait pas. Il l'emmena à la maison, où sa femme et lui le gardèrent pendant une semaine. Il semblait apprivoisé, mais ne parlait pas. Un soir, à la tombée de la nuit, la femme avait mis du lait à bouillir sur le feu et, le dos tourné, préparait le repas. L'homme sauvage regardait le lait qui montait, prêt à se verser, lorsqu'il sortit de son mutisme :

« "La manne de Dieu se verse, les enfants me pleurent, il faut que je m'en aille."

« Il prit la porte et partit dans la nuit. On ne le revit jamais plus. »

La *marrochina*

Bête fantastique dont on menaçait les enfants. À Villefranche-de-Lauragais, on avait coutume de dire :

« *Se sortis apuei l'angelus, gara la marrochina, te sautara sus l'esquina*[1]. »

La *paparaunha*

Moine bourru (de *raunher*, « gronder ») qui circulait la nuit dans les rues de Toulouse.

1. *« Si tu sors après l'angélus, attention à la* marrochina, *elle te sautera sur le dos. »*

« *La paparaunha sort del naut de la Dalbada*
Per t'avalar de siec couma un brin d'ensalada. »
(« La *paparaunha* sort du haut de la Dalbade
pour t'avaler comme un brin de salade. »)

Le *peilharòt*

« *Pels de lèbres, pels de lapins*[1] », s'écriait-il jadis en entrant dans chaque commune.

Comme Fernandel dans *Regain*, on le voyait, de village en village, attelé à une immonde carriole, recueillir inlassablement les vieux chiffons et les peaux qu'on lui remettait. À l'instar des charbonniers, il faisait le vide autour de lui, mais était parfois accompagné d'un enfant... que ses parents avaient été obligés de vendre du fait de son indiscipline.

La *saplièra*

Version féminine du marchand de sable, qui portait un petit sac très lourd, rempli de sable fin, et courait en saupoudrer un peu dans les yeux des enfants rétifs au sommeil. Si, par malheur, l'un d'eux voulait garder les yeux ouverts, la fée impatiente lui donnait sur la poitrine un coup avec son sac et s'enfuyait en ricanant. L'enfant était alors pris d'une vilaine toux sèche que seul le sirop de bave d'escargot pouvait apaiser.

1. *« Peaux de lièvres, peaux de lapins. »*

CHAPITRE II

Le bestiaire fantastique

On peut aisément le faire comprendre en remettant à sa place et à son époque l'osmose de l'homme et de la nature, où l'enchevêtrement constant du lien qui reliait l'un à l'autre ne pouvait que donner, par désir de respect, de protection ou de domination, des croyances, des rites ou des légendes des plus fantastiques.

L'araignée

Du soir ou du matin, pour l'espoir ou le chagrin, araignée que l'on se gardait bien d'enlever des étables où elles suçaient, disait-on, tout le venin, toutes les maladies... et capturaient dans leurs toiles les myriades de mouches qui harcelaient les bêtes.

« Une fermière avait une sœur qui était sorcière ; l'entente entre les deux femmes était cordiale, mais à chaque fois que la fermière accouchait, l'enfant décédait systématiquement quelques heures après sa naissance, portant au cou des traces de strangulation. Quatre enfants étaient déjà morts de la sorte, laissant à penser qu'une malédiction s'était abattue sur la famille. Un soir, un vieux militaire frappa à la porte et demanda l'hospitalité pour la nuit. Compte tenu de l'état de son épouse qui était sur le point d'accoucher, le père de famille hésita puis, par charité, accepta. Le militaire partagea leur repas puis resta près de la cheminée dès que les premières douleurs de l'enfantement commencèrent. Une heure après, un enfant était né. À ce moment, le militaire vit une énorme araignée descendre de l'âtre et se diriger vers la chambre. Tirant son sabre, il blessa l'araignée et lui coupa une patte. Le lendemain, la fermière envoya un courrier à sa sœur pour la prier de venir voir le nourrisson. Celle-ci répondit qu'elle s'était dangereusement blessée au bras et qu'elle ne pouvait faire le voyage. Par la suite, elle ne revint plus jamais chez la fermière. C'était manifestement elle qui, se changeant en araignée, avait étouffé les enfants de sa sœur. »

La chauve-souris

Certains pensaient que les chauves-souris étaient des rats qui, en vieillissant, s'étaient vu pousser des ailes. Parfois qualifiées de « *mouscas de l'infern* » (« mouches de l'enfer »), elles étaient rapprochées des âmes en peine.

« Si jamais elle vous pisse dessus, vous devenez aveugle, et, quand elle se pose sur votre tête, vous n'avez pas d'autre solution que de couper votre chevelure avant qu'elle ne l'arrache en essayant de s'envoler. »

L'on pensait parfois qu'une chauve-souris jetée dans le feu faisait entendre de terribles injures et que l'animal possédait des vertus magiques :

« Si on veut se faire aimer, il faut prendre une "*ratacalhaï*" ["chauve-souris", en occitan], la faire cuire et jeter les cendres sur la personne à séduire. »

Enfin, curieuse propriété dont on n'est pas sûr qu'elle soit toujours utilisée, on dit qu'une chauve-souris trempée dans l'eau bouillante peut se transformer en caoutchouc.

Le bœuf

Animaux de la ferme, symboles de richesse de la maison, vaches et bœufs ont toujours tenu une place prépondérante dans notre imaginaire. La nuit de la Chandeleur, muni du cierge bénit, il était de coutume de se rendre à l'étable. On s'arrêtait alors derrière chaque bête pour brûler trois ou quatre poils de sa queue en récitant une prière spéciale. Cela devait l'empêcher de se blesser dans l'année et la préserver de la foudre. Il était dit aussi que les morts s'en prenaient aux vaches et aux bœufs quand ils avaient besoin de prières.

« Le soir de Noël, il est de coutume de donner du sel aux bêtes, car elles ont ce soir-là la faculté de parler. Un paysan voulut vérifier la chose et alla se coucher sur la paille de l'étable, tout près de sa paire de bœufs. Vers minuit, il entendit les bœufs qui disaient :

« "Qu'allons-nous faire demain ?

« – Nous porterons notre maître au cimetière."

« Le lendemain, le paysan mourut. »

« Un jour, des jeunes qui revenaient du café virent dans un champ, au bord du chemin, un bœuf qui hurlait ; ils s'avancèrent, bien décidés à le faire taire, puis le rossèrent à coups de bâtons. Le lendemain, le cafetier se promenait couvert de pansements sans pouvoir expliquer ce qui lui était arrivé. Tout le monde avait compris. La nuit tombée, il était sorcier et se transformait en bœuf. »

Le chat

Bien sûr qu'il est mignon, ce « Raminagrobis » perché sur la fenêtre ou blotti sur vos genoux au coin du feu... Et pourtant, s'il est une bête, avec le serpent, qui a focalisé sur elle l'incarnation du mal, un animal dont la réputation s'est toujours révélée synonyme de sorcellerie, d'esprit mauvais et de satanisme, à l'évidence, s'il en est un, c'est bien lui.

Les Cathares : les « purs » ? Que nenni. Qu'il vienne de l'allemand *Ketter* ou *Katze*, ou peut-être plus assurément du latin *catus*, c'est vraisemblablement du nom de notre gentil félin et de la diabolique bête moyenâgeuse qu'est issu le mot « cathare ». Car comment imaginer que les ennemis d'une doctrine aient pu qualifier ses adeptes de « purs » ? Avouons-le, il est des termes plus péjoratifs. En revanche, les assimiler à des êtres qui « baisent le derrière d'un chat sous la forme duquel leur apparaît Lucifer » ne pouvait que contribuer au rejet voulu. Accusation, prétexte d'ailleurs réitérés plus tard par le même pouvoir religieux à l'encontre des Templiers.

Pourquoi le chat est-il diabolique ? Mais parce qu'il est parfois roux, couleur des flammes de l'enfer. Qui plus est, la nuit, ses yeux brillent, porteurs de lumière, apparaissant et disparaissant sans que personne n'aperçoive le corps qui est derrière.

« Je ne sais pas pourquoi, disait un ancien de la campagne, mais, quand j'étais jeune, on voyait beaucoup de chats ébouillantés, pelés. Les gens leur faisaient ça comme si c'était normal. Madeleine, je me souviens, si elle voyait un chat dans le jardin ou dans la rue, elle disait : "Fais chauffer de l'eau, avant de lui lancer la casserole dessus !" »

Un jour, un homme a vu un chat blanc entrer chez lui et voler des affaires. Prenant de la graisse bouillante, il lui en a jeté dessus. En s'enfuyant, l'animal aurait promis :

« Je me vengerai de toi ! »

Quelques jours plus tard, alors que l'homme était dans sa chambre, le chat revint et lui dit :

« Je viens pour t'étrangler.

– Ah oui ! M'étrangler, attends un peu… »

Le coup de pied arriva là où il fallait et l'animal partit pour ne jamais revenir. Il s'agissait manifestement d'une *breishe* (« sorcière ») qui s'était changée en chat.

L'une des représentations les plus traditionnelles du chat était celle du *matagot*, animal fantastique pouvant avoir une action bénéfique ou maléfique. On disait alors :

« *Lé matagot cagua un sol cada diu*[1]. »

Cette mythologie explique peut-être la bienveillance parfois accordée aux chats errants à qui, dit-on, l'on ne doit jamais refuser de nourriture sous peine de malheur. Il vaut la poule aux œufs d'or, puisqu'il restitue sa pièce de métal doré chaque jour que le

1. « *Le* matagot *chie un sou chaque jour.* »

diable fait, l'idéal étant de l'enfermer dans un coffre mais toujours en le traitant avec la plus grande considération possible.

L'un des plus célèbres contes mettant en scène le *matagot* s'inspire d'un paysan aisé qui reçoit son voisin au coin du feu un jour d'hiver. L'homme s'assied sur le coffre puis discute un moment avant de vouloir se lever, ce qu'il se révèle incapable de faire. Tapant doucement sur le coffre, le paysan marmonne :

« *Daissa lé anar, pitcho, daisso lé anar, aquel es un amic*[1]. »

Le corbeau

On craint de le rencontrer, tant son plumage lui a fait mauvaise réputation.

« Lorsque trois corbeaux coupent votre route, n'allez pas plus loin. Cela pourrait porter malheur d'aller aux champs par un autre chemin. »

Dans le Lauragais, on prétend que ce sont de mauvais prêtres qui deviennent corbeaux après leur mort tandis que les religieuses damnées s'incarnent en corneilles.

Le crapaud

L'animal est répugnant par excellence, mais néanmoins utilisé à des fins bénéfiques, car il chasse le mal des plaies de l'estomac sur lequel on l'applique. Dans la chambre des fiévreux, il était placé sous le lit pour absorber au mieux, un peu comme une éponge, les miasmes du malade. Pendu vivant dans un poulailler, il avait la réputation d'éloigner les poux.

Il n'y a pas si longtemps, à la limite du Tarn et de la Haute-Garonne, fut raconté le fait suivant :

« S'étant égaré, un chasseur se dirigea vers la première ferme pour s'y orienter. Arrivé dans la cour, entendant parler, il entra dans un petit bâtiment. À l'intérieur, une truie avait du mal à mettre bas ; à ses côtés, dans cette porcherie puante, une femme

1. *« Laisse-le partir, petit, laisse-le partir, celui-ci est un ami. »*

tenait un cierge tandis qu'un homme, à genoux, prononçait des paroles inintelligibles et faisait des signes de croix avec sa salive sur l'abdomen de l'animal ; un crapaud suspendu à une ficelle tournoyait dans le vide. Faute de connaissances précises et afin d'éviter de payer le vétérinaire, la fermière avait appelé le sorcier, l'"*endevinaire*". »

Le lièvre

« Ça s'est passé chez moi, dans mon village, un jour de Pâques ; tous les hommes étaient groupés devant l'église en attendant l'heure de la messe quand, passant devant eux, un incroyant de la commune leur lança : "*Anatz a la messa, banda d'innocents, ieu chaparei la lèbre que m'en vau tuar*[1]." À son retour, il ne la ramenait pas tant : "J'ai vu le lièvre et je l'ai tiré... Là, il part cinq à six mètres devant. Je retire, rien. Je l'ajuste comme il faut et voilà pas que cette p... de bête s'arrête et s'assied ; je lui fous un coup à tuer un tigre et c'est là qu'elle se retourne, me fait un signe avec la patte et me dit : 'Gare à toi' avant de partir en trottinant." Depuis, plus personne ne chassait pour Pâques. »

À titre personnel, je connaissais sur les coteaux de l'Arize, à Castex, en Ariège, une personne, chasseur de son état, qui m'avait avoué avoir la possibilité de faire perdre la trace du lièvre à une meute. Il fallait compter le nombre de chasseurs ainsi que de chiens et réciter une prière particulière en retournant sa casquette sur la tête. J'ai su par la suite que ce « don », connu de certains, lui avait valu quelques déboires avec deux ou trois Nemrod locaux.

Le loup

C'est l'animal, avec le serpent, le plus redouté. Combien d'enfants, il y a encore fort peu de temps, n'a-t-on pas fait taire ou calmer en les menaçant de rencontrer la cruelle bête ? Certains

1. *« Allez à la messe, bande d'innocents, moi je mangerai le lièvre que je vais tuer. »*

hommes autrefois savaient, disait-on, amadouer les loups et tiraient grand parti de ce pouvoir.

« Un grand-père raconta que, une nuit, des bergers veillaient dans un parc, prêts à s'endormir. Tout d'un coup, ils virent des loups qui s'approchaient. Que faire ? Ils avaient bien une hachette, mais contre autant de loups... Un homme sortit alors de l'ombre.

« "Écoutez, dit-il aux bergers, il me faut la plus belle brebis que vous possédez.

« – Eh bien, dirent-ils, faisant contre mauvaise fortune bon cœur, prends-la."

« Il prit l'animal, le découpa et donna un morceau à chaque loup.

« "Et maintenant, il m'en faut pour moi.

« – Prends-la !"

« L'homme la prit et partit, suivi par les loups, comme s'il s'agissait de chiens. »

Le renard

Le tueur, le carnassier, le ravageur, celui qui commettait tant de méfaits dans les fermes, celui dont il fallait se méfier, celui qu'il fallait combattre, celui dont il fallait se protéger.

« Nous, raconte un ancien, nous avions recours au *paron* [du verbe"parer"]. J'étais tout gosse quand je suis allé attendre le sorcier sur la route. Quand nous arrivâmes à la borde, on me fit signe de me taire. Le sorcier prit un long bâton, d'au moins un mètre cinquante, auquel il attacha une fourchette. Il demanda un morceau de lard, qu'il fit cuire en récitant des paroles totalement incompréhensibles. Nous étions tous autour de lui, sans bouger, sans parler. Quand la viande fut cuite, il la piqua au bout de la fourchette et, portant son bâton comme un drapeau, nous dit : "Suivez-moi." Arrivé à la sortie du domaine, il s'arrêta et se mit à crier : "*Reinards et reinardes, demoratz aqui*[1] !", donnant un grand coup de pied par terre. Chaque vingt mètres, il répétait son

1. *« Renards et renardes, restez là ! »*

incantation avant de repartir. Quand il eut fait le tour de la propriété, il revint au logis, où il brûla le lard dans l'âtre. Pendant que celui-ci flambait, il récita à nouveau des prières et nous dit : "N'ayez plus peur, les renards ne reviendront pas..." La fermière, que je rencontrai plus tard, m'affirma ne plus avoir eu de problèmes avec les renards. »

La salamandre

Particulièrement crainte car sa simple vision condamne le malheureux qui l'aperçoit.

« La *blanda* porte malheur à qui la rencontre ; il faut la tuer si on ne veut pas mourir soi-même dans l'année. Si elle est seulement blessée, il ne faut pas hésiter à l'achever sous peine de catastrophe. »

Le serpent

De loin le plus illustre et le plus ancien des animaux qui peuplent les bestiaires, représenté sous de multiples visages. Fourbe et venimeux tout en étant intelligent et retors, il est le péché de la Bible, le python vicieux du *Livre de la jungle*, en un mot celui dont la souplesse, le silence et les circonvolutions attirent la méfiance et le rejet.

Ne cessant d'onduler dans l'inconscient collectif, il n'a de bénéfique que par le symbole du caducée, lié à Esculape, dieu de la médecine qui aurait, grâce à cet insigne sacré, éteint une redoutable épidémie de peste qui sévissait à Rome. L'imaginaire collectif lui fait tenir à ce titre une place prépondérante.

« Vers Revel, dans la Montagne Noire, on disait que les serpents avaient le pouvoir de se changer en oiseaux le jour de l'Assomption, reprenant leur forme aux premières lueurs de l'aube. »

On disait aussi que, attiré par le lait, le serpent recherchait les femmes enceintes, les faisant accoucher d'un enfant hydrocéphale.

« Une femme fut impressionnée par une couleuvre traversant la route. Lorsque le bébé naquit, il portait au front le dessin d'un minuscule reptile et, chaque année, au printemps, la veine frontale de l'enfant se gonflait, prenant momentanément l'aspect de la bête. »

Peut-être s'introduisait-il parfois dans le corps pendant le sommeil de l'homme :

« Une fois, je m'étais endormi au bord d'un champ et, tout d'un coup, je sentis quelque chose qui bougeait dans ma poche. J'ai compris de suite, regardé, et j'ai vu la queue d'un serpent qui sortait de mon pantalon. Malgré la peur, je n'ai pas bronché et doucement j'ai commencé à le caresser, à le caresser jusqu'à ce qu'il s'endorme. Quand il n'a plus bougé, je l'ai tiré d'un coup sec et je l'ai fracassé contre une pierre. Il était énorme, j'en tremble encore. »

Parfois cependant, le reptile était auréolé de certaines vertus et préservait des coups du sort :

« Une tête de serpent éloigne le malheur ; on en cousait dans la veste des conscrits pour leur faire tirer un bon numéro. »

Dans certains cas, utilisée comme remède, la peau de serpent était séchée et mise dans le lit des femmes au moment de l'accouchement. Elles s'en posaient sur la poitrine en cas de mal de sein.

« Pour avoir toute sa vertu médicinale, la couleuvre devait être tuée avant la Saint-Jean. On lui coupait la tête et la queue, on la salait et on l'enroulait autour de la barre à laquelle on suspendait la saucisse. »

La souris

Qui a l'air on ne peut plus malicieux, qui est intelligente, maligne, mais qui a une fâcheuse tendance à aimer le fromage. Et pourtant, n'a-t-elle pas son utilité, même en médecine ?

Qui dit souris, dit fientes. Recueillons donc ces fameux trésors, ces petits granulés allongés, puis écrasons-les. Une fois bien secs et bien réduits en poudre, prenons-en une pincée, mélangeons-la avec une tisane de tilleul, sucrons selon convenance en ajoutant un peu de miel, le remède sera d'une grande efficacité contre l'incontinence urinaire nocturne de nos têtes blondes. La mixture se conserve très bien dans un petit pot en grès.

CHAPITRE III

Les plantes et leurs pouvoirs

DEPUIS TOUJOURS dans nos campagnes, certaines femmes avaient le pouvoir de connaître au mieux les vertus des plantes et de les utiliser pour combattre les maux de la vie de tous les jours. Appelées aussi « magiciennes des pauvres », elles savaient apporter aide à tous ceux qui les sollicitaient. Ces femmes ne sachant bien souvent ni lire ni écrire, c'est par le bouche à oreille qu'étaient transmis leur savoir ainsi que les secrets de la nature. Souvent diabolisées ou châtiées, elles apprenaient à se faire des plus discrètes sur leurs pratiques, la connaissance des plantes nourrissant au mieux, en certaines périodes, une peur aiguë de l'empoisonnement.

Certaines herbacées, tant en médecine qu'en sorcellerie, eurent ainsi une forte incidence sur les sociétés passées et apportèrent bon nombre de pratiques, de coutumes ou de dictons.

La belladone

Autrement dit la « belle dame », ainsi baptisée du fait que, à la Renaissance, bon nombre de belles Italiennes se mettaient dans l'œil des gouttes d'extrait de cette plante afin de dilater la pupille, dilatation qui se voulait le symbole de l'excitation sexuelle et qui de plus provoquait un strabisme synonyme de beauté (on disait : « Avoir une coquetterie dans l'œil »).

La belladone est donc une plante féminine, sauvage, passionnelle, mais aussi vénéneuse et mortelle à qui veut la posséder. En terme de sorcellerie, elle est l'une des plantes les plus puissantes, souvent employée dans des recettes liées à la mort ou à la guérison.

Le chiendent

Qui porte bien son nom tant il fait le désespoir de tous les jardiniers. Et pourtant, il est bel et bien une plante médicinale, excellent purgatif et dépuratif. Quelques précautions cependant sont à prendre avant consommation. Il faut utiliser les jeunes rhizomes, car les anciens sont souvent attaqués par les vers, et les faire bouillir environ une minute pour leur ôter leur amertume. On peut en boire une décoction le matin à jeun et une autre le soir pour lutter contre certaines dermatoses comme l'acné et l'eczéma.

Au Moyen Âge, les magiciennes avaient pour habitude de préparer un seau entier de cette tisane, qu'elles donnaient ensuite aux chevaux des cavaliers pour apporter à la robe des animaux un pelage plus éclatant.

Le coquelicot

Désherbants et rentabilité obligent, cette fleur rouge qui enjolivait nos prairies disparaît de plus en plus de nos campagnes. Or, toute insignifiante qu'elle puisse paraître, cette charmante fleur appartient à la famille des papavéracées, autrement dit elle est un pavot, au même titre que l'opium, possédant, en faible quantité certes, mais possédant tout de même des propriétés narcotiques. En tisane, le coquelicot se révèle être un très bon sédatif de la toux, un adoucissant pour la gorge et un antispasmodique utile.

Séché, le bulbe de la fleur avait pour réputation de pouvoir faire revenir l'être aimé, pour peu qu'il soit conservé dans un petit sac de toile rouge en compagnie de quelques cheveux de ladite personne.

Le fenouil

Passé neuf fois dans les flammes de l'âtre à la Saint-Jean, il possédait alors toutes les vertus protectrices des « herbes de la Saint-Jean ».

« Ma mère nous faisait ramasser du fenouil que l'on mettait partout dans la maison, dans les armoires, dans les lits, aux fenêtres. Elle disait que ça évitait le malheur dans la maison, qu'il fallait le faire. »

« Dans mon village, il y avait une jeune fille qui faisait des polissonneries. C'était une sorcière. Un jour, elle m'a demandé :

« "Tu viens avec moi ?

« – Non", ai-je répondu.

« Elle ne pouvait rien contre moi, car j'avais toujours soit du fenouil soit du néflier sauvage dans la poche. »

« Un jour, la voisine m'a dit : "Nous avons la vache malade mais, tu vas voir, nous allons faire sauter la sorcière." Elle a mis alors des graines de fenouil, un morceau de néflier sauvage et des feuilles de laurier bénit dans le mur, puis a éparpillé des graines sur le seuil avant d'appeler une comparse : "Lydie, viens nous aider pour faire manger cette vache." Avant d'avoir atteint le seuil, celle-ci nous a dit : "J'ai un mal d'estomac que je ne peux plus tenir." Elle n'est pas rentrée mais la vache a été guérie. »

Le figuier

Son ombre passe pour être néfaste à l'homme et son odeur, quand il se consume, semble posséder une étrange propriété :

« Si l'on brûle du bois de figuier dans une maison où se trouve une nourrice, le lait se tarira immédiatement ou deviendra d'une qualité dangereuse. »

Autre propriété, plus positive :

« Un taureau furieux est apaisé sur-le-champ si on l'attache à un figuier. »

Il sert aussi à se défaire de maléfices :

« Pour empêcher l'effet d'un sort jeté sur des animaux domestiques, il faut leur faire traverser trois portes qui se suivent, en ayant soin d'étendre devant chacune une veste tournée à l'envers. Pendant la cérémonie, il faudra frapper de grands coups sur le sol avec un bâton de figuier sauvage et prononcer les paroles magiques. »

Le genêt

Parfois appelé « genêt à balai », car autrefois, débarrassé de ses fleurs jaunes, il était solidement lié en bottes et servait de balai. Il avait la réputation d'agir sur les nerfs du cœur et non sur le muscle cardiaque, et d'éliminer, par les voies urinaires, les chlorures dans le corps. On laissait toujours paître les moutons là où se trouvaient des genêts. S'ils en mangeaient, ils pouvaient sans dommage être mordus par les vipères.

En magie, la plante était utilisée pour dissimuler la baguette magique en lui donnant l'apparence du balai traditionnel.

Le géranium

Plante très commune, le géranium recèle des vertus antidiabétiques, astringentes et antiseptiques. Dans un autre cas de figure, elle éloigne les moustiques et facilite, par l'application de ses feuilles pilées, la cicatrisation des plaies. Une décoction de la plante entière fournira un breuvage souverain contre les névralgies faciales, les dartres, les œdèmes des jambes ainsi que les douleurs gastriques et lombaires. Écrasées soigneusement et appliquées sur les yeux, les fleurs fraîches soulageront ceux qui sont atteints d'ophtalmie.

En sorcellerie, le géranium entre dans la composition de la poudre du contre-envoûtement.

La mandragore

La plante reine en sorcellerie, « l'herbe au pendu qui revigore » dont parlait Brassens, plante majeure pour bon nombre de pratiques, mais dont la cueillette répond à une exigence certaine. En effet, elle nécessite avant toute chose un pendu, puisqu'elle naît de la semence même de l'agonisant. Si donc l'idée vous en prenait, inutile de commettre le péché d'Onan. Aucune mandragore ne poussera dans de telles conditions : le pendu est indispensable.

Dès que vous voyez la plante, prenez un couteau, dessinez trois cercles autour d'elle et dégagez-la avec précaution. Faute de pendu, ce qui peut arriver, un chien, noir bien sûr, pourra faire l'affaire. Attachez au cou de l'animal une corde dont l'autre extrémité sera reliée à la plante. Excitez le chien, qui en tirant la corde arrachera le plan, puis décédera peu après, devant les cris insoutenables poussés par la racine. Vous garderez ensuite celle-ci, bien sèche, dans un petit sac en cuir dissimulé sous les vêtements, avec une râpe. Vous la râperez selon les besoins. La racine ainsi gardée, ses propriétés vous seront toujours fidèles et elle vous apportera prospérité et fécondité.

Une seule pincée, dans un verre de vin ou une tisane, rendra amoureuse la fille la plus froide. Mais encore faut-il connaître la recette de la préparation. Prenez note :

« Quelques morceaux de mandragore doivent être placés dans un bocal avec un peu de votre sang, une mèche de vos cheveux, le tout recouvert de sucre. Le bocal sera ensuite conservé trois mois à l'abri de la lumière avant que n'en soit filtré le précieux contenu, alors mélangé au breuvage. »

Vous aurez ainsi « la main de la gloire ». Attention cependant de ne dire à quiconque que vous possédez la fameuse herbe, cela pourrait vous conduire au bûcher. Un peu plus sérieusement, la mandragore a des propriétés sédatives, antispasmodiques, anti-inflammatoires et... hallucinogènes.

Le millepertuis

L'une des plantes magiques de la Saint-Jean, « l'herbe à mille trous », qui préservait des maléfices, peut-être du fait de son parfum d'encens. La légende populaire veut que la couleur rouge des petits points piquant cette fleur lui soit venue au moment de la décapitation de saint Jean-Baptiste.

La plante semble avoir un pouvoir avéré en matière de brûlures, et la macération de ses boutons dans de l'huile donne un liquide rouge qui, une fois tamisé, servira à traiter toutes sortes de contusions. Autrefois, beaucoup de foyers disposaient des bouquets de millepertuis au-dessus des portes d'entrée des maisons afin d'en interdire l'accès néfaste aux personnes suspectées de sorcellerie.

Le néflier

On l'utilisait lui aussi pour conjurer les sorts :

« En certains endroits de la Haute-Garonne et de l'Ariège, pour ne pas que les sorcières jettent un sort aux vaches, on leur faisait un petit trou à la corne dans lequel on mettait un morceau de bâton en néflier.

« Un jour, alors que je m'étais louée avec une autre femme, un des hommes qui travaillait avec nous m'avait dit : "Rien dans les mains, rien dans les poches, mais vous verrez ce soir au retour." J'ai compris qu'il voulait me faire peur et mon amie avait peur de s'en revenir. "Ne crains rien, lui dis-je, nous avons des bâtons de néflier." En revenant, nous n'avons rencontré personne. Le lendemain, un autre ouvrier nous dit : "Alors, vous n'avez vu personne ?" Et le sorcier de répondre : "La garce, elle avait pris ce qu'il fallait." »

CINQUIÈME PARTIE

Énigmes historiques

CHAPITRE I

L'or de Toulouse

« IL A L'OR de Toulouse », autrement dit : « Bien mal acquis ne profite jamais. » Si nombreux sont les Haut-Garonnais à avoir déjà entendu cette expression immémoriale, combien sont-ils en revanche à en connaître véritablement la signification ? Et combien sont-ils à savoir que l'histoire et la légende unissent à jamais leur ville à l'antique et richissime cité grecque de Delphes ?

Après avoir quitté l'Europe centrale et être passée par la Grèce, c'est au sud de la Garonne, tout près de ce qui sera plus tard Toulouse, que la tribu celte des Volques Tectosages (littéralement « chercheurs de terres ») choisira de s'installer, vers 200 avant Jésus-Christ. Et très rapidement, l'oppidum initial cédera la place à une cité où le climat, la fertilité des terres et l'exploitation aurifère des rivières proches apporteront la plus grande prospérité. Vers 118 avant J.-C., la ville, tout en restant indépendante, acceptera le principe d'une garnison romaine à demeure et obtiendra de fait le statut de « fédérée ».

Delphes, quant à elle, était par excellence la capitale qui, depuis des siècles, rayonnait sur le monde antique. Dans ce haut lieu de pèlerinage, Compostelle ou Lourdes de l'époque, le culte dédié à Apollon attirait des foules considérables. Des foules certes, des richesses aussi, mais également de nombreuses convoitises auxquelles les Celtes, au cours de leur périple, ne surent résister. Et c'est en 279 avant J.-C., avant leur installation en Haute-Garonne, qu'ils dépouillèrent la ville de tous ses trésors...

Bien qu'il n'ait pu remédier à la mise à sac de ses temples, il faut croire qu'Apollon avait gardé intactes ses facultés de réplique puisque, dès lors, devant l'hostilité du milieu et des Grecs, la fameuse armée gauloise alla de désastre en désastre. La famine, les épidémies et les défaites se succédèrent jusqu'à transformer la puissante expédition en ramassis de bandes errantes et à amener le chef de guerre, Brennus, à se suicider pour éviter la honte devant pareille déroute. Ainsi disparaîtra l'équivalent de soixante-dix tonnes d'or et naîtra le mythe de la malédiction du trésor de Delphes.

D'où viendra donc l'or détenu plus tard par les Volques ? Est-il effectivement une part du trésor grec (des statues notamment qu'ils auraient converties en lingots) ? Est-il le résultat de l'exploitation des cours d'eau de l'Ariège ou de la Montagne Noire ? Quoi qu'il en soit, l'or était là et bien là, et plusieurs lacs en regorgeaient. Plusieurs lacs, oui, car la tribu celte était prudente et superstitieuse, et l'eau était pour elle l'élément sécuritaire par excellence. Sécurité matérielle bien sûr, pour l'inaccessibilité que l'eau conférait, et sécurité mystique, car on rendait ainsi aux dieux ce qu'on leur avait pris... La coutume étant donc de jeter dans les lacs les lingots ou les pièces (ne faisons-nous pas la même chose dans certaines fontaines ?), et ce dans la perspective suivante : l'or n'étant plus touché, il cessait d'être maudit. Alors, y aurait-il un étang sacré au Busca ou sous Saint-Sernin ?

Un événement tragique pour la peuplade gauloise allait entretenir la légende. Car pour effective qu'elle fût, l'entente entre les Romains et la tribu n'était pas toujours cordiale, et en 109 avant J.-C., profitant d'une intrusion de hordes teutonnes avec lesquelles ils s'allièrent, les Volques se soulevèrent et égorgèrent la garnison romaine. Mal leur en prit, car défaits par la puissance adverse, ils furent annexés peu après et leurs lacs furent vendus comme partie du domaine de l'empire.

Le consul Caepio fut chargé de rapatrier les richesses à Rome... Elles n'y arrivèrent jamais. Que s'est-il passé ? Le convoi a-t-il été pillé en route par des brigands ? Caepio se l'est-il accaparé ?

De nouveau, l'or porta malheur. Quatre ans plus tard, Caepio, incapable de s'entendre avec un autre consul sur la conduite à tenir, subira près d'Orange l'une des plus désastreuses défaites romaines. Quatre-vingt mille hommes seront exterminés par les Cimbres et les Teutons, entraînant *de facto* sa déchéance et son exil. Le 6 octobre, jour de la bataille, sera dès lors considéré comme néfaste dans tout l'Empire.

Histoire ou fable ? Vérité ou légende ? L'or de Toulouse est-il celui de Delphes ? Et où est passé cet or ?... Peu avant sa mort, André Breton disait : « Je cherche l'or du temps »... et qui sait, quand bien même Toulouse dormirait-elle encore sur cet or, n'est-ce pas plutôt par elle-même, au cours des siècles, qu'elle a su trouver son véritable trésor : celui de son histoire, de son talent et de ses hommes ? Et après tout, cela ne vaut-il pas tous les butins ?

La croix occitane, mosaïque située
sur le sol du rez-de-chaussée du Capitole, à Toulouse.
(Photographie de l'auteur.)

CHAPITRE II

La croix occitane

C'EST ELLE que l'on voit, fièrement incrustée dans le dallage de la place du Capitole. Elle qui, flamme et or, flotte sur les drapeaux de nos principaux bâtiments publics. Elle encore qui soutient ces poutres maîtresses de la culture occitane que sont les « calendrètes », ces fameuses écoles bilingues. Elle bien sûr, par le sentiment d'appartenance qu'elle représente, qui cimente ce lien qui nous attache à notre langue, à nos racines et à notre histoire. C'est elle, cette croix occitane – d'aucuns diront du Languedoc ou croix cathare –, cette croix que nous côtoyons, que nous aimons, bref notre croix.

Mais ce symbole qui, encore aujourd'hui, s'intègre quotidiennement à notre vie, cette croix que nous pensons connaître, qui est-elle et en connaissons-nous véritablement les origines et la signification ?

De conception, la croix est grecque, car ses branches sont de longueurs égales. Elle est dite « *cléchée* », puisque ses extrémités se referment en formant une pointe saillante ressemblant à une clé évidée, pour faire apparaître en son sein une croix plus petite et pommetée du fait de ses douze points saillants couronnés de boules.

Il semblerait que le peuple gaulois des Volques, dès le IIIe siècle avant Jésus-Christ, soit le premier, dans notre région, à avoir utilisé cet emblème aux douze points comme symbolique.

Un autel gallo-romain du IVe siècle, découvert en Haute-Garonne, à Garin, porte lui aussi une croix à douze extrémités.

Une monnaie frappée au Ve siècle par les rois wisigoths, alors maîtres de la région, sera également trouvée porteuse d'une croix *cléchée* à douze extrémités.

Mais sa véritable vulgarisation ne viendra en fait qu'après son adoption au Xe siècle par le marquisat de Provence. C'est en effet en 990 qu'Emma de Provence, dite « de Venasque », épousa Guillaume III Taillefer, comte de Saint-Gilles et de Toulouse et futur grand-père de Raimond IV. Entre les comtés, le lien était fait et sera définitivement scellé en 1125. Ce sont dans un premier temps les vassaux de Provence qui prirent la croix pour emblème (croix de Venasque, de Gigondas et de Forcalquier).

Raimond IV, prenant la tête en 1096 de la croisade, l'utilisera entre autres comme insigne de ralliement des Provençaux. Entre autres, car il est certain aujourd'hui qu'il possédait plusieurs blasons : un croissant soulignant une étoile, une croix potencée semblable à celle que les templiers utiliseront plus tard, un double faisceau de six lances entrecroisées définissant douze extrémités organisées en croix et bien sûr son étendard de comte du Venaissin, marquis de Provence. C'est la légende officielle, bâtie sur cette croisade, qui renforcera l'entité de ce dernier fanion.

Alors que, à Antioche, le sort de la bataille se révélait hasardeux, Pierre Barthélemy, paysan provençal de son état, fut présenté à Raimond par le légat du pape. Saint André lui était apparu pour lui révéler que la lance qui avait percé le flanc de Jésus-Christ était enfouie dans l'enceinte de la citadelle. Il fallait donc tout faire pour la récupérer. Barthélemy ayant indiqué l'endroit, le comte mobilisa douze hommes qui, en creusant, découvrirent la fameuse lance. Galvanisées, les armées croisées finirent par décimer les troupes jusque-là remarquables de l'émir turc ennemi. La dernière redoute musulmane prise, l'emblème écarlate à la croix d'or sertie de douze boules s'éleva alors pour la première fois, resplendissant au plus haut sur la victoire de Dieu et de Raimond.

Mais ses successeurs, Alphonse Jourdain et Raimond V, n'utiliseront pas cette croix. C'est véritablement Raimond VI qui reprendra cet emblème au début du XIIIe siècle. En 1211, une lettre échangée entre les Capitouls et le roi Pierre II d'Aragon sera marquée d'un sceau dont le revers représente un agneau nimbé qui porte la croix occitane en bannière. Dorénavant, et jusqu'à nos jours, Toulouse et la croix ne feront qu'un.

Mais a-t-elle véritablement une symbolique et une représentation particulière ?

On la dit croix cathare ? Écartons dès maintenant le mythe. Les adeptes du catharisme méprisaient toute représentation matérielle de leur religion et, de fait, n'ont jamais arboré ce type d'emblème.

« Si ton père se pend à un arbre, tu ne vas tout de même pas arborer et adorer l'image de cet arbre, disaient-ils. Qui serait assez bête pour se prosterner devant le bâton qui l'a frappé ? »

La foi seule leur importait, pas sa représentation. D'ailleurs, aucun des actes inquisitoriaux en notre possession, pourtant bien détaillés, n'a jamais fait référence à ce type de figure. Ce symbole en conséquence ne présente donc aucun intérêt, si ce n'est pour les « ésotéristes » de tous poils et certains commerces locaux.

Les douze perles sises à chaque extrémité méritent en revanche l'attention, ne serait-ce que par leur nombre qui, tant dans la religion chrétienne que dans d'autres traditions, revêt une forte symbolique.

Dans l'Ancien Testament, Jacob-Israel a douze fils, qui engendreront les douze tribus du peuple hébreu. Quant à « la mer de bronze » que fit Salomon, « elle était posée sur douze bœufs, dont trois tournés vers le nord, trois tournés vers l'occident, trois tournés vers le midi et trois vers l'orient ».

Dans le Nouveau Testament, ce sont bien évidemment les douze apôtres qui annoncent aux douze tribus un nouveau monde céleste. Allons à Montsaunès et visitons l'église construite par les Templiers : dans la chapelle, se trouve un dôme lumineux composé d'un cercle central entouré de douze cercles reliés à ce centre. Il s'agit là véritablement du Christ entouré de ses apôtres. Cas similaire en Aveyron, à l'abbaye de Sylvanès, où une rosace à douze boules représentant très officiellement les douze apôtres entoure une rosace à six pétales représentant Marie, c'est-à-dire l'Église.

N'oublions pas non plus que l'Apocalypse de Jean mentionne la Jérusalem céleste avec ses douze boules comme symbole des douze portes : « Elle avait une grande et haute muraille. Elle avait douze portes et, sur les portes, douze anges et des noms écrits, ceux des douze tribus des fils d'Israel. » L'arbre de vie fait aussi référence à ce chiffre : « Au milieu de la place de la ville, il y avait un arbre de vie, produisant douze fois des fruits et dont les feuilles servaient à la guérison des nations. »

Une autre signification est celle des douze signes astrologiques, du moins est-ce l'interprétation qui est donnée par la croix de bronze qui se trouve aujourd'hui sur le parvis de la place du Capitole. La croix se veut donc de portée céleste et de rayonnement universel.

Quoi qu'il en soit et quelles que soient les divergences d'interprétation sur l'origine et la signification de la croix, force est de constater qu'elle aura quand même réussi sa mission première : rallier à elle la mémoire et la dignité d'une nation.

Combien d'aventures, d'héroïsmes, d'épopées, de drames et de victoires se sont-ils déroulés sous ses couleurs et sous son blason ? Puisse-t-elle continuer, liée à la conviction et à la détermination de certains, à affirmer encore longtemps l'identité de cette culture, de cette éthique et de ce faisceau de valeurs que nos ancêtres ont tant fait briller sous le nom de « *paratge* ».

Chapitre III

La bataille de Muret

IN VINO VERITAS ?

« *Monnoy*[1] fait tout », disait Riquet. Alors la monnaie, l'argent, nerf de la guerre ? Certes. On ne le vérifie que trop. Mais ne peut-on en certaines circonstances, et peut-être à l'instar de la bataille de Muret, en dire autant du vin ? Car en effet, comment cela a-t-il pu se produire ? Comment une aussi puissante armée méridionale, aussi lourdement dotée, composée de plusieurs milliers de cavaliers, d'écuyers, de fantassins, de miliciens communaux, deux fois supérieure en nombre à son adversaire, comment une telle armée a-t-elle bien pu, en cette « morne plaine » de Muret, se voir infliger, en ce 12 septembre 1213, une telle déroute par les troupes de Simon de Montfort ?

À l'évidence, et ce pour la première fois depuis le début des hostilités opposant le comte de Toulouse, Raimond VI en l'occurrence, au roi de France et au pape, l'année 1213 voyait le conflit entrer dans une dimension internationale, aux lourdes conséquences géostratégiques. Il apparaissait clairement alors que Simon de Montfort, de son état vicomte de Béziers, refusait explicitement d'accorder l'allégeance qu'il devait à son seigneur, lequel s'avérait être Pierre II d'Aragon, par ailleurs… beau-frère de Raimond VI. Dès lors, compte tenu des dissensions personnelles, de la rupture du lien féodal, des initiatives toulousaines toujours promptes à remettre en cause les intérêts du roi de France et du pape ainsi que de la guerre franco-anglaise qui, dans le nord, monopolisait

1. *La monnaie, l'argent.*

bon nombre de croisés, tous les prétextes et toutes les conditions étaient réunis pour aboutir à une issue militaire.

C'est le 9 septembre, après avoir campé à Valcabrère, que mille à deux mille cavaliers catalano-aragonais arrivent devant la citadelle croisée de Muret, bientôt rejoints par les troupes de Raimond VI, celles des comtes de Foix et de Comminges ainsi que, deux jours plus tard, par les milices communales toulousaines, maîtres d'œuvre dans l'installation des machines de guerre. Quatre à dix mille fantassins complètent en outre le contingent, soit une troupe de fort tonnage. Montfort quant à lui arrive de Toulouse avec une force hétéroclite de deux mille hommes, prenant place, sous le regard tacitement confiant des troupes aragonaises, à l'intérieur des murs de la ville.

Dans la journée du 11, les négociations amorcées à l'initiative des troupes françaises vont amener une trêve momentanée, répit nourri de visites réciproques et d'échanges de cadeaux, notamment de magnifiques présents de valeur et de nombreuses jarres de vin. Dans la soirée, tel un échec programmé, la trêve est rompue, les cadeaux sont gardés et le vin est distribué.

Les croisés ne pouvant résister à un siège massif et dominant qui plus est la tactique de charge de la cavalerie, l'affrontement direct était pour eux la seule chance de salut. C'est, malgré la réprobation de Raimond, l'option choisie par les Aragonais. À plus de deux contre un, une opposition autre que frontale aurait en effet pu paraître par trop humiliante pour Pierre II. En fin de soirée, ce dernier met « en ordre » son trésor, donne leur dû à ses hommes, puis fait transporter, sous bonne escorte, le reste en lieu sûr.

En cette veille de bataille, le camp des coalisés reflète donc une telle sérénité, un tel optimisme, que la suffisance flottant au-dessus des têtes semble se mêler au vent des étendards Bombance est faite, le libertinage est parfois consommé et le vin est savouré sans modération, surtout par les troupes aragonaises.

Bien sûr, au point du jour, ce qui devait arriver... arrive. Bon nombre de soldats sont çà et là étendus au sol, certains délirants, d'autres étant dérangés. « On voyait des files d'hommes d'une pâleur mortelle, certains les yeux ouverts et fixes, rêvant fortement, divaguant, chancelant. » Même Pierre II, pourtant robuste, n'est pas épargné, manquant de s'évanouir en ouvrant les yeux et paraissant plus tard encore « gris et déstabilisé, malgré l'absorption d'une grande quantité d'eau ».

« Maudits soient ces félons », vocifère-t-il, laissant à penser que le breuvage était empoisonné.

Lorsque ses envoyés parviennent au camp des Toulousains, leurs visages sont si terrifiants que Raimond pense à un massacre, avant de malheureusement comprendre la situation. Mais le jour est levé. Le temps est doux, sec, et le soleil rougissant commence à dissiper la brume. Le combat va pouvoir débuter.

Revêtu par précaution des armes d'un autre chevalier et de son unique cotte de maille pour être plus léger, Pierre II, épuisé, se fait aider pour enfourcher sa monture et part rassembler ses troupes. Ce qu'il voit alors dépasse l'entendement. Partout, ce n'est que désolation, gens couchés, fantassins se tenant les entrailles, la plupart paraissant sans vie. Bref, des troupes déjà hors de combat bien avant l'action. Heureusement, au loin, il peut voir, d'un regard vaporeux, les brillantes armures des troupes du comte de Foix, les seules, dit-on, à ne pas avoir été servies en vin.

La journée commence décidément bien mal et cela semble continuer. Venant bien imprudemment de donner l'assaut à une porte de la ville, la milice toulousaine se voit déjà refoulée en désordre par une contre-attaque des croisés, sortis par une autre issue. Attaqués sur leurs arrières, et malgré l'aide courageuse mais ponctuelle du comte de Foix qui perd aussi quelques chevaliers, un très grand nombre de miliciens sont ainsi massacrés.

Lorsque l'avant-garde française dirigée par Guillaume des Barres se présente, en ordre de bataille, devant les troupes désorganisées de Raimond-Roger, comte de Foix, celles-ci se trouvent déjà affaiblies. « Ne sachant se présenter pour la bataille, ni marcher ensemble, chaque baron [attaque] d'une manière individuelle, faisant contre la nature des armes. » « Foix » est rapidement expulsé du lieu, ouvrant l'accès aux meilleurs escadrons de Simon de Montfort vers la position centrale tenue par le roi d'Aragon. Le choc est si terrifiant, « comme si beaucoup de cognées abattaient du bois », que ceux d'Aragon ne voient qu'un éclair puis une vague de fer qui les fait plier.

C'est ainsi que Pierre II « le catholique » se retrouve au milieu de la mêlée, presque nu, le bras nerveux. On le voit, faisant tournoyer, tournoyer sans cesse ses pesantes boules de fer, mettant hors de combat, pendant un long moment, tout ennemi qui approche... Mais lorsqu'il relâche son bras, à cause de la fatigue, un sergent en profite « pour lui enfoncer sa lance crochet dans le côté, ouvrant une horrible blessure et un flot de sang impressionnant ». Dès lors, c'est la débandade générale et c'est l'instant choisi par Simon de Montfort pour affronter les dernières troupes de Foix et de Comminges qui, comprenant l'issue du combat, reculent très vite en désordre.

Dans le camp aragonais, les chevaliers français aident leurs *coutillers* à égorger les blessés, « dénudant et volant les morts », alors qu'ailleurs, dans chaque camp détruit, « les malades et les autres [sont] poignardés ou lardés de coups de lance ». Beaucoup tentent de fuir par la Garonne et se noient. Restent seules intactes les troupes du comte de Toulouse. Elles refusent par couardise ou vénalité – solde non obtenue – de fourbir leurs armes et regagnent leur ville sans dommage.

Au total, quinze à vingt mille morts seront dénombrés côté coalition arago-occitane, deux cents côté croisé. Le fils de Pierre II, âgé de cinq ans, se verra quant à lui « confié » à Simon de Montfort.

À Muret, les méridionaux avaient manifestement la victoire en main, ce qui est vraisemblablement l'une des principales causes de leur défaite. Est-ce un abus de vin ou de confiance, un manque de rigueur et de discipline ? Quoi qu'il en soit, cette bataille perdue sera primordiale, car bien sûr qualifiée par les vainqueurs de « jugement de Dieu », argutie qui va être prétexte à la totale soumission à l'Église romaine et la dépossession des terres, rendant flagrante la contradiction de l'Église qui, officiellement, soutenait « une croisade contre des hérétiques » alors que, à Muret, Pierre II le catholique, précédemment vainqueur des Sarrasins à Las Novas de Tolosa, était considéré comme un héros de la chrétienté. Muret a donc été une confrontation entre deux chefs croisés, l'un venant pour conquérir et l'autre pour ne pas être dépossédé.

Et que la morale nous en paraisse satisfaisante ou pas, Muret restera, tant pour la couronne d'Aragon que pour le Midi, l'un des tournants les plus dramatiques de leurs histoires.

La rue principale de Baziège au début du XXe siècle.
C'est là qu'eut lieu en 1219 une bataille aujourd'hui oubliée.
(Archives des Toulousains de Toulouse.)

Chapitre IV

La bataille oubliée : Baziège, 1219

Le loup vient d'être tué sous les remparts de Toulouse. Simon de Montfort anéanti, tout le monde en Agenais, en Albigeois, en Toulousain veut « détruire et tuer du Français ». Le grand dispositif de reconquête élaboré par les seigneurs méridionaux va ainsi pouvoir se mettre en place sous la conduite de deux nouveaux stratèges : Amaury de Montfort d'un côté et Raimond le Jeune, futur Raimond VII, de l'autre.

Amaury de Montfort étant occupé au siège de Marmande, la coalition occitane décide donc d'ouvrir un nouveau front sur le Lauragais, d'autant que des bandes de croisés, menées par les frères Jean et Foucaud de Berzy, ne cessent d'en piller les récoltes. C'est Baziège, petit bourg fortifié situé à vingt kilomètres de Toulouse dans la direction de Foix, qui est choisi comme lieu de rencontre entre Raimond le Jeune et son allié Raimond-Roger, comte de Foix. Massées là durant les mois d'hiver, leurs deux armées, soutenues par celle du comte de Comminges, quelques faidits (nobles dépossédés) du Carcassès, des routiers navarrais et des milices toulousaines constituent le contingent présent.

Quand les croisés arrivent, confiants, en ce matin de printemps, aux portes de la ville, ils ne peuvent bien sûr se douter que le champ de bataille de la plaine de l'Hers sur lequel ils se trouvent va vite devenir le lieu de l'une des plus cuisantes déroutes de leur parti.

« Foix ! Toulouse ! » crient les uns ; « Montfort ! Berzy ! » crient les autres. Les invectives, les insultes et les cris fusent de toutes parts, mêlés aux sonneries des trompes et aux hennissements des chevaux. Déjà, les chevaliers du comte de Foix, toutes bannières au vent, abaissent leurs lances et chargent les barons du Nord réfugiés derrière des chariots ou des bosquets. Les cavaliers se heurtent, les armes crissent, les injures redoublent, bref l'engagement est total, violent mais somme toute équilibré.

C'est le moment choisi par Raimond le Jeune pour participer à la mêlée et lancer, totale innovation pour l'époque, une unité spéciale de cavalerie légère, les « *percussores* », piqueurs uniquement armés d'arbalètes et de javelots. Montés sur des chevaux légers, supérieurs en nombre, ils foncent, esquivent, frappent puis repoussent rapidement les soldats croisés.

Jeune, impétueux, intrépide, soucieux de prouver sa valeur, le futur Raimond VII n'a de cesse de se porter au-devant du combat pour estourbir le plus grand nombre d'ennemis, et il faut toute la promptitude et l'expérience de son escorte, de sa *maisnie*, pour s'assurer de sa protection. Car sa présence seule le désigne aux Français comme l'homme et le symbole à abattre. Mais sans se soucier des règles élémentaires de prudence, le voilà, juché sur son cheval noir et brillant, qui se jette, droit devant, en direction de Jean de Berzy et le frappe, de tous côtés, parvenant à briser son armure. Sous le choc, Berzy est désarçonné, puis il se relève avant d'être fait prisonnier. Peire Guilhem de Séguret, ancien vassal du comte dans le marquisat de Provence et traître à son pays, parvient alors à forcer l'escorte, à frapper son suzerain légitime au niveau du haubert et à couper sa ceinture sans pour autant le blesser.

Devant ce regain de force, se déroule alors la dernière phase de l'attaque. Restée jusque-là en retrait, la cavalerie lourde occitane décide d'intervenir, réussissant son objectif : désarçonner le plus grand nombre de cavaliers ennemis afin que les sergents à pied, les routiers, puissent les capturer ou les décimer sur place. Dans un assourdissant vacarme où seul le bruit des hurlements parvient à concurrencer le fracas des armes sur les cottes de maille, bon nombre de cavaliers, faute de pouvoir s'enfuir, tombent et se font exterminer. Écoutons le témoignage de la *Canso*, la « chanson de la croisade » :

« Les chevaliers et les sergents, mêlés tous ensemble, [...] ont abattu et écrasé [les croisés], [les ont] tués et vaincus, détruits et mutilés, et [...] des yeux, des cervelles, des poings, des bras, des chevelures, des mâchoires, des moitiés de membres, des foies, des entrailles, partagés et coupés, du sang, des lambeaux de chair et des armes sont répandus de toutes parts ; [...] il y a là tant de Français tués et dépecés que le sol et la berge en sont jonchés et rougis. »

On ne peut être plus explicite. La victoire est totale. Peire Guilhem de Séguret, le vassal félon, sera, comme il est d'usage pour les traîtres, pendu sur le champ de bataille. Quant aux frères Berzy, prisonniers, échangés puis vaincus à nouveau entre Baziège et Montlaur, ils finiront par être exécutés, et leurs têtes seront montrées en exemple sur des pals.

« S'ils avaient abandonné leur butin, relate Guillaume de Puylaurens, ils pouvaient s'en aller sans dommage. Mais ils trouvèrent le combat en campagne qu'ils recherchaient. »

S'il est acquis que la victoire de Baziège eut en son temps un retentissement notoire, il semble hasardeux de penser que son issue fut d'une influence primordiale pour la suite des combats. Plus qu'une simple opération de police destinée à mettre fin aux agissements de pilleurs, elle aura surtout contribué à asseoir l'autorité du futur comte sur ses vassaux et à mettre du baume aux cœurs de combattants qui en avaient bien besoin, les valeurs véhiculées – mérite, droit, *paratge* (terme qui recouvre toutes les valeurs de la noblesse, d'équité, de devoir, de grandeur d'âme...) –, qui plus est soutenues par Dieu, ne pouvant que les galvaniser.

Les Toulousains lors du siège de Toulouse, *de Jean-Paul Laurens (détail ; salle des Illustres du Capitole, à Toulouse).*

CHAPITRE V

Le massacre d'Avignonet

C'EST PAR GAJA-LA-SELVE qu'ils arrivent. Gaja où quelques habitants les ont rejoints. Ils sont une trentaine de cavaliers et de piétons à attendre, sur cette colline dominant le Mas-Saintes-Puelles, que la nuit tombe sur Avignonet. Mais qu'attendent-ils véritablement de cette nuit ? Une reconquête ? Une revanche sur l'humiliation ? Quoi qu'il en soit, cette soirée du 28 mai 1242 restera pour le Midi toulousain l'une des dates les plus marquantes de son histoire, l'événement majeur de cette époque qui à lui seul déclenchera le courroux du pape et du roi de France et engendrera une répression sans précédent.

En 1231, pour lutter efficacement contre l'hérésie cathare, fut créée l'Inquisition. Pouvoir coercitif n'obéissant qu'au pape, elle fut, en terre d'oc, confiée à l'ordre prêcheur des dominicains, lequel, ordre mendiant par excellence, cristallisait pour Rome de nombreux atouts. D'une part, la solide formation intellectuelle des moines faisait d'eux des théologiens hors pair. D'autre part, leur vocation à ne vivre que de quêtes, et non pas des revenus terriens comme les bénédictins, les rapprochait du peuple et les faisait jouir – du moins au début – d'une réelle sympathie. Mais par la suite, leur dogmatisme, la violence de leurs méthodes et les exactions commises à l'encontre tant des vivants que des morts (exhumations et bûchers d'ossements, par exemple) firent naître, dans ce pays tolérant, une haine des plus tenaces.

Neuf personnes composaient le tribunal inquisitorial chargé de traquer les suspects hérétiques. Deux prêcheurs, Guillaume

Arnaud et son second, Bernard de Roquefort ; deux mineurs franciscains, Étienne de Saint-Thibéry et son assesseur, Raymond Carbonnier ; deux membres du clergé toulousain, un notaire et deux appariteurs. Neuf personnes, donc, qui, sans escorte et sans arme, sous l'hypothétique bienveillance du comte de Toulouse, poursuivaient leur tournée en Lauragais. En mai 1242, après Auriac, Saint-Félix, Labécède, Laurac, Fanjeaux et Sorèze, les neuf se retrouvent à Avignonet pour y passer la nuit dans l'enceinte du château de Raimond VII, sous la protection de son *bayle* (le « bailli ») et beau-frère, Raimond d'Alfaro. Cette nuit sera leur dernière.

Sur la colline, Pierre-Roger de Mirepoix attend avec ses hommes ; dépossédé de ses terres par le traité de Paris, éperdu de douleur depuis que sa femme et sa fille ont été brûlées, il n'a de cesse de vouloir retrouver son honneur. Venant de Montségur et après avoir passé une nuit au château d'Antioche, à Payra-sur-l'Hers, pour coordonner l'opération, il s'apprête à commettre l'irréparable.

À la tombée de la nuit, il entre dans Avignonet sans difficulté puis force les portes du château à coups de hache avant de pénétrer dans la pièce où dorment les inquisiteurs. C'est un carnage. Les neuf ecclésiastiques ainsi que deux autres prêtres de passage sont massacrés. La langue de Guillaume Arnaud est arrachée de son corps, les crânes sont brisés, une Bible et les registres sont détruits. Pour finir, Pierre-Roger et ses hommes se partagent les dépouilles des victimes.

« Où est la coupe ? demande sur le chemin du retour Pierre-Roger de Mirepoix

– Elle est brisée, lui répond-on.

– Si je l'avais, je la ferais cercler d'or et je boirais toujours dedans. »

La coupe en question n'étant autre que la boîte crânienne de Guillaume Arnaud.

Le retentissement de ces faits fut considérable tant dans l'image collective des croyants que dans la politique du roi de France.

De nombreux miracles furent répertoriés, dont certains prémonitoires. La veille du massacre par les impies, c'est-à-dire la veille de l'Ascension, une dévote était venue dire ceci au prieur de Toulouse, frère Colomb :

« Maître, ce matin, pendant que les frères chantaient la messe, je me suis assoupie dans l'église. Il m'a semblé que le crucifix situé au milieu de l'église détachait son bras droit et que du sang en ruisselait. Alors que j'étais stupéfiée de voir cela, le crucifix s'adressa à moi et déclara : "Va avertir le prieur qu'il place les reliques à cet endroit-là." »

Le lendemain, lorsque les cadavres sanglants des frères furent apportés, il plut à l'évêque et aux frères de les ensevelir à l'endroit montré par la croyante. Cet endroit était aussi le plus approprié.

De même, un prieur du couvent de Bordeaux vit, sous un crucifix, la vision de trois frères tués par des hommes armés ; Raymond Carbonnier vit quant à lui en songe une couronne d'or, ornée de neuf gemmes, qui descendait du ciel sur la maison où logeaient des frères. Guillaume Arnaud, son compagnon, interpréta cela comme une annonce de leur assassinat prochain :

« Sachez, dit-il, que nous serons bientôt exterminés par la foi de Jésus-Christ. »

D'autres miracles furent concomitants. Ainsi, une femme du diocèse de Toulouse vit une échelle descendant du ciel vers la terre ; ceux qui y montaient étaient revêtus de sang, et, grâce à eux..., elle accoucha sans difficulté. Des phénomènes lumineux furent aperçus dans la nuit, en divers endroits, par des bergers, par le couvent de Barcelone et même par le roi d'Aragon. Un frère du couvent de Bordeaux vit quant à lui le crucifié saigner abondamment et la Vierge recueillir son sang dans un calice d'or avec lequel elle aspergea des prêtres.

Il y eut aussi bien sûr des cas de guérison : des pèlerins venant prier au tombeau des martyrs furent guéris de tous leurs maux, des malades, au contact de quelques reliques, furent soulagés. On rapporte le cas de cette moniale de Prouilhe, qui dut sa guérison à une pièce du vêtement de Guillaume Arnaud posée sur sa mâchoire et qui s'écria :

« Je suis guérie par les mérites de frère Guillaume, martyr du Christ. »

Et il y en eut bien d'autres.

En revanche, les conséquences militaires et politiques ne seront suivies d'aucun miracle pour le parti du comte. L'insurrection générale sera ponctuée de nombreuses défaites et le traité de Lorris, en 1243, avec la chute de Montségur un an plus tard, marquera à tout jamais la fin de l'indépendance politique et spirituelle de cette partie de l'Occitanie.

Quelqu'un a-t-il ordonné l'exécution des inquisiteurs ? Était-ce une vengeance personnelle de Pierre-Roger de Mirepoix ? Qui étaient les bons ? Les méchants ? Nul doute qu'en son royaume, là aussi, Dieu a dû « reconnaître les siens ».

CHAPITRE VI

La révolte des pastoureaux

LES PASTOUREAUX : Dieu que le mot est agréable, doux, consensuel ! Les pastoureaux, les bergers de profession ; les autres, ceux qui suivent le seigneur, les ouailles en quelque sorte (en gascon, « brebis » ne se dit-il pas « *oueille* » ?). Et pourtant, en cette année 1320, que d'exactions, que d'intolérances cette révolte – d'aucuns diront cette croisade – a-t-elle pu générer en son sein !

Déjà, en 1212 et en 1251, le pays avait connu deux croisades du même type ; deux pèlerinages d'enfants, en fait, dont le but premier était de délivrer par la foi ce que les militaires étaient incapables de libérer par les armes : le tombeau du Christ, toujours aux mains des infidèles. La première, en 1212, dite « croisade des enfants », eut un caractère spirituel bien marqué et un but bien précis : aller en Terre sainte. La croisade de l'année 1251, où quelques enfants furent mêlés à de nombreux pauvres et illuminés de toutes sortes, fut quant à elle, sous l'égide d'un pseudo « maître de Hongrie » et sous couvert de dévotion, prétexte à pillages. Mais le paroxysme de la cruauté et de l'antisémitisme fut atteint en 1320, la région de Toulouse étant l'une des plus touchées.

Qui étaient véritablement ces pastoureaux ? À en croire les témoignages, il s'agissait de « jeunes bergers, folâtres et insensés, mêlés à de jeunes filles entraînées par ce mouvement, à qui s'étaient agrégés de nombreux malfaiteurs sous les apparences de la simplicité et de la bonté ». Gens pour la plupart de basse condition, ils formaient en fait un groupe hétéroclite de jeunes désœuvrés proches de la délinquance dont le but religieux avoué masquait à peine un profond fanatisme et un goût prononcé pour les saccages. Leurs armes étaient le plus souvent des poignards ou des haches. Si, comme leurs prédécesseurs, leur but premier était de se rendre en Terre sainte, le manque de moyens les retint sur le territoire et reporta leur rejet de « l'infidèle » vers ceux qui se trouvaient à leur portée : les juifs.

Partie de Normandie en mai 1320 et passant par Paris, la horde processionnaire arriva dans le Sud-Ouest en juin. Forte d'environ dix mille personnes et scindée en plusieurs bandes, elle n'eut de cesse, sur son passage, de massacrer et de piller pour se ravitailler, engendrant à son approche un phénomène de peur collective.

« Leur nombre et leur folie s'accrurent de manière si dangereuse qu'ils firent naître la terreur et la peur à la seule évocation de leur nom dans les communautés villageoises et les châteaux de ces régions. »

Le Périgord et le Quercy, la Lomagne (Gimont, Lectoure, Auvillar) puis la vallée de la Garonne les virent commettre les pires méfaits contre la communauté juive. À Castelsarrasin et aux alentours, cent cinquante-deux juifs furent massacrés. Le 10 juin, à Grenade-sur-Garonne, un rabbin et son secrétaire demandèrent protection auprès des pouvoirs publics qui leur conseillèrent de fuir vers la ville voisine de Verdun ; à peine eurent-ils pris la fuite en barque qu'ils se firent rattraper par un groupe de pastoureaux qui les somma de se convertir par le baptême ou d'être tués. Ils préférèrent la première solution.

Le 12 et le 13 juin, c'est à Verdun que le « pèlerinage » se rendit. Face à la réaction hostile des autorités, le ramassis cosmopolite intensifia ses persécutions et multiplia les tueries. Certaines victimes choisirent même de s'entre-tuer plutôt que de tomber entre les mains des pastoureaux. Cinq à six cents meurtres furent dénombrés. Le 15 juin, ce fut au tour de Toulouse.

« Ils allèrent jusqu'à exercer leur folie meurtrière dans la ville même de Toulouse, avec l'appui et l'encouragement de la populace ; ils mirent à mort les juifs, en un seul jour et rapidement, sans que la garde du roi et le pouvoir des consuls puissent s'y opposer[1]. »

En effet, venant de Cordes, bon nombre d'exaltés avaient été capturés et ramenés en ville ; mais libérés par des comparses pendant la nuit, ils se répandirent dans la cité en criant au miracle.

« Voyez, voyez, le miracle des pastoureaux ! »

Devant la cathédrale Saint-Étienne, le sol était jonché de cadavres.

« Deux clercs, rapporta un rabbin, me montrèrent quelques corps en me disant : "Si tu ne te fais pas baptiser, il te faudra mourir, comme ceux-là." »

À Lézat, d'autres crimes furent commis et des maisons furent pillées, notamment celle du notaire, toujours avec la complicité des habitants. Car ne soyons pas dupes. Comment ces pastoureaux, étrangers pour la plupart, ne parlant donc pas la langue du pays, ont-ils pu se faire entendre et se faire soutenir par la population dans leur extermination ? Grâce à la crédulité, certes, mais aussi grâce à la cupidité. N'oublions pas en effet que la communauté hébraïque locale, revenue depuis quelques années à peine à Toulouse, comptait en ses rangs bon nombre de changeurs et d'usuriers en possession d'objets de valeur. Les dépouiller et qui plus est faire disparaître les traces des gages, des prêts consentis et de certains actes notariés devait intéresser plus d'un chrétien.

Bien tolérés, comprenant même quelques *bayles* (« baillis ») ou *jurats* (sorte de conseillers municipaux), les juifs n'en étaient pas moins, même symboliquement, soumis à un régime de soumission. Une fois l'an, il était coutume que l'un des leurs reçoive publiquement un soufflet magistral, et ce en présence de l'évêque. Cette humiliation fut transformée plus tard en impôt. Et c'est bien pour cela que le pouvoir royal faisait tout pour protéger les juifs. Leur richesse représentait, du fait des taxes, une telle manne financière que tout devait être fait pour leur sauvegarde. Ce qui fut le cas puisque, en région toulousaine, bon nombre de pastoureaux « furent suspendus aux gibets et aux arbres ».

1. Propos relatés par Bernard Gui, inquisiteur.

Ces « bergers » tentèrent bien d'aller à Carcassonne puis à Narbonne, mais ils étaient pourchassés sans cesse, emprisonnés ou pendus, et leur croisade se délita lentement début juillet. Certains, toutefois, atteignirent l'Espagne par Auch et Tarbes.

Que retenir, moins d'un siècle après l'épisode cathare, de ce mouvement sporadique, certes, mais qui a lui aussi tant déchiré la région ? Peut-être le sentiment de pauvres gens véritablement passionnés et se croyant chargés d'une mission divine, mais sur lesquels se sont greffés – cela n'arrive plus depuis – des voyous et des manipulateurs intéressés. À moins de ne garder que l'image de « brebis égarées » qui, malheureusement, tendent à prouver que, depuis la nuit des temps, « l'homme est bien un loup pour l'homme ».

Arrivée des cagots dans un village.
(Droits réservés.)

CHAPITRE VII

Les « cagots »

Si, à l'évidence, pour tout bon Toulousain ou pour tout bon Occitan, la lecture de ce qualificatif ne semble faire aucun doute quant à son étymologie, il n'existe en revanche vraisemblablement pas beaucoup d'autres termes, dans notre histoire, qui ont suscité autant de controverses, d'études et d'interprétations diverses que celui-ci. En effet, l'une des plus grandes énigmes des siècles passés, en Haute-Garonne et en Gascogne essentiellement, réside dans l'origine de cette « race » de parias, rejetés de tous et marginalisés à l'extrême.

Qui étaient les « cagots » ? Dans cette région, qui, au cours de son passé, nous a montré tant d'ouverture d'esprit et tant de tolérance à l'égard de tous les exclus et de tous les hérétiques, comment, du XIVe au XIXe siècle, ont pu se développer puis se perpétuer à l'encontre de ces êtres une telle vindicte et un tel ostracisme ?

Déjà, les témoignages divergent quant à leur apparence physique. Selon les sources, ils apparaissent grands et blonds ou petits et bruns à la peau mate. Étaient-ils donc des *ca-goths*, autrement dit des « chiens de goths », en référence à diverses populations germaniques vaincues par les Francs qui se seraient sédentarisées ? Des « renégats cathares » ? D'anciens lépreux ou même des Sarrasins ayant quitté leurs refuges des hautes vallées pyrénéennes ? Mais doit-on véritablement voir en eux une origine ethnique précise ou plutôt l'addition ou l'amalgame de plusieurs peuples, de plusieurs coutumes et donc de plusieurs causes de rejet ?

Quoi qu'il en soit, quelles que soient leurs origines, à l'instar des intouchables en Inde, les cagots ont pendant des siècles subi la ségrégation et les avanies des populations locales, lesquelles ont rendu leurs conditions de vie exécrables.

D'abord, ils devaient apposer une marque sur leurs vêtements, distinction tristement célèbre depuis. Il leur était obligatoire de porter, du côté gauche, une patte de canard cousue sur un tissu large de trois doigts et de couleur rouge. Pourquoi ce signe ? On le doit, dit-on, à l'une des caractéristiques physiques des cagots, à savoir, outre le fait qu'ils n'avaient pas de lobes aux oreilles, qu'ils avaient les mains et les pieds palmés. Crédulité d'« outre-temps » ? Superstition ?... Pas forcément. Si effectivement l'on se réfère aux signes de la lèpre, l'on s'aperçoit que cette maladie, terriblement invalidante, s'attaque principalement aux extrémités des membres. De surcroît très contagieuse par voie respiratoire ou cutanée, elle nécessite de fait l'isolement. Et tel était le cas pour les cagots, qui devaient vivre à l'écart des villages, souvent à l'intérieur d'anciennes léproseries. À ce titre d'ailleurs, une ordonnance de Louis XI, en l'an 1439, portant sur les maladies de Toulouse, précise que les cagots étaient « *entichez* d'une très horrible et *griefve* maladie, appelée la lèpre et *capoterie* ».

Et cette suspicion de contagion se vérifie en outre dans les emplois qu'ils pouvaient exercer : seuls les métiers liés au bois – charpentier, menuisier, bûcheron, tonnelier ou fossoyeur (ce qui n'améliorait pas leur image) – ainsi que la maçonnerie leur étaient ouverts ; en revanche, aucun emploi en rapport avec l'alimentation – meunier, boucher, boulanger – ne leur était autorisé. Il leur était donc interdit de travailler la terre et de posséder toute forme de bétail. Afin de prévenir bien sûr toute contamination potentielle, des fontaines leur étaient même réservées.

Payés en nature, ne percevant donc aucun salaire, les cagots constituaient qui plus est une main-d'œuvre bon marché. En revanche, jusqu'au règne de Louis XIV, ils étaient exemptés d'impôts et de service militaire.

Contrairement à de nombreux pauvres, obligation leur était faite de porter des chaussures et, parfois, en certains endroits, d'annoncer leur présence au moyen d'une crécelle.

Un bénitier cagot dans l'église de Saint-Savin, en Hautes-Pyrénées.
(Photographie de l'auteur.)

Toutes ces brimades et toutes ces conditions de vie ont donc souvent fait dépendre les cagots de la charité publique et de l'Église, avec laquelle les rapports furent toujours des plus ambigus. Si ceux-ci ont certes évolué en leur faveur au cours des siècles, ces individus ont toujours été empreints de la marque de la suspicion, voire de l'anathème. N'ayant pas véritablement d'existence légale, ils ne possédaient, du moins au XIVe siècle, aucun nom de famille, et seul un prénom, auquel était accolée la mention « cagot » ou « *chrestian* », figurait sur les actes de baptême.

Les cérémonies les concernant se déroulaient généralement à la nuit tombée et le mariage n'était autorisé qu'entre eux. Ils étaient inhumés soit dans un cimetière spécifique, soit dans une enceinte communautaire, mais bien à l'écart des autres sépultures. De même, lors des offices, ils étaient relégués au fond des églises – dans lesquelles d'ailleurs ils ne pouvaient pénétrer que par des portes très basses afin qu'ils se courbent. Un grillage les séparait parfois des autres fidèles et un bénitier spécial leur était réservé.

Les cagots tentèrent bien sûr, devant tant de vexations, de faire reconnaître leurs droits auprès des plus hautes instances du clergé. En 1514, le pape Léon X leur répondit par une bulle enjoignant les prélats « de les traiter avec bienveillance et sur le même pied que les autres fidèles ». Dans la pratique, ces dispositions provoquèrent d'interminables procès, souvent gagnés par eux avec l'appui du haut clergé et des princes, mais ils se heurtèrent quotidiennement à une farouche résistance des autorités locales et du peuple.

En revanche, ils étaient reconnus publiquement comme de remarquables guérisseurs et faisaient parfois office de chirurgiens. Les femmes étaient réputées expertes en matière de plantes médicinales et bon nombre d'entre elles étaient sages-femmes.

À vrai dire, c'est la révolution de 1789 qui permit leur émancipation. Les cagots devinrent alors des citoyens à part entière, bien que l'on trouve encore trace de ces opprimés au XIXe siècle. Il faudra tout de même attendre l'exode rural et l'industrialisation naissante pour que s'éteignent les préjugés.

Qui étaient vraiment les cagots ? L'énigme aujourd'hui reste entière. Ils eurent une reine, la reine Pédauque (« pied d'oie »), de nombreux surnoms (« gahets », « capots », « gésitains »...) et des statuts sociaux qui évoluèrent. Il semble que, à l'origine, ils étaient un agrégat d'anciens lépreux auxquels se sont ajoutés, au fil du temps et des circonstances, les exclus de tous bords. N'ont-ils pas eu peut-être une « valeur sociale » pour certains, la commisération étant parfois rassurante et la pauvreté extrême de l'autre faisant souvent oublier la sienne ?

Les Jeux floraux de Toulouse, *de Jean-Paul Laurens (détail ; salle des Illustres du Capitole, à Toulouse).*

Chapitre VIII

Dame Isaure ou les fleurs du doute

S'il est vrai qu'il existe, dans l'histoire de la Haute-Garonne, quelques personnages dont l'action ou le caractère peuvent parfois prêter à controverse, plus rares sont ceux sur lesquels pèse une polémique liée à leur existence même. Tel est pourtant le cas de dame Clémence Isaure, mécène des célèbres Jeux floraux de Toulouse, femme dont la renommée attachée à ses fleurs n'a encore aujourd'hui d'égal que le parfum de doute et de mystère qui s'en exhale.

C'est en 1323 que sept troubadours (en réalité, sept notables) du quartier des Augustins prirent l'initiative de se poser en fervents défenseurs de la poésie méridionale et de créer la Compagnie des mainteneurs du gai savoir.

« Nous sept, qui suivons le cours des troubadours du temps passé, nous avons à notre jouissance un lieu merveilleux et beau, le "barri" des dames Augustines, et invitons pour le 3 mai chacun à venir lire les poèmes qu'il aurait faits » et le vainqueur à recevoir la « violette d'or ».

Cette initiative suscita un tel engouement que, le 3 mai 1324, une foule conséquente, bourgeois, écoliers et seigneurs confondus, prit place devant les Capitouls pour assister aux joutes oratoires des divers participants et voir un auteur originaire de Castelnaudary, Arnaut Vidal, en remporter la première fleur pour son hommage à la Vierge Marie. Dès lors, la ferveur devint telle que les candidats affluèrent, obligeant les organisateurs à adjoindre à la violette deux autres fleurs : l'églantine, qu'un poète carcassonnais et futur révolutionnaire du nom de Fabre associera un jour définitivement à son nom, et le souci.

Le 3 mai de chaque année, fut donc pris coutume de célébrer la poésie courtoise, associant ainsi la cérémonie à celle dont la célébration ne pouvait qu'être liée, par ses vertus, à l'idéal poétique : la Vierge Marie, soit « Virgo Clemens », ou plus tard dame Clémence Isaure. Dame Isaure qui « naîtra » véritablement au XVe siècle, pour léguer à la prime Compagnie, devenue l'Académie des jeux floraux, des sommes considérables, sommes avérées et si conséquentes que la ville de Toulouse pouvait encore en jouir au XIXe siècle, mais dont la sibylline provenance engendra bientôt la légende liée à ce nom. Car qui est Clémence Isaure et a-t-elle véritablement existé ? Voilà les deux questions qui, depuis des siècles, suscitent les plus ardentes controverses et contribuent *in fine* à faire couler par la polémique autant d'encre que par son mécénat proprement dit.

Il apparaît que la muse plus tard si décriée vint au monde en 1450. Elle naquit de père bien né et fortuné, et la plus complète formation semble lui avoir été donnée, tant dans le domaine religieux que dans celui des arts, où bien sûr la poésie tint très vite une place particulière. Passion partagée avec un brave et beau jeune homme qui, malheureusement, mourut bien prématurément au hasard d'un combat. Inconsolable, Clémence consacra son strict deuil à la mémoire de son bien-aimé et sa vie à la protection de cette poésie qu'il avait tant appréciée.

Dès lors, selon ses défenseurs, outre la rénovation de l'hôtel de ville détruit par un incendie, elle ne cessa d'aider sa cité, établissant les marchés du blé, du poisson, du vin, bref nourrissant de sa manne pécuniaire tout ce que Toulouse pouvait compter de beaux esprits comme de nécessiteux. D'aucuns diront aussi que les premiers bénéficiaires de cette généreuse mécène furent surtout… les Capitouls, qui, à la disparition de la dame en 1500, devinrent légataires de l'intégralité de sa fortune. Car précisément, une telle fortune, une telle bourse n'était-elle pas le meilleur moyen, pour les autorités locales, de dissimuler au mieux des revenus communaux dont ils pouvaient user à souhait, un « blanchiment » en quelque sorte, destiné à justifier, dans leur comptabilité, des subventions parfois contestées ? Possible, certes, mais rien n'est moins sûr.

En 1523, bon nombre de magistrats municipaux furent condamnés à de très lourdes amendes pour « fautes, négligences et *aultres* ». L'un d'eux, le trésorier Besançon, fut même pendu pour quelques agissements frauduleux. Sachant le prix encouru pour ce type « d'indélicatesse » envers l'autorité royale, un tel risque aurait-il été encouru ? De plus, un grand maître de l'université, Guillaume Benoit, n'enseignait-il pas à ses étudiants qu'il était possible à tout particulier, « comme dame Clémence », de laisser, par testament, de généreuses sommes destinées à quelques réalisations communales ? Maître Benoit, juriste ô combien réputé, aurait-il osé affronter l'opprobre d'un discrédit à ce qui n'aurait été en fait qu'une supercherie fiscale ? Difficile à croire.

Et de fait, au XVIe siècle, nul ne se permettait de mettre en doute l'existence humaine de cette bienfaitrice, du moins quant à son prénom, car c'est bientôt l'origine même de la famille qui allait se révéler énigmatique. Les Capitouls connurent quelque disette budgétaire et ils prirent un jour un retard certain dans le versement de leur subvention. Qu'à cela ne tienne, si le principe de la confection des fleurs était acquis, il suffisait de se référer au testament laissé pour se conformer aux desiderata de la donatrice. Malheureusement, nul ne le trouva, ce qui parut inquiétant à certains, suspect à d'autres.

Le gisant d'une noble dame du XVe siècle, issue de la lignée des Isalguier, famille enrichie dans le négoce du pastel et dont les armes portaient une touffe d'iris à cinq fleurs comparables à celles décernées aux récipiendaires des prix, fut découvert et considéré comme suffisamment probant. Il fut redressé, les mains jointes furent décroisées et on lui adjoignit deux bras, l'un tenant un parchemin, l'autre un vase contenant des fleurs. La statue fut ensuite transportée au Capitole. Même faute de testament, la matérialisation de l'égérie locale, de la Pallas toulousaine, était donc là, visible aux yeux de tous, mentionnant bien sur son épitaphe le don « fait de son vivant » par la riche amoureuse des arts. Problème cependant : la dame vécut au XVe siècle et l'inscription « de son vivant » date quant à elle du XVIe siècle ! La supercherie était réelle, l'imbroglio total, et tout cela n'incita guère les Capitouls à honorer leur dû.

Dès lors, les « pro » et les « anti » Isaure ne cessèrent de s'affronter, alimentant par leurs polémiques la renommée de cette « Vierge toulousaine ». Après Louis XIV et Louis XV, qui surent vanter les mérites de dame Clémence, ce fut ensuite au tour de fabulistes d'honorer sa mémoire, apportant encore un peu de légende à la légende et de suspicion à la controverse.

« À Toulouse, il fut une belle,
Clémence Isaure était son nom,
Le beau Lautrec pleura pour elle,
Et de sa foi reçut le don. »

Ainsi s'exprimait Florian en 1789 en offrant aux États du Languedoc *Estelle et Némorin*, une pièce pastorale où la vie de Clémence était présentée sous un jour quelque peu inédit.

L'amour partagé du beau Lautrec et de Clémence étant mal perçu par le père de cette dernière, qui nourrissait pour sa fille un plus noble parti, la pauvre enfant fut enfermée dans une tour au pied de laquelle son malheureux prétendant ne cessait de se lamenter. Apparaissant à la fenêtre de sa prison et incitant son amoureux à se rendre à Paris pour plaider leur cause auprès du roi, la jeune fille lança alors, en gage de fidélité, « un bouquet de roses sauvages, de violettes et de soucis ». En chemin pour Paris, le beau Lautrec apprit le siège de Toulouse par les Anglais. Il revint alors pour protéger sa ville et vit, sous les remparts, un soldat assailli par de multiples ennemis. N'écoutant que son courage, il secourut alors le guerrier, lequel se trouvait être... le père de Clémence. Blessé néanmoins mortellement dans le combat, il expira dans les bras du patriarche, lui confiant, après y avoir posé ses lèvres agonisantes, les trois fleurs reçues de sa fille.

« En mémoire de ses amours,
Chacune de ces fleurs fut donnée
Aux plus habiles troubadours.
Tout son bien fut laissé par elle
Pour que ses trois fleurs furent d'or. »

Si l'histoire n'est pas sans romantisme, elle est bien sûr totalement inventée.

Lorsque la Révolution survint, toutes les académies ou compagnies littéraires furent dissoutes. Celle des Jeux floraux toulousains n'échappa point à la règle, avant de renaître en 1806, en même temps que la polémique sur dame Isaure : certains mainteneurs (membres du jury) soutenaient son existence humaine, à l'inverse de bien d'autres, qui la contestaient.

Survint alors un jeune homme, un dénommé Dumège, qui, dans le cadre de sa récupération des vestiges du Moyen Âge des régions méridionales, affirma avoir découvert dans les archives d'une abbaye proche d'Argelès-Gazost une pièce poétique présentée en 1496 par une dame de Villenova dans laquelle figurait une invocation à « dame Clémensa ». Première étrangeté, les Jeux, en ce temps, n'étaient destinés qu'aux hommes. Deuxième énigme, Dumège présentait un texte composé par Bertrand de Roaix, lequel, récipiendaire en 1398, avait reçu son « églantine » de « dame Clémensa ». D'une part, c'était la première fois que Clémence était nommée pour l'attribution d'une fleur, qui plus est en 1398 (alors qu'elle était née en 1450), et d'autre part, préalablement à cette date, Bertrand de Roaix avait déjà obtenu la fleur convoitée. Comme il n'était pas d'usage de décerner deux fois la même récompense au même concurrent, le doute s'installa, puis l'imposture fut révélée.

De nos jours, à l'hôtel d'Assézat, l'Académie des Jeux floraux fait perdurer la tradition. Clémence Isaure a-t-elle véritablement existé ? « La légende survit et nous lui restons fidèles », dira un 3 mai un laudateur de l'égérie. La statue de la Toulousaine trône aujourd'hui à Paris, dans les jardins du Luxembourg, prophète en la capitale à défaut de l'être en sa ville. Immense poète, Paul Valéry disait :

« J'ai lu sur elle tant de bien que c'est la seule femme dont je regrette qu'elle ait disparu avant d'être née... L'expérience m'a enseigné qu'une femme de lettres très belle, intelligente et ne disant du mal de ses consœurs ne peut être qu'une personne imaginaire. »

Alors Clémence a-t-elle donc vécu ou n'est-elle qu'une supercherie ? Finalement, qu'importe, car même si l'histoire est perdante, c'est l'art et la poésie qui gagnent, et n'est-ce pas là le principal ? Car après tout, lorsque les plus belles fleurs se mettent à s'ouvrir, c'est bien souvent le parfum qui l'emporte...

CHAPITRE IX

L'exécution du gouverneur du Languedoc

« VOICI LE CAPITOLE, j'y arrête mes pas... »

Le Capitole, cette place dont le bâtiment principal arbore aujourd'hui ses huit colonnes, comme les huit Capitouls arboraient fièrement autrefois l'indépendance de la justice toulousaine. Cette place où la croix occitane – la croix du Languedoc – fleurit chaque jour sous des milliers de passants. Mais combien d'entre nous perçoivent encore la tragédie qui s'est déroulée sur cette place il y a bientôt quatre siècles ? Tragédie à la fois shakespearienne, politique, familiale et sentimentale. Tragédie qui a vu Henri II, duc de Montmorency, gouverneur du Languedoc, pair et maréchal de France, filleul d'Henry IV, être exécuté le 30 octobre 1632.

Gouverneur à treize ans, amiral à dix-sept par décision de Louis XIII, beau, courageux, fortuné, marié à la nièce et filleule de la reine Marie de Médicis, Henri assouvissait ses deux passions, la guerre et l'amour, avec la même détermination et la même réussite. Toutes les qualités étaient en lui pour qu'il devienne l'un des principaux personnages du royaume. Malheureusement, les circonstances politiques du moment et ses alliances personnelles décidèrent d'un tout autre destin.

Réuni à la couronne de France depuis près de quatre siècles, le Languedoc avait néanmoins gardé intacts ses privilèges et ses franchises locales, et possédait de fait une administration pratiquement indépendante de celle de l'État. Cette situation exaspérait au plus haut point le cardinal de Richelieu, dont l'unique but était d'affirmer la puissance royale – et la sienne – en amoindrissant d'autant celle des seigneurs. Lorsqu'il tenta de supprimer les assemblées souveraines locales, le tollé suscité provoqua, outre l'émoi de la population tout entière, l'intervention d'Henri auprès du roi. L'influence familiale et administrative du gouverneur était telle que le roi, n'osant s'y opposer, rejeta le projet de son ministre. Le duc de Montmorency venait de se faire un ennemi.

Mais c'est la rivalité qui opposait le roi à son frère, Gaston d'Orléans, qui fut le facteur déterminant de la déchéance du duc et qui scella son sort. Sur les funestes conseils de Marie de Médicis, Henri rallia le parti de Monsieur, frère du roi, et participa, avec ses troupes, à l'expédition organisée par ce dernier contre le pouvoir de son monarque.

Le 1er septembre 1632, le duc fut gravement blessé et capturé près de Castelnaudary, puis dirigé sur Lectoure par crainte d'un soulèvement local. Il ne fut ramené à Toulouse que pour son procès. Il était coupable sans nul doute du crime de « lèse-majesté au premier degré », et une seule sanction paraissait envisageable : la mort.

Dès lors, tout fut tenté pour le sauver et infléchir la décision royale.

« Puisque vous ne voulez pas enlever les idées homicides que vous avez mises dans la tête du roi, dit la reine au cardinal de Richelieu, j'irai moi-même demander à mon époux rémission pour Montmorency.

– Il l'accordera, madame, répondit le ministre, mais le déplaisir que cette affaire lui donnerait serait capable d'altérer sa santé qui n'est pas bien rétablie depuis cette grande maladie qu'il a eue à Lyon. »

Le bruit courant que la reine aurait eu autrefois l'imprudence de donner à Henri son portrait serti dans un médaillon de diamants et la « sensibilisation » du cardinal à de possibles soupçons du roi incitèrent Marie de Médicis à ne pas insister.

Des souverains étrangers, le duc de Savoie, des évêques, même le pape Urbain VIII intervinrent tout autant auprès du cardinal, sans succès.

« Je veux, disait-il, intimider tous les grands du royaume par la punition du plus puissant de tous les rebelles. »

Le procès débuta le 28 octobre 1632. Le duc montra toute la grandeur d'âme qui avait fait sa réputation, reconnaissant sa faute sans aucune hésitation et se préparant noblement à l'issue fatale. Il refusa l'assistance d'un avocat et répondit de bonne grâce aux interrogatoires. Le seul éclat d'humeur serait, selon certains historiens, advenu lorsqu'un ancien page de son père, devenu magistrat, lui aurait demandé de décliner son identité.

« Mon nom, monsieur, vous devez le savoir. Vous avez mangé assez longtemps le pain de mon père », aurait répliqué l'accusé.

Le 29 octobre, Henri de Montmorency fut condamné à avoir la tête tranchée. L'exécution était prévue sur la place du Salin, mais, pas crainte d'émeutes, il fut décidé que la sentence serait rendue dans la cour intérieure de l'hôtel de ville, aujourd'hui cour Henri-IV. L'échafaud était gigantesque, s'élevant jusqu'au premier étage du bâtiment. En caleçon et en chemise, le duc monta dignement sur l'édifice de planches, jeta un long regard sur la statue de son parrain, le roi Henri, puis demanda calmement à un jésuite « d'éviter que sa tête n'aille à terre ». Il implora ensuite à son bourreau de « l'attacher, de lui bander les yeux et de faire promptement son affaire ». Puis il se mit à genoux et posa lui-même son cou sur le billot. Il fut décapité aussitôt par un sabre légèrement courbé de type cimeterre.

Le corps du supplicié, placé dans un carrosse, fut enfin emporté vers la basilique Saint-Sernin, où il fut lavé, embaumé et enseveli dans la crypte au milieu des martyrs.

L'épouse du duc, Marie-Félice des Ursins, reçut quelques jours plus tard, à Moulins, la visite de l'abbé de Ventadour.

« Quelles nouvelles m'apportez-vous du duc, mon cher frère ? lui demanda-t-elle avec anxiété.

– Très bonnes, lui répondit-il. Il vient de gagner, en quittant la terre en un moment, la gloire du paradis que les plus saints de l'Église ont eu peine d'acquérir par de longues et continuelles pénitences. »

La « veuve inconsolable », comme on l'appelait, se retira au couvent de Moulins, où elle fit élever, à la mémoire de son époux, l'un des plus beaux mausolées de l'époque.

Il apparaît clairement que le duc, par son nom, sa beauté, sa gloire et l'amour de son peuple, faisait ombrage au cardinal ministre, lequel se vengea manifestement lui-même bien plus qu'il ne vengea l'État. Quoi qu'il en soit, Henri II de Montmorency, à l'instar des comtes Raimond de Toulouse, des vicomtes Trencavel ou du chevalier Pierre-Roger de Mirepoix, restera dans l'imaginaire de tous les gens du pays d'oc comme l'une des figures les plus emblématiques de l'histoire et de l'indépendance régionales.

L'arrestation de Calas. *Huile sur toile de Casimir Destrem (1879).*
(Musée du Vieux Toulouse).

CHAPITRE X

L'affaire Calas

« DÉSOLÉ, MONSIEUR, nous n'avons plus de cheval pour ce soir ! »

Lorsque l'étudiant Gaubert Lavaysse, qui venait d'arriver de Bordeaux, reçut cette réponse du loueur toulousain, il ne prit pas du tout la situation au tragique.

« Ce n'est grave, je coucherai chez un ami et je rentrerai à Caraman demain. »

L'homme étant invité qui plus est à souper chez les Calas, la soirée de ce 13 octobre 1761 s'annonçait comme un bon moment à passer en compagnie de ses amis commerçants. Comment pouvait-il alors se douter qu'il allait être mêlé à l'une des plus complexes et des plus célèbres affaires criminelles du pays ?

C'est rue des Filatiers, alors artère la plus commerçante de la ville, que demeurent les membres de la famille Calas, protestants et modestes négociants en tissus. Contrairement aux voisins, tous catholiques, qui ne rechignent pas à deviser longuement sur leurs pas de porte, on soupe tôt chez les Calas, généralement vers 7 h 30 du soir. Et tel est le cas en cette soirée où, après avoir fermé à clé la porte de la boutique, unique accès de la maison, Jean Calas, le père, âgé de soixante-trois ans ; son épouse, Anne-Rose, environ cinquante ans ; le fils aîné, Marc-Antoine, vingt-neuf ans ; Jean-Pierre, un autre fils, et Lavaysse se mettent à table au premier étage pour un repas frugal préparé par la servante catholique, Jeanne Viguière. Les autres enfants ne sont pas là ce soir.

Les filles sont à Castanet, chez des amis ; Donat, le plus jeune fils, se trouve à Nîmes ; quant à Louis, vingt-deux ans, on ne l'a guère revu depuis qu'il s'est disputé avec ses parents deux ou trois ans auparavant. Pigeons à l'ail, chapon rôti, salade, roquefort et raisins alimentent les convives et la conversation, du moins jusqu'au dessert.

« Tu as froid ? demande la servante à Marc-Antoine en le voyant s'approcher du fourneau.

– Non, bien au contraire, je brûle », répond-il avant de descendre au rez-de-chaussée.

Lorsque, vers 9 h 30, Lavaysse veut prendre congé de ses hôtes, Jean-Pierre l'accompagne et, surpris de voir la porte ouverte, éclaire l'obscurité à la lueur hésitante du flambeau. Là, pendu aux deux battants de la porte de communication avec le magasin, gît le corps inerte de Marc-Antoine, seulement vêtu de sa culotte, de ses bas et de ses souliers avec, posés à ses côtés et soigneusement pliés, son vêtement et son gilet.

« *Moun diou, l'an tuat*[1] ! » crie la servante à la fenêtre, pendant que, de tous côtés, gémissements, pleurs et affolement se mêlent aux allées et venues des passants et des voisins.

Lorsque l'élève chirurgien Gorsse, ami des Calas, examine le corps quelques instants après, il constate deux éléments fondamentaux pour le procès à suivre. D'une part, lorsqu'il arrive, le corps sans blessure est bel et bien étendu au sol et, d'autre part, il est déjà froid. La froideur du corps indique donc que, à 9 h 30, le drame a été consommé depuis longtemps. Quant à sa position, horizontale et non plus verticale, elle va se révéler l'une des clés de cette affaire.

En effet, dès le début, la famille Calas s'ingénie à diffuser l'idée d'un crime, alors que manifestement les premiers éléments peuvent laisser penser à un suicide. La raison en est simple : à cette époque, la législation se montre terrible pour les suicidés. Leurs corps sont déposés face contre terre, sur une claie, entièrement dénudés, puis, après procès, traînés dans les rues souvent boueuses de la ville, au milieu des injures et des pierres

1. *« Mon Dieu, on l'a tué ! »*

jetées par la populace. Le souci d'éviter cette infamie peut dès lors se comprendre.

Désemparé, Jean-Pierre, qui croit peut-être à un assassinat, court à la salle de billard toute proche demander si son frère ne s'est pas disputé avec quelqu'un. Plus tard, il niera farouchement cette question, pourtant confirmée par le tenancier.

« Ne va pas répandre le bruit que ton frère s'est défait lui-même, sauve au moins l'honneur de ta misérable famille », lui conseillera son père.

Voilà comment, lorsque le capitoul arrive sur les lieux, tous se mettent en devoir de corroborer la thèse du meurtre, installant eux-mêmes la terrible machine qui va les broyer. Les Calas – et leur avocat – comprennent bien vite que ce système de défense se révèle mauvais et que leur mensonge ne peut que leur être préjudiciable, mais il est déjà trop tard.

Lorsque David de Beaudrigue, le capitoul, effectue les premières auditions, il ne peut, ni manifestement ne veut, faire abstraction des tensions entretenues entre catholiques et protestants. Et précisément, chez les Calas, les dissensions religieuses semblent vives. Ne sait-on pas que Louis s'est vanté d'avoir abjuré le protestantisme et que son père, après l'avoir battu et chassé, a été tenu – ce qui était légal – de lui verser une pension ? Ne sait-on pas que Marc-Antoine, voulant soutenir sa thèse de licence en droit pour laquelle un certificat de catholicité était obligatoire, était prêt lui aussi à la conversion ?

Il est dès lors acquis par le capitoul que le reniement imminent de Marc-Antoine, après celui de Louis, n'a pu qu'amener Calas, avec la complicité des personnes présentes ce soir-là, à assassiner son fils. Sans doute pourrait-il penser qu'un crime de cette nature aurait pu être commis de manière plus discrète, sans la participation de multiples intervenants plus ou moins fragiles et en un lieu plus propice. Mais la ville a déjà opté pour cette version des faits et les vieilles flammes religieuses du peuple toulousain renaissent sous le soufflet du parti pris des autorités.

Car à la base, la tolérance est le plus souvent de mise, les deux communautés coexistant en bonne intelligence. Les fils Calas étaient d'ailleurs parfois reçus dans des familles catholiques et inversement. À ce titre, l'une des filles du juge Bonnafous, catholique, attestera plus tard que, chez le sieur Calas, elle a rempli ses « devoirs de catholicité et fait ses pâques en 1757 et qu'il la faisait accompagner dans toutes les églises par des personnes de confiance ». À souligner que certes, sous peine d'amende pour les maîtres et de galère pour les domestiques, il était en ce temps obligatoire pour les protestants d'avoir des employés catholiques – ce qui pouvait favoriser les conversions d'une part et les renseignements de l'autre –, mais chez les Calas, l'affectif étant de rigueur, aucun sectarisme ne fut jamais décelé. Jeanne Viguière, d'ailleurs, ne se désolidarisera jamais de ses patrons et sera toujours considérée au même titre que les autres.

Faisant fi de tout cela, le magistrat, préjugeant du fond de l'affaire, prend alors une décision des plus grave. Il ordonne d'inhumer Marc-Antoine dans un cimetière catholique, sous-entendant de fait qu'il ne s'agit pas d'un suicide et que la victime s'était déjà convertie au catholicisme. Cinquante prêtres conduisent le corps, de l'hôtel de ville jusqu'à la nécropole Saint-Étienne.

Deux jours plus tard, la confrérie laïque des pénitents gris contribue elle aussi à accroître la tension en plaçant au sommet d'un catafalque un gigantesque squelette tenant dans la main un écriteau sur lequel on peut lire : « Abjurateur de l'hérésie. » Car à Toulouse, le culte de la haine a ses statues. L'une des stalles en bois sculpté de l'église Saint-Sernin représente quelques personnages devant une chaire occupée par un pourceau, avec en dessous l'inscription suivante : « Calvin porc *preschant*. » De même, l'année de cette affaire a vu le pasteur Rochette, âgé de vingt-six ans, être pendu en même temps que trois « gentilshommes verriers » pour avoir tenté de tenir des réunions dans la région de Montauban.

Voilà donc, au moment de la mort de Marc-Antoine, le climat qui règne à Toulouse, climat qui va contribuer à créer le faisceau de circonstances qui va mener Jean Calas à la mort, ces circonstances étant elles-mêmes favorisées par le particularisme de la justice toulousaine. La ville jouit, en ce temps-là, d'une administration municipale et régionale indépendante. Certes, elle n'est pas la seule en ce cas dans le royaume, mais nulle part ailleurs ce pouvoir provincial ne se montre aussi autonome et aussi puissant.

Jusqu'à Louis XIV, c'est en effet à Toulouse que siège « l'inquisiteur en tout le royaume de France », inquisiteur auquel les rois et les gouverneurs du Languedoc ne manquent pas de donner « le serment de conserver la foi et l'inquisition » lorsqu'ils entrent dans la ville. De manière générale, la justice est rendue de façon redoutable et expéditive.

Dès le 14 octobre, soit le lendemain du décès, tous les protagonistes de l'affaire se retrouvent donc menés au Capitole et à la prison, suivant la civière où le corps est déposé, et entourés des soldats du guet qui font dégager la route. Pour tous, la cause est entendue : Calas a tué son fils et l'interrogatoire séparé des accusés est bien souvent orienté en ce sens.

« J'ai fermé la porte de la rue [après la découverte du corps], affirme Jean-Pierre Calas. Personne n'est ni entré ni sorti, et à la vue de la porte ouverte, je suis rentré avec Lavaysse.

– J'ai trouvé mon fils mort dans la boutique, ne cesse de répéter Jean Calas. La porte de la rue était fermée.

– Puisque vous avez trouvé la porte fermée, lui demande David de Beaudrigue, il faut que ce soit, par consentement ou participation, quelqu'un de la maison qui ait commis l'assassinat.

– Je ne sais plus si la porte était ouverte ou fermée. »

Déjà le capitoul fait mine d'entendre que la porte a toujours été fermée, ce qui évidemment sous-entend que l'assassin est forcément à l'intérieur. De plus, comme la thèse de l'assassinat a été soutenue d'entrée par la famille, la rétractation du père Calas ne peut qu'apporter la suspicion.

Une venue sur les lieux, le 16 octobre, ne fait que renforcer la conviction du magistrat. Trouvant derrière le comptoir du commerce une corde et un billot pour reconstituer la scène, il tente, mais vainement, de placer celui-ci en équilibre entre les deux battants de la porte entrebâillée. Comme il n'y a, qui plus est, ni chaise ni escabeau sur lesquels la victime aurait pu monter, les détails accablants s'accumulent.

Viennent ensuite les monitoires, autrement dit l'appel public, communément requis en ce siècle, où les témoins se présentent en grand nombre.

« On m'assassine, on m'étrangle, je suis mort… Mon père, faites-moi grâce », disent avoir entendu certains ; « Il t'en coûtera la vie », affirme avoir perçu une voisine.

Les démêlés avec Louis sont aussi évoqués, d'aucuns faisant part des terribles colères de sa mère lorsqu'il passait devant la maison paternelle, d'autres invoquant une blessure par arme occasionnée par le père deux ans auparavant.

La possible conversion de Marc-Antoine est aussi à l'ordre du jour.

« Il était bruit dans la ville qu'il devait faire son abjuration le 14 » ; « J'ai entendu des bruits d'abjuration de Marc-Antoine » ; « On m'a rapporté qu'il allait souvent à la bénédiction en la cathédrale Saint-Étienne ».

« Ses parents avaient projet de l'envoyer à Montauban avec jouissance d'un magasin, déclare l'une de ses amies couturière, nouvellement convertie, mais il ne voulait pas y aller car dans cette ville, essentiellement protestante, il craignait d'être ramené à son ancienne religion » ; « Pourvu qu'on ne sache pas chez moi que je vais me confesser, je serais perdu », dira-t-elle avoir entendu, après qu'elle a prêté à Marc-Antoine des livres catholiques.

Nous savons aujourd'hui à quel point ce type de témoignages accablants peut être sujet à caution, mais à l'époque… Et puis, comme ils allaient dans le sens voulu par Beaudrigue… En fait, le témoignage rapporté par Dominique Brousse, un compagnon de voyage de Marc-Antoine, est sans doute le plus révélateur de l'état d'esprit de la victime. Dominique révèle que son ami, effectivement, penchait « beaucoup vers la catholicité », mais sans pour autant parler de conversion, et qu'il était « triste et mélancolique ».

À cet instant, pour le capitoul, la situation est donc simple. Soit Marc-Antoine est mort assassiné, et les assassins ne peuvent avoir été hors de la maison ; soit Marc-Antoine s'est suicidé, et il a alors commis une faute très grave en permettant des obsèques catholiques. Dès lors, Beaudrigue n'a plus le choix qu'entre deux erreurs judiciaires : soit faire condamner Calas alors qu'il est innocent, soit reconnaître qu'il a indûment laissé enterrer la victime sans la juger ni la condamner, alors qu'elle était par là même coupable du « crime de suicide ».

Le tribunal est composé de quatre capitouls – le président, Roques de Béchou, David de Beaudrigue, Chirac et Boyer – ainsi que de trois assesseurs – Ferlup, Labat et Carbonnel. Ils se réunissent le 18 novembre pour statuer sur le fond de l'affaire, alors que les accusés continuent toujours de nier.

C'est donc ce jour que les Calas, Lavaysse et la servante quittent la prison du Capitole et, fers aux pieds, se rendent à celle du palais pour y être enfermés. On peut aisément les imaginer passer par la rue des Changes, puis par la rue des Filatiers, devant leur commerce fermé, et défiler ainsi au milieu des voisins et des connaissances qui les conspuent.

L'énoncé du verdict montre la division des juges. Convaincu de l'innocence de la famille, Carbonnel est bien sûr pour l'acquittement ; Ferlup, Boyer et Chirac proposent de soumettre Jean Calas à « la question ordinaire et extraordinaire », c'est-à-dire à la torture la plus poussée ; Labat et, comme on peut s'y attendre, Beaudrigue sont pour une condamnation immédiate consistant en l'exécution des trois Calas, l'envoi à perpétuité de Lavaysse aux galères et la relaxe de la servante, la seule catholique. La solution d'attente l'emporte, les Calas sont condamnés à être torturés en présence de leurs complices.

Cassé pour vice de procédure et repris par la Tournelle du parlement, l'implacable verdict est rendu le 9 mars 1762. Jean Calas est condamné « à être livré aux mains de l'exécuteur de la haute justice qui, tête, pieds nus, en chemise, la hart au col, le conduira sur un chariot devant la porte principale de l'église de Toulouse où, étant à genoux, tenant dans sa main une torche de cire jaune allumée, du poids de deux livres, il lui fera faire amende honorable, demander pardon à Dieu, au roi et à la justice de ses crimes et méfaits. Ce fait, le remontera sur ledit chariot et le conduira à la place Saint-Georges de cette ville où, sur un échafaud dressé à cet effet, il lui rompra et brisera bras et jambes, cuisses et reins ; ensuite, il l'exposera sur une roue, la face tournée vers le ciel… Son corps sera jeté dans un bûcher ardent pour y être consumé par les flammes et ensuite, les cendres jetées au vent ; préalablement appliqué à la question ordinaire et extraordinaire pour tirer de lui l'aveu de son crime, complices et circonstances. »

Le lendemain, le 10 mars, Calas est conduit à la chambre des tortures où, à genoux, il est soumis par Beaudrigue à un dernier interrogatoire « ordinaire ». Jamais, malgré la fatigue, la souffrance et l'humiliation, jamais Jean Calas ne se départit de sa vérité :

« Personne n'a commis ce crime, nous sommes innocents ! »

La question « extraordinaire », ou torture des *cruchets*, va donc être appliquée. La technique consiste à introduire dans la bouche du condamné une corne de bœuf creuse dans laquelle on verse environ un litre d'eau. Cinq *cruchets* sont versés dans la bouche de Calas, sans que l'on obtienne le moindre aveu, puis cinq autres de nouveau, avec le même résultat.

Détaché, le supplicié est remis entre les mains de deux dominicains, en quelque sorte auxiliaires de la justice, dont la mission, à eux aussi, est d'exhorter l'accusé à avouer les faits. Ils n'y parviendront pas.

À la nouvelle de l'exécution imminente, la foule qui se concentre pour ne pas manquer une telle attraction est immense. Cette masse incite les autorités à rassembler trois mille hommes de troupe, tant pour la sécurité que pour éviter un mouvement protestant. Que voit cette foule ? Un homme de soixante-quatre ans, fers aux pieds, exténué, torturé, rudoyé par le bourreau, qui, juché sur la charrette précédée d'un prêtre, part vers la cathédrale faire son amende honorable. Et là, sur le parvis, à genoux sur le sol humide, un vieillard qui demande pardon à Dieu, au roi... mais qui a quand même la présence et le courage de détourner les mots qui lui sont dictés pour affirmer qu'il « fait volontiers le sacrifice de sa vie, mais qu'il est complètement innocent du crime dont on l'accuse et pour lequel il va mourir ».

Il est 3 heures de l'après-midi et la foule est dense, place Saint-Georges, lorsque Jean Calas descend du chariot. Tout le monde peut le voir, assis au bas de l'échelle dressée contre l'échafaud. Une ultime fois, Beaudrigue tente, moins sûr de lui cette fois, de lui extirper une confession :

« Calas, quoique innocent, vous savez peut-être quels sont les auteurs du crime commis sur la personne de Marc-Antoine Calas ?

– Je n'en connais pas », répond le vieil homme.

Le prêtre qui l'accompagne lui demande :

« Vous n'avez pas froid ?

– Surtout, qu'on ne me jette pas vivant dans le bûcher. »

C'est la seule supplique qu'il consent.

Peu après, les membres de Calas sont brisés. Puis, la face tournée vers le ciel, son corps est exposé sur la roue légèrement surélevée. Deux heures d'agonie, deux heures durant lesquelles le condamné s'entretient de choses et d'autres avec son confesseur, deux heures qui ne sont pas suffisantes pour l'achever. À 6 h 30 de l'après-midi, le bourreau finit son office. Calas n'a proféré aucun cri.

Avec la mort de Jean, l'affaire Calas aurait pu se terminer. Elle ne fait que commencer.

De telles pressions sont exercées sur les membres de la famille et sur les proches que la plupart d'entre eux se résolvent à quitter la ville. Donat, le plus jeune fils, se réfugie à Genève, suivi peu après par Jean-Pierre, que les jacobins (ou dominicains) vont jusqu'à menacer de mort faute d'abjuration. Les amis, les Clausade, les Cazeing, vont s'établir à Nîmes. L'intolérance est à son paroxysme.

Cette intolérance, par le biais de la rumeur puis d'un négociant marseillais venant de Toulouse, parvient à Voltaire.

« Ce saint réformé [...] a pendu son fils de son propre mouvement et pour l'acquit de sa conscience. Nous ne valons pas grand-chose, mais les huguenots sont pires que nous et, de plus, ils déclament contre la comédie », écrit-il en mars 1762 à un ami.

Sa rencontre avec la famille Calas lui fait bientôt prendre un autre parti. D'abord réservé quant au dire de la veuve, « cette petite huguenote imbécile », il finit par être convaincu – ou par se convaincre – de l'innocence de la famille Calas, « certain que c'étaient des fanatiques qui l'avaient accusée et perdue » et conscient peut-être de l'opportune campagne de réhabilitation qui pourrait en résulter. À la vue du dossier, savamment monté, il finit par comprendre « que cette affaire, où il [s'est] fort trompé, [est] un reste de l'esprit des croisades contre les Albigeois ». Utilisant son talent, sa notoriété et ses relations, il fait dès lors tout son possible pour « titiller » la justice.

« Qu'on fasse tinter les oreilles du Chancelier, écrit-il, qu'on ne lui laisse ni repos, ni trêve, qu'on lui crie sans cesse : "Calas, Calas." »

L'expert avant l'heure qu'il semble être en communication parvient à ses fins. Le 23 août 1762, six vices de procédure sont relevés dans l'instruction suivie par les capitouls, démarche qui aboutit, deux ans plus tard, à un arrêt du conseil privé du roi qui casse, pour vice de forme, la sentence de la justice toulousaine.

Sur le fond, le procès est aussi refait. Mêmes faits, mêmes témoins, mêmes accusés, à une variante près : cette fois, ce sont les défenseurs qui sont au grand jour et leurs ennemis qui se cachent. Jean Calas est réhabilité.

Rien n'arrête la bêtise et le fanatisme, puisque, à la même période, un protestant castrais, Pierre-Paul Sirven, réfugié à Saint-Alby, près de Mazamet, doit lui se résoudre à l'exil. Il a été condamné pour le meurtre de sa fille, qui elle aussi s'est suicidée.

Que penser de cette affaire Calas, si ce n'est que la religion et la politique ont parfois leurs raisons que la justice ignore... Bien plus proche de nous, à la fin du XIXe siècle, Dreyfus remplacera Calas et Émile Zola Voltaire. L'issue pour l'accusé en sera fort heureusement plus heureuse...

Chapitre XI

Le massacre du général Ramel

« C'est une lâcheté bien commune que celle d'immoler un bon homme à l'amusement des autres », disait Diderot, prévoyant peut-être avec clairvoyance le sort dramatique qui serait réservé, en 1815, au gouverneur de Toulouse, le général Ramel. Car rarement peut-être drame aura connu telle issue avec tant de couardises, de veuleries et de bassesses politiques !

Louis XVIII sur le trône, la Terreur et l'Empire venaient de laisser place à une Restauration troublée qui cristallisait déjà les rancunes et les vengeances précédemment accumulées. Et non seulement le Midi toulousain n'échappait pas au phénomène, mais il stigmatisait de plus en son sein une « Terreur blanche » ultraroyaliste dont les Verdets se révélaient les plus farouches représentants. Fanatiques intégristes de l'Ancien Régime, ramassis de parias de tous ordres, ils allaient par bandes, affublés d'une cocarde verte, s'attaquant principalement aux républicains, aux nostalgiques de l'Empire, parfois même aux protestants, causant de fait à Toulouse de très nombreux troubles à l'ordre public.

Déjà ils venaient de mettre à sac la demeure de l'ancien maire Malaret, n'hésitant même pas à exercer des violences physiques à son encontre. Cela était inadmissible, force devait rester à la loi, et la mise en garde adressée en ce sens par le gouverneur de la ville à l'un des principaux meneurs, le jeune Savy Gardeilh, était sans équivoque : désormais, aucune exaction, aucune attaque contre d'anciens républicains ne serait plus tolérée.

Le général Ramel avait-il lui-même été un révolutionnaire convaincu ? Certes, mais toujours avec une ligne modérée qui n'avait d'ailleurs guère été appréciée en son temps, un courage qui lui avait fait refuser le coup d'État du 18 fructidor et un souci majeur, celui de l'intérêt supérieur du pays. Pour ce Cadurcien de quarante-sept ans, les récriminations portées n'avaient donc qu'une finalité : assurer la sécurité des citoyens, et ce sans idéologie aucune.

La soirée était chaude, en ce 15 août, si chaude manifestement que quelques Verdets passèrent leur temps à s'humecter le gosier, ciselant de quelques borborygmes les plans malfaisants de leurs prochaines expéditions. Le général Ramel venait quant à lui d'arriver chez Mlle Diosy, ravissante actrice qui le suivait dans toutes ses affectations. Il dissertait avec d'autres amis officiers avec lesquels il s'apprêtait à passer la soirée.

« Jean-Pierre, dit l'un d'eux, il se colporte en ville que tu serais un traître à la cause du roi.

– C'est vrai, reprit son amie, je viens d'entendre les mêmes propos au théâtre, il faut faire attention. »

Un sourire fendit le visage du général en guise de réponse :

« Allons, répondit-il en substance, j'ai bien rudoyé quelques exaltés, mais s'il en est un ici en qui le roi peut placer sa confiance, il me semble que c'est bien moi... Mais bon, si cela peut vous rassurer, j'envoie mon secrétaire en ville pour voir ce qui se passe. »

Lorsque Joly, le secrétaire, croisa dans la rue Dupeyrat le valet de son maître, ce dernier ne put malheureusement que lui confirmer les craintes et les suspicions précédentes. Depuis déjà plusieurs heures, les Verdets s'étaient rassemblés dans un estaminet situé place des Carmes, juste au-dessous du domicile du général, et ne cessaient, entre deux chopines, de brailler leur haine au gouverneur félon et de le menacer de mort. Ils étaient tous là, les « Commère, Baqué, Girou et autres Sélis, tous ces habitués du bouge Gaubert d'Arnaud-Bernard » ; ils étaient tous là à haranguer les centaines de sympathisants mêlés aux badauds qui, remettant en cause la légitimité du « traître » et sa fonction, attentaient à la sûreté de la ville et à la personne même du roi en voulant atteindre la sienne.

« Qu'importe, personne ne m'empêchera de rentrer chez moi », s'empressa de dire Ramel, faisant fi des suppliques prudentes de son entourage.

Lorsqu'il arriva place des Carmes, accompagné de l'un de ses officiers, les agitateurs avinés étaient au comble de leur exaltation. De toute part fusaient invectives, menaces et intimidations.

« Mais je suis aussi royaliste que vous, sinon que ferais-je ici ? » se défendit le général.

La réplique fut terrible. La meute des opposants quitta brusquement sa tanière et, se retournant vers lui, le prit directement à parti. L'un le bouscula, un autre tira son sabre du fourreau, bientôt imité en cela par un comparse haineux. Les cris répondaient aux cris, le fer répondait au fer. Attaque, esquive, parade, la défense du général était héroïque, mais la lutte par trop inégale ne pouvait que présager le pire. Devant chez lui, terrorisé, un soldat de garde n'osait intervenir.

« Soldat, défends ton général ! » lui intima Ramel.

Mais à peine le malheureux eut-il le temps de croiser sa baïonnette qu'il fut lui aussi attaqué et lardé de coups de sabre. Au même moment, un coup de feu éclatait. Le général Ramel venait d'être touché. Il était 7 heures du soir.

Vacillant, sanguinolent, le général était soutenu par son ami et une seule solution s'imposait : s'engouffrer sous son porche, se barricader et se protéger du mieux possible. On tenta de le réconforter, on le porta jusqu'à la taverne du rez-de-chaussée, mais en pure perte. Craignant pour sa vie, tremblant de peur, pressentant le pire pour son commerce et sa personne, l'aubergiste refusa de le secourir. Déjà, la lourde porte de chêne commençait à céder sous les coups de boutoir répétés des assaillants. La bête était blessée. L'hallali s'annonçait.

Le général resta seul, et son dernier réflexe de survie l'incita à regagner sa chambre puis à l'abandonner pour se réfugier chez son voisin du dessus. Accueilli après force hésitations, il put enfin savourer quelques instants de repos, écoutant les cris nouveaux qui montaient avec son espoir. Dehors, enfin, les troupes du colonel Sicard arrivaient, faisant place rase de tous ses agresseurs, et des bruits familiers de bottes emplissaient l'escalier maculé de sang. Par un jardin contigu, plusieurs soldats venaient de s'introduire chez lui, prêts à le secourir. Enfin parmi les siens, Ramel était protégé par des soldats rangés en ordre de bataille, et les premiers soins pouvaient lui être apportés.

C'est alors qu'au loin, reprenant de plus belle, la clameur des factieux monta de nouveau, rebondissant d'injures en menaces sans jamais cesser de s'amplifier. Dehors, Savy Gardeilh attisait ses troupes, hurlant à la foule déchaînée que la cause était entendue et la curée offerte, d'autant que l'armée n'interviendrait pas.

Quelques minutes plus tard, l'armée intervenait... à l'hôtel d'Assézat, où ordre lui avait été donné de se rendre pour combattre de mystérieux troubles. Dès lors, le logement du général fut déserté par les militaires qui se retirèrent en escaladant le mur du jardin... Les égorgeurs allaient pouvoir se défouler. Seul avec le chirurgien Flottard, Ramel était perdu.

Ils affluèrent tous, les Daussonne, Baqué, Jonquières et autres, tous montant l'escalier quatre à quatre. Les coups de poignard, d'épée, de poing achevèrent le mourant, et tous les exaltés redescendirent ensuite, se disputant la « fierté » d'avoir porté le coup fatal. Affreusement mutilé, visage tailladé, nez arraché, doigts coupés, bras et jambes disloqués, le général Ramel baignait dans son sang, mais vivait toujours, s'accrochant à la vie comme à un dernier devoir à accomplir.

Averti des faits en début de soirée, le maire de Toulouse, Villèle, n'arriva, accompagné de ses gardes nationaux, qu'à 11 h 30, suivi trente minutes plus tard par le général Pérignon.

L'agonie dura deux jours. Deux jours où Ramel, sous d'insoutenables souffrances, trouva le courage et la grandeur d'âme nécessaires pour demander la clémence pour ses bourreaux. Il fut exaucé bien au-delà de ses vœux. L'instruction ne fit état d'aucun témoignage, et même le médecin Flottard, pourtant dernier confident, frôla l'amnésie à l'énoncé des faits. Trois coupables, Gachardy, Buquet, dit « Pougeat », et le chevalier Verdier de Poret de Guy furent dénoncés... et prévenus de leur arrestation par l'huissier chargé de la mener à bien ! Deux des trois hommes prirent le large avant leur capture et le troisième, un peu plus lent dans sa fuite, s'évada tout de même pendant son transfert.

Deux ans plus tard, en août 1817, les trois évadés étant toujours en fuite, seuls trois meneurs, Carrière, Daussonne et Carelieu, dit « Anglades », comparurent devant le tribunal de Pau. Anglades et les trois fugitifs furent acquittés. Daussonne et Carrière furent quant à eux condamnés à cinq ans de réclusion pour « coups et blessures graves ayant occasionné une incapacité de travail pendant plus de quinze jours », les médecins venant de prouver que le coup mortel porté au général ne pouvait être bien évidemment que l'anonyme coup de pistolet initial et non les coups de sabre vengeurs. Le soleil de la vérité venait d'être flétri par une ombre de justice.

Que s'était-il réellement passé ? Quelles étaient les raisons de cet abandon général ? Qui le sait ! Il apparaît cependant que, manifestement, le général Ramel, par sa probité, sa loyauté et son courage, se révélait un gêneur auprès de bon nombre d'opportunistes. Et au milieu de cette période où le trouble était de mise, au centre d'un mouvement royaliste qui ne savait quel prétendant soutenir, le gouverneur de Toulouse, en parfait bouc émissaire, focalisait sur lui les haines des uns comme les frustrations des autres.

« Entre la mort et la lâcheté, choisis la mort », dit un proverbe asiatique. Ramel avait le choix. Contrairement à beaucoup d'autres, il a choisi la mort. Aujourd'hui, contrairement à beaucoup d'autres, il a l'éternité.

Sixième partie

Les destinées

CHAPITRE I

« Bec de Coq », le maître de Rome

LE CHOC fut terrible. De toute part, les Romains s'entretuaient, trompés par la similitude de leurs armes et de leur équipement. La septième légion venait de perdre six centurions et Marcus Antonius Primus pouvait déjà ressentir sur ses troupes ce perceptible relâchement annonciateur de défaite... Mais il est parfois des éclairs, de lune ou de génie, qui sauvent les situations les plus périlleuses. En l'occurrence, ce furent les deux qui guidèrent ce général jusqu'aux portes de Rome. Des marches sur la Ville Éternelle, notre histoire en a certes retenu plusieurs, mais l'une des plus insolites est manifestement celle qui verra ce poète et général toulousain entrer en triomphateur avec son armée au cœur de la cité éternelle.

C'est dans les années 20 de notre ère, sous le règne de Tibère, que naquit, sur les bords de la Garonne et dans une riche famille provinciale, Marcus Antonius Primus, un Gaulois d'origine que ses amis de jeu surnommèrent très tôt « Bec de Coq ». Il fut éduqué à l'identique d'un jeune Romain. Ses qualités intellectuelles et sa propension à l'art oratoire le poussèrent très vite vers la ville impériale, où ses aptitudes et son ambition l'amenèrent à fréquenter les personnages les plus influents de la vie politique locale.

Lorsque Néron arriva au pouvoir, en 54, la carrière de Marcus Antonius Primus s'en trouva facilitée et il se vit attribuer, à trente-quatre ans, l'enviable fonction de préteur. Malheureusement, si ses compétences étaient indéniables, son appât du gain ne l'était pas moins. Accusé puis confondu de forfaiture pour avoir abusé de sa fonction en faisant un faux témoignage, il vit ses biens confisqués et dut, à plus de quarante ans, se retirer à Toulouse, loin des privilèges et des honneurs romains. Pour peu de temps cependant, car le destin guettait.

En effet, si les premières années du règne de Néron se déroulèrent sereinement, les charges nouvelles auxquelles celui-ci finit par assujettir les populations par le biais de ses gouverneurs lui attirèrent, d'un bout à l'autre de l'Empire, une terrible inimitié. Toutes les provinces gauloises, de la Belgique à la Narbonnaise, se soulevèrent et bâtirent, en 68, une armée de coalition. Galba, le gouverneur d'Espagne, prit le pouvoir, aidé en cela par un gouverneur de Judée nommé Vespasien et un autre de Germanie inférieure nommé Vitellius.

Galba empereur, Marcus Antonius Primus se vit ainsi rappelé à Rome et il retrouva ses fonctions et ses biens, en échange d'une promesse de fidélité, avant d'être nommé commandant de légion en Hongrie.

Quelques semaines plus tard, Galba fut assassiné. Vitellius s'empara alors du pouvoir impérial, aussitôt contesté par Vespasien. Dans cette lutte intestine, notre Toulousain prit le parti de ce dernier et se mit en marche vers Rome.

Il pouvait être 9 heures du soir lorsque l'éclaireur, à bout de forces, en provenance de Crémone, parvint devant la tente de Bec de Coq. L'armée de Vitellius était en vue, ne laissant d'autre choix que le combat. Il fallait réagir vite, mais en s'organisant et sans initiative intempestive, autrement dit le contraire de ce que venait de faire le lieutenant Varus. Si la sortie de ce dernier, parti pour repousser l'armée ennemie avec les plus résolus de ses cavaliers, ne se solda pas par un échec, son repli, en revanche, créa un inextricable désordre au sein même des troupes. Se mêlant les uns aux autres, soldats en retrait et soldats en partance commencèrent à s'épouvanter mutuellement, surtout à la vue des premiers Vitelliens. Seuls le métier et l'intrépidité de Marcus Antonius permirent de redresser la situation. Écoutons Tacite :

« Courant vers ceux qui chancellent, toujours ordonnant, toujours encourageant, perçant même de sa lance un porte-enseigne qui s'enfuit, il saisit le drapeau et le porte en avant, imité en cela par cent cavaliers. »

Néanmoins, malgré son courage, le général allait voir son armée faiblir. La victoire était de plus en plus incertaine lorsque brusquement, au milieu d'un ciel dégagé, se mettant à briller de mille feux, la lune s'embrasa, gênant d'autant les archers et les lanceurs de javelots adverses. L'espoir revint, le génie militaire aussi...

« Macien ! Macien ! » se mit à crier et à hurler Marcus Antonius, répandant partout le nom de ce général ami qui venait de se lier à eux sur le champ de bataille.

Cela était faux, mais l'annonce de ces renforts décupla les forces de ses soldats et sema l'effroi dans l'armée de Vitellius. La bataille de Bédriac était gagnée.

Le général toulousain entra dans Crémone et courut aux bains, dit la légende, pour laver le sang dont il était souillé. Comme il se plaignait que l'eau n'était que tiède, une voix répondit qu'elle serait bientôt chaude, à cause du sang dont il était recouvert. Le mot fut rapporté et les allusions de l'esclave ne firent qu'attiser le feu qui couvait déjà dans la ville : Crémone fut brûlée et ses habitants furent massacrés.

En fin d'année, Marcus Antonius entra dans Rome, à la tête d'une armée considérable, reçut les honneurs consulaires et fut reconnu, en l'absence de Vespasien, comme seule autorité. Porté par la gloire, par les honneurs et par ses soldats, il détenait l'essentiel des forces militaires de l'Empire. Le titre d'« Imperator » lui tendit alors un bras qu'il ouvrit... aux richesses, à l'argent et à la vénalité, délaissant toute ambition politique au profit de son enrichissement personnel.

Maître de Rome, il attendit Vespasien, qui le discrédita rapidement auprès du peuple. Bec de Coq ne tenta même pas d'utiliser sa verve pour haranguer ses partisans. Janus au double visage, toujours épris de lettres, il revint à Toulouse, s'offrit une petite maison en campagne et noua une intense relation épistolaire avec le poète Martial, qui lui dédia nombre de ses œuvres.

C'est là que mourut à soixante-quinze ans ce Toulousain qui fut l'un des plus brillants généraux de son temps et détint le sort de

Rome et du monde entre ses mains. Malheureusement, ses défauts personnels et le manque de discernement politique le conduisirent à la disgrâce. Laissons la conclusion à Tacite, qui dressa de Marcus Antonius un portrait pour le moins sévère :

« Homme d'action, à la parole aisée, maître dans l'art de semer l'envie, voleur et prodigue, mais excellent général. »

Buste de Pierre de Fermat (salle des Illustres du Capitole, à Toulouse).
(Photographie de l'auteur.)

CHAPITRE II

Pierre de Fermat

IL ÉTAIT MAGISTRAT, poète, avocat, humaniste, philosophe, linguiste... et accessoirement mathématicien, ce qui fit sa gloire. Bref, il était génial, de ces génies qu'un siècle peut aisément égrainer, tant ils sont rares, mais aussi de ces hommes dont le talent se greffe plus facilement à la dilettante et à la facétie qu'au travail et à la stricte ambition personnelle.

C'est en 1601, à Beaumont-de-Lomagne, que Pierre de Fermat naît, d'une mère issue d'une honorable famille de magistrats et d'un père marchand de cuir, industriel à ses heures et producteur de chaux. Très tôt remarqué par ses précepteurs toulousains pour ses dispositions intellectuelles, il n'effectue pas pour autant un parcours brillant, loin s'en faut. Certes, il est doué, cela est évident : il compose des vers en castillan, parle couramment l'espagnol, inscrit des formules mathématiques en marge de ses livres, mais toujours avec une certaine nonchalance, voire un détachement certain. Autrement dit, l'archétype même de l'élève intelligent, facile, celui auquel on attribue en fin de trimestre le sempiternel : « Peut mieux faire. »

Sa scolarité terminée, Pierre prend alors la décision de poursuivre ses études à... Orléans, et qui plus est en droit, matière dans laquelle il n'excelle pas particulièrement, mais qui revêt l'immense mérite de déboucher sur une carrière pérenne, synonyme de confort. Après son passage dans cette prestigieuse faculté spécialisée en droit civil, on le verra revenir, quelque temps plus tard, nanti d'un titre de bachelier et... d'un traité d'arithmétique, traduction latine d'un livre grec de Diophante. Féru de langues anciennes, Pierre de Fermat annote, émarge, souligne l'ouvrage, trouvant rapidement, à travers ses remarques et ses notes, une théorie des nombres qui fera autorité. Il en profitera, en se perfectionnant dans l'étude des œuvres d'Aristote, pour concevoir un système d'annulation de la dérivée totalement révolutionnaire.

Nous sommes en 1631, année charnière pour le jeune homme, qui se voit attribuer, à Toulouse, le titre de bachelier agrégé et celui d'époux.

Il s'inscrit au barreau de Toulouse. Sa carrière d'avocat vient à peine de débuter lorsqu'il opte… pour la magistrature. Probe et laborieux, il supportera, comme d'ailleurs tout au long de sa carrière, le devoir de sa charge avec une conscience optimale, quand bien même cela l'éloignerait de ses goûts personnels. Le droit, sans être ni l'objet de sa passion ni celui de son destin, lui procurera toujours une aisance et une disponibilité indispensables à l'élaboration et à l'épanouissement de son œuvre scientifique. Tant au civil qu'au pénal, il instruira tout de même quelques affaires. En 1648, il jugera par exemple le sieur de Rochemore, régulièrement condamné pour crime de duel, puis réduira sur appel la peine de fouet et de bannissement infligée par le sénéchal de Castres à Pierre Aussenat, pour la commuer en amende honorable à exécuter « en chemise, tête et pieds nus, la hart au col, et tenant en sa main un cierge du poids de deux livres ».

Pierre de Fermat est compétent, pointilleux, habile, mais il n'oublie pas toutefois sa seule et véritable vocation : les mathématiques. À une époque où Toulouse s'esclaffe aux frasques poétiques de Goudouli, lui travaille, pensif, austère, cherchant imperturbablement en l'écritoire à résoudre les grandes énigmes de cette science.

L'un de ses amis lui fait rencontrer un jour le père Mersenne, qui depuis son couvent parisien correspond régulièrement avec Hobbes, Galilée et Descartes. Dès lors, tout ce que le royaume compte de beaux esprits scientifiques est connu de Fermat, et réciproquement. Son destin est lancé, forgeant ses certitudes.

Alors que Descartes brille sur le monde de la géométrie, Pierre se permet de réfuter ses conclusions sur la loi des sinus, déclenchant une mémorable polémique, dont il sort vainqueur, mais qui engendrera chez son illustre confrère une rancune des plus tenace. Le traité *De maximis et minimis*, dans lequel, bien avant Leibniz et Newton, il fonde le calcul différentiel, ne fait qu'envenimer les relations entre les deux hommes. Descartes prend cet outrage comme une leçon vis-à-vis de ses travaux. Connu pour son irascibilité, il ne retient donc plus sa colère envers l'« outrecuidant Gascon ».

« Je n'ai point voulu le nommer afin qu'il n'ait point honte des fautes que j'y remarque... S'il vous parle de vous renvoyer encore ci-après d'autres écrits, je vous supplie de le prier de les mieux digérer que les précédents. »

Un peu plus tard, par consentement mutuel, les deux grands hommes finissent néanmoins par se réconcilier.

« Je supplie, dit Descartes, M. de Fermat de m'excuser et de penser que je ne le connaissais point... J'estime et honore sa personne comme son mérite m'y oblige. »

Fermat déclare quant à lui ne chercher qu'une vérité dont « M. Descartes ne s'en saura mauvais gré, tant son mérite est éminent ».

L'incident est clos, sans pour autant éteindre en totalité l'animosité latente, et peut-être la jalousie, de l'auteur du *Discours de la méthode*, qui « n'était pas gascon, lui ».

Le Gascon se révélera précurseur en calcul intégral, il effectuera diverses quadratures, avant de fonder, dans sa correspondance avec Pascal, et en même temps que lui, le calcul des probabilités, démarche qu'ils effectueront parfois contradictoirement mais en parvenant à la même conclusion.

En 1640, toujours magistrat et mathématicien, Pierre se mettra, pour le plaisir, à traduire de nombreux auteurs antiques.

L'Europe scientifique connaissait Pierre de Fermat, le respectait, sa correspondance s'accroissait sans cesse, mais l'homme restait distant, humble, un « prince des amateurs » en quelque sorte, qui oubliait même parfois d'étayer la démonstration de ses formules. Et c'est là que réside vraisemblablement la raison de la méconnaissance du grand public à son égard. Il était un touche-à-tout fabuleux, mais paresseux, un « débroussailleur » brillant, à l'origine de toutes les grandes découvertes du XVIIe siècle, un précurseur certes, mais qui n'« achevait pas », ne trouvant d'intérêt que dans la découverte, pas dans l'aboutissement, se refusant même à publier ses découvertes et ses conclusions en cachant l'essentiel de son œuvre dans ses correspondances et ses annotations éparses. Bref, il se montrait très intuitif, exceptionnel, mais, se livrant à des explications incomplètes, apparaissait comme l'archétype même du génie qui se veut éclectique et non concepteur.

À l'âge de soixante-quatre ans, alors qu'il était à Castres pour l'instruction d'un procès, un malaise le terrassa. Deux jours plus tard, le 12 janvier 1665, il succomba à son attaque, laissant, au vu des milliers de pages recouvertes de formules, un titanesque travail de « traduction » à des générations de futurs mathématiciens.

Figure emblématique de notre région, Pierre de Fermat s'est assurément révélé comme l'un des plus extraordinaires génies toulousains de tous les temps, avec peut-être un seul travers : celui d'être, à l'instar de ses formules, souvent dans la marge.

La statue du poete toulousain Pierre Goudouli à Quint-Fonsegrives.
(Photographie de l'auteur.)

Chapitre III

Pierre Goudouli

On le voit tous les jours, le regard vif, espiègle, un livre à la main. Des milliers de passants pressés le côtoient, assis, rêveur, sur la place Wilson à Toulouse ou à Quint-Fonsegrives, sur le cours qui porte son nom, statufié qu'il est en cette ville, en ces lieux qu'il a tant chantés. Et pourtant, combien parmi nous connaissent véritablement la destinée de ce chantre majestueux de la culture occitane qu'était Pierre Goudouli ?

C'est un 13 juillet de l'an 1580, à Toulouse, près de l'hôtel d'Assézat, qu'est né, guidé vers la vie par son propre père, chirurgien de son état, celui qui allait devenir l'un des plus grands poètes toulousains « *de lenga nostra* » de tous les temps. Sa prime scolarité s'effectua au collège de Berny, actuel lycée Fermat, naturellement orientée par son père vers une carrière scientifique, seule capable, selon lui, d'assurer la pérennité sociale de la famille. Goudouli fit preuve, très tôt, au sein d'un enseignement particulièrement rigoureux imposé par les jésuites, d'incontestables aptitudes intellectuelles, de remarquables facilités, mais aussi d'une indéfectible propension à la raillerie, à l'indiscipline, voire à l'insolence. Ainsi, il n'était pas rare, malgré la rigueur ambiante, de voir le petit Pierre, châtié, subir les remontrances appuyées de ses précepteurs. Comble de l'irrévérence, il alla même jusqu'à coucher par écrit de brèves et satiriques poésies à l'encontre de la gent professorale.

S'il avait été un mauvais fils, malhonnête, arrogant, il aurait pu être le désespoir de ses parents ! Bien au contraire, il se montrait agréable, cultivé, plein d'humour, mais avec une propension avérée pour les lettres, la poésie... et les sorties nocturnes. Dès lors, la faculté de droit sonna définitivement le glas des ambitions familiales, mais confirma une érudition, une faconde et un incontestable don pour cette verve poétique si prisée en fin de repas. Goudouli maniait la « langue vulgaire » et les vers avec une telle aisance, une telle dextérité, une telle subtilité qu'il devint très rapidement l'un des piliers des nuits toulousaines, écumant bon nombre d'estaminets de la ville. Le *Logis de l'écu*, rue du Poids-de-l'Huile, le vit ainsi très souvent, pour une chope supplémentaire, se livrer à des joutes oratoires de haut niveau avec les théâtreux et saltimbanques locaux. Ses études n'en furent pas moins brillantes, lui ouvrant grandes les portes vers une carrière définitivement plus axée vers les prétoires que vers les salles d'opération. Néanmoins, il le sentait, il le savait, sa vie était dans l'écriture, dans les mots, dans la poésie.

À vingt-quatre ans, il décida donc de frapper à la porte de l'unique cénacle poétique de la ville : l'Académie des Jeux floraux. Ce fut un échec. On lui reconnut certes des qualités, des encouragements lui furent prodigués, mais nul prix ne vint couronner des textes où se mêlaient, à l'encontre des convenances littéraires du temps, l'amour, le vin, le sexe et la danse. Cinq ans de persévérance lui furent nécessaires pour obtenir, par un « œillet » puis par un « souci » d'argent, la reconnaissance attendue. Mais ce fut véritablement en 1610 que sa notoriété s'affirma, qui plus est à l'échelle nationale. La mort d'Henri IV lui donna en effet l'occasion d'écrire des stances en hommage au bon roi, « *noste rey* ». Stances dont l'habilité et la « musique » trouvèrent un écho des plus favorable auprès de ses confrères parisiens. Pierre, dès lors, fréquenta tout autant les riches hôtels toulousains que les tavernes et prit une tout autre dimension. Ses facéties et son humour furent du meilleur effet auprès des jeunes seigneurs locaux, dont bon nombre devinrent ses amis... et ses mécènes.

De salon en cabaret, de bouge en appartement bourgeois, il déclamait, créait, improvisait, quêtant, dans la boue de ses excès, cette petite lueur de rêve qui parfois mène au talent, encanaillant ses vers sous la chaleur des tripots et du vin, mais toujours avec une incomparable verve et un inimitable génie. Admiré de tous, il devenait l'intime des plus puissants personnages du royaume, assurant tout autant l'ouverture des bals que la fermeture des estaminets, cherchant en ces derniers, à défaut d'une compagne, du moins la présence de la muse littéraire.

En 1617, Pierre Goudouli rassembla, sur les conseils de l'éditeur Colomies, l'ensemble de ses créations en « un bouquet mondain », un *Ramelet Mundi* qui connut d'emblée un énorme succès. Ce florilège fut complété, d'année en année et jusqu'en 1648, par ses compositions ultérieures.

Mais à presque quarante ans, Pierre n'avait toujours pas plaidé la moindre affaire et ce n'était pas le médiocre héritage reçu au décès de son père qui pouvait lui permettre de subvenir à ses besoins. La vente de la métairie familiale de Muret lui permit quelque temps d'assouvir son quotidien, mais le départ de bon nombre de ses amis mécènes pour la capitale ne fit que confirmer l'embarras matériel dans lequel il se trouvait.

« *Un cop me viguetz miei troblat*
Per ço que n'avidi plus de blat
Ande far rire ma cosina. »
(« Un jour, vous me vîtes presque troublé
Car je n'avais plus de blé
Avec quoi faire rire ma cuisine. »)

À ce dénuement financier s'ajouta de plus une grande détresse morale. La politique centralisatrice du maréchal de Richelieu s'acharna à réduire les privilèges provinciaux et à anéantir toute volonté créatrice locale. Goudouli le déplora amèrement : Toulouse n'était que *ré* (« néant »), il n'y avait plus de fêtes, plus de vin, plus d'argent, la vieillesse était là, le vide aussi. Le poète était cette flamme au-dessus de l'abîme, cette étoile criant au-dessus du désert, ce jour qui effaçait les autres lumières, mais maintenant que ses amis disparaissaient, que les structures locales s'épuisaient, perdant leur mémoire, leur identité, leur avenir, leur poésie, leur talent..., qui était-il ?

L'une de ses dernières pièces, *À Paris*, sera révélatrice de son amertume. Écrite en prose, cette lettre évoquera un orphelin dont le père, désormais à Paris, se désintéresse, le privant de subsides, donc de pouvoir créatif. Sans pouvoir politique, il ne peut y avoir de pouvoir poétique, dit-il en substance, car nous ne pouvons plus dire qui nous sommes, dans quel monde nous vivons ni ce qu'est la particularité de notre langue et de nos rêves. Cette œuvre sera signée d'une seule initiale, « G. », comme un constat, un mépris ou peut-être un détachement pour ce monde qui commençait à l'oublier et qu'il allait bientôt oublier.

À soixante-cinq ans, dans une totale indigence, il se résolut à demander aux chartreux puis aux capitouls une aide pécuniaire. Une fois le reçu signé à l'hôtel de ville, toujours bohème et insouciant, il partit, comme pour une quête vers lui-même, dans une gargote, à la recherche de quelques bons mots ou de quelques bons verres, cherchant encore « les diamants dans les yeux de ses maîtresses et les rubis sur le nez de ses serviteurs » et réglant parfois de son talent certains commerçants bienveillants.

Un an plus tard, en septembre 1649, celui qui avoua un jour n'avoir « bu de l'eau que dans son potage » confirma la fidélité qu'il n'avait cessé d'avoir pour sa ville. Il quitta le monde, certes, mais resta en sa terre de Toulouse, assouvissant peut-être en cela le sens premier de son existence : lier à jamais l'écho de sa poésie à l'éternité de sa langue et de sa région.

Raymond Lafage, un Gainsbourg avant la lettre.
(Dessin d'Emmanuel Biau.)

CHAPITRE IV

Raymond Lafage

UN CLOCHARD, un mendiant, un gueux, voilà bien à quoi il ressemblait en pénétrant pour la première fois dans l'atelier toulousain du peintre et architecte Jean-Pierre Rivalz. Il était petit, malingre, maladroit avec son piteux carton à dessins sous le bras, et les guenilles dont il était affublé fripaient comme à merveille la pathétique ingratitude de son visage.

« Maître, je viens voir si je peux vous aider...

– Comment ? Vous pouvez répéter ?... »

Rivalz en resta bouche bée. Lui, l'architecte de la ville, le peintre du Capitole, se voyait proposer de l'aide par un adolescent pouilleux dont il n'avait que faire alors que des ouvriers, des apprentis et des valets de tous ordres se pressaient déjà sous ses ordres, fiers d'être au service d'un patron d'une telle renommée.

« Monsieur... Lafage... Oui, mais désolé, je n'ai aucun travail pour vous, veuillez me laisser s'il vous plaît.

– Maître, je vous en supplie, je vous ai apporté quelques dessins... »

Las de perdre son temps, sans laisser au jeune homme le soin de terminer sa phrase, Rivalz prit lui-même le carton. À l'intérieur, page après page, croquis après croquis, le maître n'en croyait pas ses yeux. La maîtrise des traits, la finesse des visages et l'élégance des courbes se révélaient d'une virtuosité sans pareil.

« Prenez un fusain et montrez-moi ce que vous savez faire », dit-il avec méfiance à Lafage.

Dès lors, la chrysalide se transforma en papillon. D'un geste sûr, à la fois ample et précis, le crayon volait, virevoltant de droite à gauche, de haut en bas, n'arrivant au centre de sa cible, comme une araignée tissant sa toile, que pour se repaître du travail accompli et refermer son piège sous les yeux du maître. Le résultat ne se fit pas attendre. Une heure plus tard, Lafage était au service de Rivalz.

Que de chemin parcouru en si peu de temps, depuis sa naissance en 1656, seize ans plus tôt, à Lisle-sur-Tarn, au sein de l'atelier de préparateur en peinture de son père. La peinture, Lafage la refusera toujours, peut-être frustré de voir son paternel ébaucher des œuvres dont d'autres tiraient gloire en les achevant. Mais le dessin, la conception, la création, tout cela, il le vivait, il le respirait, cela était en lui, il le savait. Après tout, du dessin au destin, n'y a-t-il pas qu'un « t » de différence ?

Sans attendre, en cette année 1672, Raymond l'adolescent se mit à la découverte. Découverte de son art dont il ne connaissait que le don, et découverte de la vie dont il ignorait tout, passant de jours en nuits de la lisse surface de ses ébauches soignées aux bas-fonds les plus sordides et aux tavernes les moins reluisantes de Toulouse. Comme Goudouli un peu plus tôt, il confiera souvent son talent à l'écume des nuits. D'estaminets en tripots, de godets en libations, nombreuses seront les esquisses qui finiront chez un tenancier quelconque en guise de paiement et nombreux seront les matins où le sommeil perdu n'aura d'égal que les dettes accumulées.

Une nuit, le fils d'un conseiller au parlement tentera de lui expliquer que le dessin est un art mineur et que seule la peinture est digne d'intérêt. Le pauvre contradicteur, bien amoché et laissé comme tel sur le pavé, comprendra vite la puissance argumentaire de Lafage, qui esquivera toute poursuite… avec un dessin.

L'horizon toulousain se révélant de plus en plus étroit et sa réputation de plus en plus lourde, l'année 1678 verra son départ pour Paris.

Il avait vingt-deux ans et se décida donc à présenter le concours de l'Académie, dont le thème portait cette année sur le « fratricide d'Abel ». Il ne gagna pas, mais le rang obtenu l'encouragea à rester sur place, dans un institut, et surtout dans une ville dont il percevait déjà le potentiel. Ce fut une année de fête, de bacchanales, d'excès en tous genres, de fréquentations des moins recommandables. Bouges et ateliers, modèles et catins se confondirent singulièrement, vin et poisson séché extirpant un talent qui se manifesta à travers des œuvres à faire rougir les professeurs les plus tolérants.

Un jour, à l'entrée du cours, une caricature un peu plus appuyée que les autres l'invita manifestement à s'éloigner et à choisir un pays avec lequel les échanges culturels se développaient : l'Italie. Il y resta deux ans. Deux ans où Rome l'accueillit au sein d'une petite école privée comme en celui de ses tavernes. Dès lors, oisiveté et travail, dissipation et assiduité partageront son temps et cimenteront son savoir-faire.

En 1679, il s'inscrivit au concours de l'illustre Académie de Saint-Luc. Le jour même de la remise de l'œuvre, il décida de tout recommencer. Pourtant, un seul support était accepté. Qu'à cela ne tienne, il retourna la feuille et reprit son sujet imposé. En quelques heures, prouesse parmi les prouesses, le dessin fut achevé et remis au jury déjà réuni. Le premier prix de première classe couronna le verso ; le premier prix de seconde classe, le recto. Les plus beaux palais de la cité romaine le reçurent aussitôt et des dessins par centaines lui furent commandés. On compara la puissance même de son style à celle de l'immense Michel-Ange.

Lafage croquait en un temps record et avec une mémoire prodigieuse le moindre des sujets souhaités, et les plus grandes personnalités voulaient faire sa connaissance. Il fut approché par le Vatican, un emploi à temps plein auprès du saint-siège lui aurait même été proposé... à condition du moins de renoncer aux libations nocturnes et au dilettantisme qui était sien. Peine perdue. Fidèle à ses excès, Lafage continuait, de nuit en nuit, de tripot en tripot, à recouvrir les murs de ses tavernes préférées de scènes orgiaques ou de luxuriantes bacchanales, aucun de ses principaux mentors ne parvenant, malgré les confortables rentes proposées, à lui faire adopter une attitude plus décente. Le Toulousain préférait sa liberté, liberté dont il usa jusqu'en 1681, date à laquelle, à l'âge de vingt-cinq ans, il quitta l'Italie, vraisemblablement à cause d'une caricature papale un peu trop soutenue. Certes, les années passaient, mais l'anticonformisme était toujours là.

À nouveau, ce fut Paris et un nouvel institut qui oublia ses frasques antérieures sans pour autant percevoir ses mérites présents. Plus question de plumes de laiton, il fallait les traditionnelles plumes d'oie ; plus question de brillantes esquisses à la va-vite, il fallait de la méthode ; plus question de don, il fallait du travail. Bref, Lafage dessinait l'ennui, ennui qu'il oubliait heureusement le soir en compagnie de son nouvel ami et compère nocturne, le graveur hollandais Van der Bruggen. Sous les affinités du palais disparaissaient ainsi les problèmes de langue, et nos deux amis décidèrent un soir qu'un séjour à Anvers ne pouvait qu'être propice à leurs talents respectifs.

La dimension de Lafage, à plus d'un titre, devint internationale, car jamais, de mémoire de tavernier ou de peintre, client ne fut si extraordinaire. Il était toujours aussi mal attifé, recroquevillé et somnolant dans son coin de bouge, et personne ne pouvait croire qu'il était bien ce « Lafage », ce dessinateur dont on disait le plus grand bien.

« Donnez-moi un sujet, dit-il un jour à l'assistance.

– Pharaon qui se noie dans la mer Rouge », répondit l'un des convives.

Sa manière de travailler en surprit plus d'un. Ici l'esquisse d'un bras apparaissait. Tout à côté, celle d'une jambe, quand plus loin les flots agressifs remplissaient déjà le bas d'une page qui très vite, de courbes en traits, de détail en détail, allait former, le tout mis bout à bout, une composition exceptionnelle de vérité et confirmer à tous ce que Lafage était vraiment : un talent hors du commun.

Paris le récupéra donc quelque temps. Puis l'envie d'ouvrir à Toulouse une école de dessin le fit revenir dans la Ville Rose, où, trop heureux de s'associer une telle main, Rivalz le fit participer à une commande de dix tableaux passée par les capitouls pour illustrer l'histoire de la ville. Les plus riches demeures toulousaines purent dès lors profiter de la présence et de la virtuosité de l'artiste en ornant leurs intérieurs de ses dernières esquisses. Malheureusement pour lui, son goût immodéré pour la fête et sa propension à représenter des scènes on ne peut plus paillardes incitèrent les édiles à lui interdire l'ouverture de son école.

Il comprit alors que le poids de sa personnalité serait toujours un frein à ses vœux. Une seule solution s'imposait de nouveau : le départ. Il choisit l'Italie, mais n'y parvint jamais. Arrivé à Lyon, au cours d'une étape, une beuverie d'anthologie lui fut fatale. Montant tant bien que mal sur son cheval, il en fut vite désarçonné et se rompit les os. Il n'avait que vingt-huit ans.

« L'homme est intelligent parce qu'il a une main », disait un philosophe. Nul doute qu'en ce cas Raymond Lafage était un génie, génie que l'ambivalence de ses excès a fortifié et freiné à la fois. Il est toutefois bien dommage que, en tirant le dernier trait, le destin n'ait pas permis de garder plus longtemps parmi nous celui dont on dira un jour qu'il parvenait à « donner à un faquin regardé gesticulant dans la rue la tournure puissante d'un demi-dieu ».

Le général Maximilien Caffarelli du Falga.
(Droits réservés.)

Chapitre V

Maximilien Caffarelli du Falga

Certes, un centre commercial de Toulouse, des boutiques, un « espace » auquel son nom, lié à celui d'un autre général d'Empire, se retrouve aujourd'hui associé... Et pourtant, qui se souvient encore de lui ? Qui se souvient encore de cet homme à la dimension, à la famille si exceptionnelles, de ce militaire de génie, du génie, qui a tant fait pour sa patrie et pour la Haute-Garonne ? Qui se souvient de ce grand monsieur qui n'a eu de cesse, dans son existence, et ce à l'encontre des idées en vogue, de ne soutenir qu'un seul parti, celui de la France, pour n'être en fait qu'une chose, un serviteur inconditionnel de sa patrie ? Qui se souvient véritablement de lui ? Qui, à part vous, aujourd'hui ?

C'est dans le Lauragais, tous près de Saint-Félix, au château du Falga plus exactement, qu'est né, en 1756, Louis-Marie-Joseph-Maximilien Caffarelli, plus communément appelé « Max ». Aîné d'une fratrie de sept enfants qui connaîtront tous, par leur courage et leur compétence, des carrières remarquables, il sera celui dont la vie aura été la plus insolite, la plus glorieuse... et la plus courte. Dès sa prime enfance, la position sociale et géographique de sa famille le portera tout naturellement à quelques pas de là, vers Sorèze, où la fameuse école recueillera, dès 1765, ses premières idées et ses premières aptitudes. Veuve très jeune, sa mère se montrera tout autant remarquable dans la gestion du domaine qu'attentive à l'éducation de ses enfants, n'hésitant pas, durant l'année scolaire, à leur louer une chambre proche de leur école.

Après la scolarité et son cheminement brillant, viendra l'école du génie de Mézières, antichambre de Polytechnique, école dont il sera, à vingt et un ans, l'un des plus brillants officiers, avant de mettre, de garnison en garnison, ses acquis en pratique. À trente ans, le décès de sa mère le contraindra à revenir au pays, où la gestion des deux cent quatre-vingts hectares et des onze métairies le tiendra quelque peu éloigné des affaires nationales, mais pas pour bien longtemps.

Trois ans plus tard, c'est la Révolution. Le fait d'épouser les idées nouvelles ne l'empêchera nullement de garder sa fidélité au roi et de refuser, après l'invasion des Tuileries, le 10 août 1790, la déchéance de celui-ci. Sa rébellion étant jugée impardonnable, d'autant qu'elle semblait faire des émules au sein de l'armée, il se verra suspendu de ses fonctions. Mais Max, bien trop patriote pour rester éloigné de l'histoire et des problèmes de son pays, s'engagera, comme simple soldat, dans une troupe de grenadiers, avant d'en être exclu peu après, les « officiers suspendus devant être éloignés à dix lieues de l'armée et à vingt des frontières ».

Qu'à cela ne tienne, repoussé par la compagnie des grenadiers, il décidera alors, avec quelques amis, de s'installer à Bourbonne-les-Bains et de se mettre, comme dessinateur et conseiller technique, au service du général Berruyer. Cela ne tardera pas, il sera arrêté en septembre et invité à quitter la ville. Mais la compétence étant valeur universelle, il sera, selon les recommandations de Berruyer, muté à Langres, puis à Paris, où sa tâche sera « de suivre affaire auprès de la Convention », laquelle décrétera que « l'officier sera mis directement sous la surveillance du ministre ». C'est là qu'il s'initiera, au plus haut niveau de l'État, à la gestion des problèmes de la guerre. Maximilien sera dès lors protégé, son incivisme supposé ne sera plus de mise... du moins pour un certain temps.

Changement de régime, changements d'hommes, la Terreur se mit en place. L'officier revint sur ses terres natales, au château du Falga. Quelques mois plus tard, il fut arrêté avec l'un de ses frères et incarcéré à Toulouse, à la prison des Carmélites. Bon nombre de prêtres et d'ordres religieux ayant été chassés, les bâtiments ne manquaient pas, en ces temps, pour offrir leur vacuité à l'arbitraire de la police et des juges. Les assemblées populaires de Bellevue (Saint-Félix) et Mont-Civique (Saint-Julia) se décideront bien à voter la libération des deux hommes, mais avec une tiédeur savamment entretenue pour écarter toute suspicion d'incivisme à leur égard. Maximilien et son frère resteront donc un an emprisonnés sans connaître le chef d'inculpation qui les vise.

Profitant d'une relative latitude de ses geôliers, Max trouva dans les livres le contact qu'il ne pouvait avoir avec l'extérieur. En effet, les visites étant payantes, les riches payaient pour les pauvres... et parfois pour les gardiens. Aussi, il lira beaucoup, apprendra le castillan et rédigera un courrier adressé au Comité de salut public : sa demande de réintégration. Compte tenu des antécédents et du courage du personnage, celle-ci sera acceptée fin 1794 et amènera quelques mois plus tard son rappel comme chef de bataillon.

Avril 1795. La Prusse, son rôle d'officier d'état-major, sa collaboration avec Marceau, les mouvements des troupes près de la rivière Nahe et ce boulet qui vint lui fracasser la jambe gauche. Pas une plainte, pas un cri. Le sabre chauffé à blanc qui cautérisa la plaie de l'amputation ne lui arracha pas un seul hurlement. Le stoïcisme fut total. Encore et toujours, l'écriture, à peine lisible :

« Je suis parfaitement bien, je conserve mon genou et je serai sur pied aussi tôt que possible. »

L'ennemi avançait. Il fallut se replier au Luxembourg. Quatre soldats portèrent l'officier sur un brancard fait de deux fusils croisés. Le temps était exécrable, le voyage interminable, mais Max se devait à sa patrie et les gémissements étaient futiles.

Dix jours plus tard, il fut nommé général de brigade. Un général, qui, les mois suivants, mit dans sa convalescence toute l'ardeur et toute l'abnégation qu'il avait au combat. Chaque jour le vit s'essayer à marcher avec ce pilon qu'il fallait sans cesse réadapter. La plaie se rouvrit, il fallut attendre, recommencer... et cela six mois durant, jusqu'à son départ pour Paris où, de rencontres en rencontres, il se vit confier en 1798 une gigantesque tâche : l'organisation du départ pour la campagne d'Égypte.

En un temps record, il lui fallut faire partir pour Lyon « tous les savants, ouvriers, artistes et officiers du génie et organiser leur acheminement vers Avignon », c'est-à-dire assurer la gestion de tous les services, civils et militaires, des chevaux, du matériel, des munitions, des logements... Son rôle était aussi primordial que colossal.

Au mois de mai, tout est prêt. Max est à bord de *L'Orient*, le vaisseau amiral le plus grand de l'époque. Il côtoie Bonaparte, les savants et les hommes de troupe. Il doit gérer les problèmes d'intendance, les inévitables conflits personnels inhérents à l'exiguïté des lieux et à la disparité des fonctions. Bref, il se démultiplie dans l'efficacité.

Trois semaines plus tard, une « forêt de mâts » arrive devant Malte qui ouvre ses portes à l'armée française. Il y a tout à faire. Bonaparte, en huit jours, dicte cent soixante-huit rapports, qu'il faut faire appliquer. Les hôpitaux sont à organiser ; la poste, la police, la justice, les pensions également. La tâche est on ne peut plus ardue, mais pour et avec ce général, tout est possible.

Le 19 juin, la flotte repart en direction de l'Égypte. Deux jours plus tard, les côtes sont en vue. Le 24 juillet, Le Caire conquis, tout doit s'organiser le plus rapidement possible, à la vivacité du général en chef devant répondre la promptitude sans faille de son adjoint. Organisée par Bonaparte, une expédition tente de capturer Ibrahim Pacha. Non seulement Max, notre général à la jambe de bois, en fera partie, mais il va participer à l'une des plus fameuses escarmouches de cet épisode. On le verra, un pistolet brisé dans la main, continuer la lutte au corps-à-corps, à l'arme blanche, et faire preuve d'une telle témérité qu'il recevra, de Bonaparte, des reproches... et un sabre d'honneur en guise de sa haute considération.

De commission en commission, de réunion en chantier, Maximilien va continuer de tout régenter : la rénovation des fortifications, celle des fours à pain et des moulins à vent, la conservation des objets antiques, les routes, les dépôts de vivres. Tout passera par lui.

« La guerre est finie, dira-t-il, on organise. »

À la fin de l'année 1798, il part avec Bonaparte reconnaître la région de Suez, contrée qui recèle les fameuses sources de Moïse et surtout le canal des pharaons, ouvrage qui préfigure, avec soixante-dix ans d'avance, celui de Ferdinand de Lesseps. Se trouvant à l'extrême pointe de la mer Rouge, il manque, avec son général en chef, de se faire submerger par la marée montante. Désarçonné, roulé par les flots, incapable avec son pilon de s'échapper, il ne devra son salut qu'à la célérité de quelques hommes et aux injonctions de Bonaparte :

« Sauvez Du Falga ! Sauvez Du Falga, il en a plus besoin que moi ! »

Quelques mois plus tard, un nouveau départ est programmé pour Saint-Jean-d'Acre. Ce sera son dernier. Alors qu'il visite une tranchée, bien à l'abri, mais, comme à son habitude, la main droite posée sur sa hanche pour compenser le déséquilibre dû à la jambe artificielle, un tireur d'élite ennemi fauche son coude droit. Le général est examiné par Larrey, le chirurgien en chef des armées, et la décision suivante est prise : amputation d'une partie du bras. De nouveau, pas une plainte, un courage, un modèle d'exemplarité, mais aussi la fatigue, l'usure, la plaie qui s'infecte et la fièvre qui monte.

Le 27 avril 1799, il recommande sa famille à Bonaparte – lequel tiendra parole –, avant de quitter ce monde. Le futur empereur perd là l'un de ses plus brillants collaborateurs et la Haute-Garonne, l'un de ses hommes les plus illustres. Cause possible de son éloignement actuel des mémoires, il n'était pas, contrairement à d'autres, l'homme des faits d'armes, des chevauchées fantastiques ou des victoires glorieuses, mais il a su, par son courage, son patriotisme et ses capacités, contribuer à la réussite d'un « Aigle » et à l'histoire de la France. Et après tout, ce n'est déjà pas si mal.

Chapitre VI

Abdallah de Toulouse

« DITES-MOI, mon cher consul, quel est ce colosse roux si richement paré qui nous ouvre passage avec ses cordons aussi bien qu'avec une cravache ?

– Mon cher Chateaubriand, les rues du Caire, voyez-vous, sont souvent encombrées et peuplées d'importuns, aussi rien n'est plus efficace que de se faire escorter par Abdallah, pardon Abdallah de Toulouse. »

C'est par ces mots échangés avec M. Drovetti, consul de France à Alexandrie, que François-René de Chateaubriand fit connaissance, en ce mois d'août 1806, avec celui dont il sera l'hôte quelques jours et dont il relatera l'incroyable destinée dans ses mémoires.

Vingt-neuf ans plus tôt, « Abdallah » naissait fils de cordonnier dans l'un des faubourgs de Toulouse. Très vite, le peu d'engouement pour les études et le commerce familial l'incita, en cette période trouble de la Révolution, à s'enrôler au sein d'un bataillon de volontaires de la Haute-Garonne. Il n'avait que seize ans, en cette année 1793, et sa maturité naissante lui laissait déjà entrevoir que son avenir se nichait davantage au sein d'une carrière militaire qu'au centre de la cordonnerie paternelle.

Cinq ans plus tard, avec quelque trente-cinq mille hommes de troupe et une centaine de savants, le sous-officier qu'il était devenu s'embarquait à Toulon sans savoir où il allait, ni ce qu'il allait faire. L'Égypte allait vite le happer. Conduite par Bonaparte, la fameuse expédition le mena à la bataille des Pyramides, puis à la prise du Caire où, malgré quelques révoltes ponctuelles, la population intégra assez rapidement les régiments français.

Puis ce fut la défaite, la destruction de la flotte, la peste, les escarmouches incessantes, les rébellions et le retour en France du futur empereur en 1799, abandonnant au commandement de Kléber une armée qui finit par capituler deux ans plus tard. L'aventure commencée en fanfare se terminait en déroute, l'évacuation se faisant même, comble de l'humiliation, sur des navires anglais. Mais comme il est prévisible dans ce type de retraite, la précipitation entraîna l'oubli de bon nombre de soldats. Il y avait parmi eux des malades ou des blessés incapables de rejoindre le lieu d'embarquement ; des prisonniers ainsi que des déserteurs, qui tous subirent un sort plus ou moins tragique. Certains furent décapités, d'autres castrés pour servir à l'ombre de quelque harem, d'autres encore furent vendus comme esclaves. Tel fut le cas pour « Abdallah », qui se retrouva ainsi, avec quelques compatriotes, au service du pacha Mahamed. Ils étaient gascons, languedociens ou picards, et très vite ils surent se faire apprécier de leur maître en prouvant leur valeur militaire.

« Qui est cet homme ? demanda le pacha lors d'une charge contre une tribu rebelle. Ce ne peut être qu'un Français... »

C'en était un, effectivement, un Toulousain en l'occurrence, qui deviendra ainsi le favori du pacha et prendra le nom d'« Abdallah ». Il obtiendra ainsi le commandement de la garde rapprochée de Mahamed, une escorte composée de six mamelouks, six transfuges qui, rompant avec les attaches de leur passé, se donneront des prénoms musulmans et ne conserveront de leur vie antérieure que le nom de leur ville d'origine. Ils seront avec lui « Selim d'Avignon », « Anouar de Carcassonne », « Gamal de Rodez », « Ibrahim de Tarascon » et « Yousouf de Picardie ».

Leur courage, leur art du combat ainsi qu'une indéfectible fidélité à l'égard de leur pacha leur assurèrent bientôt un statut égal à celui des plus grands seigneurs locaux. Parés de robes et de turbans de soie, armés de larges cimeterres et juchés sur les plus beaux étalons, ils vivaient comme des princes. Ils avaient un harem, des esclaves, et habitaient dans de somptueuses demeures garnies des plus belles nattes et des plus beaux tapis, richesses que leurs pères ne possédaient bien sûr ni en Gascogne, ni en Picardie.

Chef de guerre, Abdallah enseignait la science du combat au millier d'esclaves soudanais sous ses ordres. Il leur avait fait tailler un uniforme dont la blouse était bleue et le pantalon blanc bordé de rayures rouges. Les sorties punitives qu'il effectuait contre les chefs de tribu rétifs et les victoires qui s'ensuivaient ne faisaient qu'accroître la confiance mise en lui par Mahamed. Il n'en devint que plus riche et plus célèbre. Et si parfois la nostalgie semblait l'atteindre, la réalité de sa nouvelle condition effaçait vite tout remords.

Lorsque M. Drovetti et Chateaubriand arrivèrent à Beit Toulza (« la maison du Toulousain »), l'un des mamelouks, Ibrahim de Tarascon, venait d'être tué lors d'une embuscade.

« Quel était son véritable nom ? demanda le consul en sortant un carnet et un crayon. Vous savez, l'administration impériale est sourcilleuse pour les questions d'état civil et je dois inscrire le nom du défunt et d'un témoin.

– C'est pas difficile, répondit Abdallah. Le mort, c'est Ibrahim de Tarascon, et le témoin, c'est moi, Abdallah de Toulouse.

– Tarascon sur quoi ? Il y a plusieurs Tarascon... Aidez-moi un peu, c'est pour l'Empereur !

– Alors, si c'est pour lui, inscrivez Tarascon-sur-Con.

– Mais vous n'y pensez pas, Abdallah. C'est l'Empereur, tout de même !

– Je ne connais pas d'empereur. J'ai connu autrefois un général Bonaparte que nous appelions par son prénom, qui nous a portés ici et qui nous a abandonnés comme des couillons.

– Vous n'êtes tout de même pas à plaindre, renchérit le consul en montrant le luxe du décor.

– Tout cela est à Mahamed, moi compris, et cessez de me remuer la mémoire avec vos questions. »

Le trait était tiré. Dans un coin de la pièce, Chateaubriand remarqua, au pied d'un lit fait à la française, une pièce de tissu en lambeaux. Un vieil uniforme haché de coups de sabre gisait là, comme une relique des temps anciens.

Le mamelouk n'eut jamais l'occasion de reporter ses vieux effets. Au cours d'un combat de piètre importance, il reçut un coup de lance en pleine poitrine, laissant à tout jamais le pacha Mahamed se désoler de la perte de « son Français » et la légende se délecter du fabuleux destin de cet inconnu, devenu pour la postérité Abdallah de Toulouse.

Chapitre VII

Les « petites filles modèles » de Verfeil

Les *Malheurs de Sophie*, *Les Petites Filles modèles*, *Un Bon Petit Diable* ! Qui ne se souvient pas, dans son enfance, avoir entendu ces titres cités ou vantés par un maître ou un parent !... Et pourtant, combien parmi nous savent-ils véritablement que ces petites filles si sages et si policées, nées du talent de la comtesse de Ségur, sont des enfants de chez nous, du Lauragais et de Verfeil plus exactement ?

C'est en 1799 que naît en Russie Sophie Rostopchine. Son père, le comte Fédor Rostopchine, alors ministre des Affaires étrangères du tsar Paul Ier et gouverneur de Moscou, se distingue en prenant la terrible décision, lors de l'avancée des troupes napoléoniennes en 1812, de mettre le feu à sa ville – et à sa propriété – pour en éviter la prise. Il est alors désavoué par le tsar Alexandre Ier, et la famille, qui plus est convertie au catholicisme, s'exile à Paris, où Sophie épousera à vingt ans le comte Eugène de Ségur, éminent officier français.

De son père, elle recevra en cadeau le château des Nouettes, dans l'Orne, demeure où elle écrira ses premiers ouvrages et où naîtra en 1817 Nathalie, celle qui sera plus tard la mère des « petites filles modèles ». Et c'est Nathalie qui, en se mariant en 1846 au baron Paul d'Ayguevives-Malaret, nouera le lien avec la Haute-Garonne. Elle entrera ainsi au sein d'une famille d'aristocrates toulousains et lauragais, possédant de nombreuses seigneuries – Ayguevives, Corronsac, Garrevaques, Pouze, Montgiscard – et un château inachevé sur le domaine de Malaret, au sud-est de Verfeil.

Diplomate, Paul de Malaret sera contraint, pour faire carrière, de souvent quitter la France, et c'est à Rome qu'une enfant, Camille, verra le jour en 1848, précédant d'un an la naissance de sa sœur Madeleine à Toulouse. Deux garçons viendront par la suite. Les petites filles vivront dans l'opulence que l'on imagine, mais seront souvent prises en charge par leur grand-mère Sophie quand leur mère sera nommée, quelques années plus tard, dame d'honneur de l'impératrice Eugénie. Ainsi la comtesse s'acquittera-t-elle, avec le plus grand bonheur et la plus grande passion, de l'éducation de ses petites filles, du moins jusqu'à leur départ pour Londres en 1856, où leur père sera affecté comme premier secrétaire.

De cette séparation, de ce manque affectif, naîtront une correspondance par contes et par histoires interposés ainsi qu'une vocation tardive d'où écloront de très nombreux ouvrages. Le premier d'entre eux sera intitulé *Nouveaux Contes de fées*. Il sera suivi dès 1857 du plus célèbre d'entre eux : *Les Petites Filles modèles*. Et comme le comte de Ségur, président des Chemins de fer de l'Est, se verra alors sollicité par Louis Hachette pour l'obtention, dans les gares, du monopole de la vente des livres pour enfants, Sophie présentera ses écrits à la célèbre maison d'édition. Ce sera le début du succès et d'un autre emploi du temps : réveil chaque matin à 4 h 30 ; toilette ; une bonne heure d'écriture ; la messe, puis le petit déjeuner. 7 heures : réveil des petits-enfants, puis écriture de nouveau avant le déjeuner ; séance de lecture, sieste ou promenade, dîner et... écriture.

Les Vacances, *Un Bon Petit Diable*, *Le Général Dourakine*, *Jean qui grogne et Jean qui rit*, *Les Malheurs de Sophie*... Au total, vingt livres qui seront autant de best-sellers et qui nourriront les rêves de plusieurs générations d'enfants.

Camille et Madeleine seront au centre de toutes les attentions de leur grand-mère, attentions dont elles lui seront bien reconnaissantes quelques années après en la soignant du mieux possible.

Camille, de santé fragile car atteinte très jeune de tuberculose, se mariera et aura un enfant, lui-même de santé délicate. Elle décédera à Paris en 1883, à l'âge de trente-quatre ans, et sera inhumée au cimetière de Saint-Sernin-des-Rais à Verfeil, où elle sera rejointe, quatre ans plus tard, par son fils unique, Paul, âgé de dix-huit ans.

Madeleine, quant à elle, vivra beaucoup plus longtemps, puisqu'elle mourra à l'âge de quatre-vingt-un ans, à Toulouse, le 26 septembre 1930. Menant une existence des plus effacée et des plus modeste en compagnie de sa gouvernante, Mlle Larrey, elle habitait rue du Peyrou, aujourd'hui rue Cartailhac, faisant toujours au mieux pour gérer et sauver le patrimoine familial. Malheureusement, l'accumulation des difficultés financières ne cessa d'empirer. Le « château » de Malaret ne fut jamais terminé et la famille dut se replier sur les dépendances toutes proches. Quant au célèbre hôtel d'Hautpoul, propriété ancestrale des Malaret, il fut vendu en 1862, les appartements de Verfeil devenant le dernier refuge de la famille.

Le domaine même de Malaret fit l'objet en 1887 d'une vente judiciaire qui vit Madeleine et son frère Gaston s'en porter acquéreurs. Les cent vingt-trois hectares étaient encore estimés 250 000 francs. La propriété fut morcelée au fil des ans par des reventes successives et Madeleine finit par racheter la part restante de son frère. Maître Carcassès, de Verfeil, entérina le contrat en 1920. Madeleine céda son bien à son neveu, le fils de Gaston, ne conservant l'usufruit que pour l'entretien des tombes. Lorsqu'elle se dépouilla de tout, six mois avant sa mort, le domaine ne faisait plus que soixante-dix hectares.

De Verfeil à Toulouse, Camille et Madeleine calqueront leurs actes, tout au long de leur existence, sur le titre de l'ouvrage de leur grand-mère, faisant toujours preuve du plus grand dévouement et de la plus grande abnégation. Madeleine mènera même, un temps durant, une vie toute de piété et d'humilité au sein de la société des filles de saint Francois de Sales. À n'en pas douter, au sein de la littérature comme en celui de la mémoire collective, l'exemplarité de leur conduite leur offrira l'immortalité, leur conférant à jamais le statut amplement mérité de « petites filles modèles ».

Le commandeur Cazeneuve : espion, peintre, prestidigitateur.
(Archives des Toulousains de Toulouse.)

Chapitre VIII

Marius Cazeneuve

Définir Marius Cazeneuve ? Peine perdue, car l'homme apparaît à lui seul si multiple et représente une telle constellation de dons et de savoirs que la moindre étiquette ou le moindre qualificatif ne pourraient qu'être restrictifs. Il connaissait les mathématiques, la physique, la chimie, l'astronomie, la médecine, la mécanique, les sciences occultes, la magie... et la psychologie féminine. Bref, à lui seul, il représente une mosaïque de talents et l'un de ces êtres si protéiformes et si peu conventionnels qu'il deviendra l'un des rares Toulousains à avoir su, durant son existence, calquer l'empreinte de Toulouse et de la Haute-Garonne sur celle de l'histoire du monde.

C'est le numéro 30 de la rue des Blanchers, à Toulouse, qui le vit arriver, le 11 octobre 1839, en un monde qu'il ne cessera de découvrir. Alors que ses parents, de condition plus que modeste, le destinaient au barreau, ses premières années d'école révélèrent surtout, outre une facilité évidente pour l'apprentissage des langues, une propension non moins évidente pour la facétie et les espiègleries.

« Un jour, c'était un encrier qu'un élève découvrait au milieu d'une orange gardée pour le dessert ; un autre, c'était son voisin de table qui se voyait stupéfait de trouver, à la place du thème commencé la veille, la fidèle reproduction de la tête rébarbative du professeur... »

Malheureusement pour la profession d'avocat, et bien heureusement pour son destin, l'indigence matérielle de ses parents allait bientôt l'envoyer hors de nos frontières. À Madrid en premier lieu, où le cirque oriental de la ville l'embaucha comme interprète avant de faire de lui... son plus brillant écuyer. Après avoir parcouru l'Espagne, il revint à Toulouse et le célèbre prestidigitateur turinois Bosco le prit sous sa coupe pour lui enseigner, trois années durant, les arcanes de son art. Le théâtre Moncavrel le vit ainsi débuter une carrière qui, commençant par un tour de magie, déboucha sur un tour du monde.

Il partit au Brésil, où il entreprit de s'enfoncer dans les forêts vierges. Rencontrant un groupe d'Indiens hostiles, le voilà qui fit disparaître de la main du guerrier le tomahawk qui allait le frapper. Pour asseoir sa puissance, il décida de tenter avec eux une expérience :

« Tous ensemble, tirez-moi dessus avec ces mousquets », leur demanda-t-il en souriant.

Quelques secondes plus tard, hilare, il ramassait les balles tombées à ses pieds.

Revenu en France, il ne manque jamais, comme une promotion à ses spectacles, de donner libre cours à son talent. À Lyon, dans un café, le voilà qui demande un chocolat. Une fois servi, il rappelle le serveur.

« Que vous avais-je demandé ?

– Du chocolat, parbleu.

– Regardez ce que vous m'avez versé ! »

Le garçon étonné regarde alors le bol où se trouve... du café. Un nouveau bol est apporté, directement rempli à table.

« Monsieur est servi à son goût, cette fois-ci ? ironise le serveur.

– Comment ? Vous plaisantez ? s'écrie Cazeneuve d'un air furieux. Vous me versez maintenant du riz au lait et vous voudriez que je sois satisfait ! »

Hébété, le garçon ne peut plus que constater avec effarement la présence du riz au lait.

À Laon, Cazeneuve entre dans un commerce et demande dix mètres de tissu vert. La vendeuse lui présentant la pièce entière, il se met à la dérouler, à la dérouler jusqu'à ce que des centaines de mètres de rubans verts s'immobilisent sur le comptoir. Affolée, la jeune fille ne sait que dire, d'autant que le tissu est subitement devenu... jaune.

Dans les marchés, le prestidigitateur ressuscite les volailles mortes, découvre un trésor dans un œuf frais. Bref, fait part de son espièglerie la plus manifeste. Mais son plus bel effet est sans nul doute celui réalisé à Bordeaux, au restaurant, en compagnie d'un ami. Au dessert, au moment où le garçon s'apprête à servir le champagne, des invectives fusent entre les convives. Marius saisit alors son complice par les cheveux et... lui tranche la tête en demandant au garçon un plat pour la déposer. L'émoi est immense dans la salle. Les cris fusent. On demande où s'est déroulé le crime et tout le monde accourt sur les lieux pour entendre... des éclats de rire. L'un des témoins ayant reconnu Cazeneuve, tout est expliqué, sauf pour le serveur, qui affirmera toujours avoir vu la tête se balancer dans le vide.

En 1863, officiant devant l'empereur, Cazeneuve établit une réputation qui l'amènera à fréquenter tous les grands d'Europe, du roi d'Italie au tsar de Russie, en passant par le sultan de Constantinople, exportant au mieux le prestige de son pays.

Au Caire, en 1868, il manque d'être assassiné. Se livrant, au sein d'une pyramide, à une séance de ventriloquie, il exécute si bien son numéro que tout son public s'enfuit, le laissant seul dans une épaisse nuit. Il sera sauvé par la gracieuse Alice, celle qui ne tardera pas à devenir sa partenaire, à la scène comme à la ville, et avec laquelle il aménagera la célèbre villa Gabes du quartier Saint-Michel, au sein de laquelle il fondera, en 1874, son Institut du progrès, association libre destinée à combattre toutes les superstitions.

En 1886, alors qu'il se repose à la Réunion d'un quatrième voyage autour du monde, Marius décide, par esprit patriotique, de partir pour Madagascar, où la France et l'Angleterre se livrent alors à une farouche lutte d'influence pour le protectorat de l'île. À Tananarive, devant un Premier ministre éberlué, il fait apparaître, sur une ardoise précédemment effacée, la phrase suivante écrite en malgache :

« Ton pays sera sauvé si tu n'acceptes comme alliés que les représentants de la France. »

La magie embrasse la diplomatie.

Un jour, lors d'un incendie qu'il combat avec rage, il est remarqué par la reine, qui lui fait parvenir des victuailles et... une invitation au palais, où une escorte d'honneur l'attend à son arrivée.

« *Adichats, moussu Cazeneuve, coussi anatz*[1] ? » lui demande un Malgache, élevé dans un collège de jésuites de Toulouse et depuis traducteur royal.

La complicité entre la reine Ranavalo et Marius est dès lors totale, renforcée, pour le plus grand bonheur de la France, par quelques tours exécutés au détriment des Anglais. Appelant, en présence de l'ambassadeur britannique, quatre gardes malgaches, il demande à la reine :

« De quelle provenance sont ces armes ?

– Anglaises, répondit-elle.

– Très bien, cela enlève tout danger à mon expérience, les munitions vendues par la Grande-Bretagne étant inoffensives. Je voudrais que ces hommes tirent sur moi lorsque je leur commanderai, et surtout qu'ils visent le cœur. »

Quatre détonations, des cris d'effroi et, quand la fumée se dissipe, que voit-on ? Marius tenant trois balles au bout des doigts et la dernière dans sa bouche, balles qui avaient été marquées avant d'être chargées dans les fusils.

Un peu plus tard, il présente à l'assemblée un instrument de musique qui joue tout seul, tout le monde effectivement se levant pour écouter *La Marseillaise*. Quand l'ambassadeur anglais, à son tour, demande le *God save the queen*, le cornet à piston se met à entonner :

« J'ai du bon tabac dans ma tabatière, j'ai du bon tabac, tu n'en auras pas ! »

Excuses feintes de Marius, à qui est réitérée la demande.

« Malbrough s'en va-t-en guerre..., renchérit l'instrument.

– Je suis désolé, dit Marius, il doit y avoir quelque chose de détraqué, veuillez examiner le cornet. »

Un Anglais s'approche, souffle, dégageant... un immense nuage blanc qui le couvre de farine et de ridicule.

La cause est entendue. Bientôt, Madagascar sera une colonie française.

1. *« Bonjour, monsieur Cazeneuve, comment allez-vous ? »*

En 1890, il expose, dans la salle des Illustres du Capitole, l'une des plus extraordinaires et des plus hétéroclites collections de tableaux, livres, dessins ou gravures. Car ne nous y trompons pas, Marius Cazeneuve n'avait rien de commun avec des gens de peu, ces charlatans charismatiques qui parfois se jouent des foules. Il était avant tout un érudit consciencieux, qui lisait beaucoup, étudiait beaucoup, toujours dans le but de se perfectionner et de porter plus haut le nom de son pays.

Il mourut le 12 avril 1913. Sa dépouille, quelque temps exposée au dépositoire de Terre-Cabade, fut, faute d'achat de concession, mise en fosse commune, faisant de la disparition de son corps, comme l'a écrit Pierre Benoît, « le tour de magie le plus réussi de toute son existence ».

Chapitre IX

Thérèse Humbert

Le maintien est fier, altier, le regard est droit et le sempiternel chapeau à fleurs lui donne comme toujours, en ce matin d'hiver, un air de quiétude, de sérénité, de nature. Et peut-on, doit-on se méfier de la nature ? C'est vraisemblablement ce qu'ont dû penser, en l'approchant, les nombreuses victimes – banquiers, politiciens, particuliers et prêteurs en tout genre – que son pouvoir de conviction et son charisme ont faites siennes. Car c'est d'une femme sans culture, sans esprit et sans distinction, d'une petite campagnarde toulousaine qu'est née, au XIXe siècle, l'idée de l'une des plus importantes et des plus sensibles escroqueries de l'époque.

C'est à Aussonne, près de Toulouse, que le destin fait naître, en 1856 et dans une morne bâtisse poussiéreuse, celle qui finira par devenir, quarante ans plus tard, l'une des femmes les plus en vue et les plus influentes du Tout-Paris. Enfant trouvé, Auguste, son père, n'obtiendra de véritable identité qu'à trente-huit ans, après avoir été officiellement reconnu comme fils d'une bourgeoise toulousaine qui lui donnera son nom de jeune fille, Daurignac.

Très jeune, l'imagination de Thérèse dépasse rapidement la réalité de son horizon de plaine. Elle parle… beaucoup ; elle raconte : la montagne, les Pyrénées, la mer un peu plus loin ; elle invente des châteaux, des contes de fées, apprenant déjà à sortir de son monde pour mieux bâtir le sien. À cinq ans, elle a déjà accroché sa vie au fil de ses rêves. C'est l'âge où elle quitte Aussonne pour Toulouse et la rue de la Pomme.

Dans ce quartier bourgeois, ses parents tiennent quelque temps un commerce de lingerie. La prospérité sera au rendez-vous mais ne durera qu'un temps, jusqu'au décès de Rosa, sa mère. Thérèse a quinze ans, trois frères, deux sœurs, et doit se débattre pour nourrir au mieux une famille, revenue à Aussonne, que le père, tombé dans la rêverie, ne sait désormais plus gérer. Les dettes s'accumulent, les créanciers se montrent de plus en plus pressants et l'excentricité d'Auguste de moins en moins efficace. Il est absorbé par un vieux grimoire du XVIIe siècle qui passe pour contenir des formules alchimiques capables de conjurer la foudre ainsi que les chutes de grêle, et on le voit courir à travers champs, le regard fou, agitant un bâton sous un orage qu'il dit avoir lui-même déclenché. Il lui arrive bien parfois de soutirer, à l'occasion d'un cadeau, quelques œufs, une motte de beurre ou un poulet, mais c'est à Thérèse, l'aînée, qu'il revient de mendier, de supplier, d'emprunter, bref de trouver, par le calcul, les solutions à la subsistance quotidienne.

« Je vous paierai, vous pouvez me croire », promet-elle.

Et même les plus suspicieux se sentent subjugués par son assurance et son absence flagrante de fourberie.

« Le chef de famille, c'était Thérèse », diront les voisins.

Malgré tout, 1874 est l'année de tous les déshonneurs. La famille est aux mains du liquidateur, la maison est vendue, le mobilier est repris et la fratrie est écartelée au gré des apprentissages ou des pensionnats. Discréditée aux yeux de tous, tant du point de point de vue de l'imaginaire que du point de vue financier, Thérèse n'a plus le choix. Il lui faut à tout prix rebondir sur la vie. Son courage, sa détermination, sa formule « Je veux, j'aurai », ainsi que les circonstances vont bientôt le lui permettre.

Le salut vient d'une tante, Marie-Émilie Thénier, qui s'est autrefois mariée avec un jeune professeur de droit, un dénommé Gustave Humbert, lequel apparaît alors comme doté de velléités politiques. Et le couple a un fils, Frédéric, qui, sans être stupide, se révèle aux yeux de Thérèse comme immature, bien moins brillant que son père et qui plus est comme un ancien amour d'enfance. Le contact est donc renoué, tant et si bien qu'une grossesse est vite effective et un mariage célébré en 1878 à Beauzelle, commune où les Humbert possèdent une demeure. Thérèse entre dès lors dans une famille ambitieuse, l'ambition de ladite famille ne pouvant de son côté que se satisfaire de ce château de Marcotte, baigné par la mer et les orangers, que « possède » leur bru. Le fil se faisant solide, le piège va pouvoir se tendre.

« Vous ne savez pas ce qui m'arrive ? Monsieur Crawford, ce lord anglais qui est tombé un jour malade au magasin, figurez-vous que, en remerciement de nos soins, il me lègue, par testament, toute sa fortune, soit une somme de 100 millions de francs [300 millions d'euros]. »

Dans le même temps – tout coïncide à merveille –, le père Humbert, déjà sénateur, devient ministre de la Justice. Dès lors – nous sommes en 1882 –, sur la base de cet héritage fictif, vont s'échafauder la fortune et le destin de Thérèse. Demandant des avances, des prêts sur le pactole à venir, ce sont tantôt un hôtel particulier à Paris, tantôt une résidence d'été près de Melun qui sont achetés. Tous les dîners politiques sont donnés dans l'un ; les fêtes où se presse le gratin mondain ont lieu dans l'autre. Les maîtres d'hôtels sont légions, les laquais aussi. Les plus grands bijoutiers parisiens livrent compétition pour assouvir la soif de pierres précieuses de Thérèse. Les couturiers renommés s'empressent autour d'elle ; les chapeliers rivalisent d'audace dans leurs créations pour lui plaire. Bref, l'argent n'est qu'une illusion, mais l'opulence repose dessus. Et puis, pourquoi se méfier ?

À l'exception d'un frère et d'une sœur qui, trop honnêtes ou trop rétifs, sont éloignés, toute la famille se met en devoir de faire « fructifier » le capital. Un journal, *L'Avenir de Seine-et-Marne*, est acheté, de même qu'une splendide propriété au centre de Paris où nobles et diplomates ne cessent de se succéder. Autrement dit, tout n'est que luxe et ostentation. Certes, quelques créanciers plus pressés que d'autres sonnent parfois à la porte, mais Émile, l'un des frères, se fait fort, d'une manière ou d'une autre, de les dissuader :

« Regardez, tout est là, dans le coffre-fort, voyez les centaines de milliers de francs en bons au porteur ; regardez, il y a même les testaments. »

Un regard furtif suffit souvent à apaiser les craintes, les appuis politiques intervenant quant à eux pour dissuader les plus récalcitrants des fournisseurs.

« Mais puisque l'argent est là, disent certains, remboursez-nous.

– Je ne peux, répond Thérèse, lisez les testaments. »

En effet, remarquable subtilité, quatre documents « officiels » l'empêchent de le faire, constituant de fait le pivot même de l'escroquerie. Le premier est le testament de Crawford instituant Thérèse comme seule bénéficiaire, document contredit par un second qui spécifie quant à lui que les deux neveux du milliardaire, Henry et Robert, doivent être récipiendaires de la somme en même temps que Maria, l'une des sœurs de Thérèse. Le troisième est précisément un accord des neveux Crawford pour remettre l'intégralité de la fortune de leur oncle à Mme Humbert à condition qu'elle reste intacte – sous-entendu : les Humbert ne doivent vivre entre-temps que de prêts ou des revenus de bons –, le quatrième et dernier étant purement et simplement le renoncement des neveux à leur part, en échange de 6 millions de francs en liquide et de la main de la sœur pour l'un d'eux.

Bien évidemment, une fois la somme fixée par les Crawford pour se retirer du jeu et donc libérer l'argent, les prêteurs se mettent en quatre pour fournir à Thérèse les 6 millions nécessaires. Le machiavélisme est total. L'argent peut se trouver, mais il reste la seconde condition : le mariage de Maria. Annoncé à grand renfort de publicité, un dîner fastueux où le Tout-Paris est convié doit entériner son union avec l'un des deux frères. Malheureusement, lorsque Robert Crawford – en réalité, l'un des frères de Thérèse – offre un bijou en or à sa promise, celle-ci ne le regarde même pas, puis après avoir éclaté en sanglots, elle se lève et disparaît.

« Le mariage est encore reporté », annonce la maîtresse des lieux.

Le dénouement de l'affaire commencera un peu plus tard avec le décès, en 1894, du père Humbert, dont la mort provoquera la liquidation de la banque Girard, ce dernier, principal créancier de la famille, étant réduit à la faillite faute de pouvoir récupérer son argent. Le liquidateur judiciaire nommé pour examiner les comptes fera preuve de perspicacité et, malgré les tentatives de

Thérèse Humbert lors de son procès.
(*L'Illustration*, 1903.)

corruption, de la plus grande honnêteté. Ce sera le début de la fin pour Thérèse et les siens, qui seront alors publiquement dénoncés comme escrocs.

Dès lors, un incessant défilé de politiques, de commerçants, de banquiers, de particuliers ne cessera d'assiéger le domicile de Thérèse, tout ce beau monde souhaitant récupérer son dû, y allant de ses récriminations, souvent sans résultat devant le charisme de l'une ou le côté persuasif des autres.

Un jour, l'un des créanciers saura pourtant s'y prendre. Venu dès le matin pour réclamer la somme insignifiante de 250 000 francs, il se retrouvera à patienter lui aussi en compagnie de nombreuses autres personnes. Las d'attendre, à 1 heure de l'après-midi, il démolira le piano ; à 2 heures, les harpes et les panoplies, et ce malgré les interventions d'une amie de Thérèse qui lui octroiera... 10 000 francs. Toujours insatisfait, il se mettra alors à la fenêtre en criant :

« Au feu ! Aux voleurs !... »

À 5 heures, un millier de personnes et plusieurs corps de pompiers attendront devant chez Thérèse. Un peu plus tard, par une porte dérobée, il quittera les lieux avec son solde. Thérèse, pour une fois, avait rencontré quelqu'un doté d'humour et de caractère.

L'affaire, s'effondrant comme un château de cartes, prendra une tournure politique. Le ministre Waldeck-Rousseau, Émile Combes, le préfet Lépine seront entendus. Thérèse et ses acolytes prendront la fuite en Espagne puis seront retrouvés à Madrid et extradés.

C'est bien loin du château de Marcotte et de ses orangers que se déroulera le procès. Comme à son habitude, Thérèse jouera de tous les artifices, mentant, jurant, jouant de la conviction comme elle l'avait toujours fait, mais en vain. Son mari, Frédéric, tentera de se présenter « comme un chat qu'on a jeté à l'eau et qui nage malgré lui », oubliant que c'est lui, par ses compétences juridiques et ses appuis, qui a, dix-huit ans durant, permis de retarder l'échéance de l'héritage fictif. Le 22 août 1903, tous deux seront condamnés à cinq ans d'emprisonnement. Sa peine purgée, Thérèse partira aux États-unis, où elle décédera peu après.

La « Grande Thérèse », comme on la surnommait, aura passé sa vie entière à flotter sur l'irréel, sur l'illusoire, un peu comme un peintre qui peindrait son cadre faute de pouvoir améliorer sa toile, et ce quitte à détruire la réalité des autres. Elle a dupé, menti, corrompu, berné les plus grands, prouvant peut-être en cela à son contemporain Albert Einstein qu'il avait vraisemblablement raison en affirmant que, parfois, « l'imagination est plus importante que le savoir ».

CHAPITRE X

Clément Ader

UNE POMME qui tombe, Newton et la théorie de la gravitation universelle qui prend forme : tout le monde connaît, bien sûr. Mais qui pourrait penser que l'aviation, cette invention si fondamentale de nos jours, ce moyen de communication si exceptionnel et si vulgarisé aujourd'hui, est né en fait de l'observation d'une chauve-souris, d'un « renard volant », d'une roussette plus exactement ? C'est en effet en s'inspirant de la roussette des Indes qu'un ingénieur des Ponts et Chaussées, un dénommé Ader, réussira, à l'âge de trente ans, à créer un engin capable de s'élever du sol et se verra, bien plus tard, considéré comme l'un des pionniers de l'aviation.

À Muret, le 2 avril 1841, le jeune Clément-Agnes Ader voit le jour au sein d'une famille qui guidera son destin en influençant très tôt sa formation. Ancien soldat d'Empire vivant dans un moulin, son grand-père maternel lui fait partager son goût pour la mécanique et lui inculque un sens aigu du patriotisme dont il ne se départira jamais. Quant à son père, menuisier, il ne cesse de le sensibiliser à la minutie du travail des matériaux nobles, au dessin et aux mathématiques.

Parti à douze ans à Toulouse au sein de l'institution Assiot, il obtient son baccalauréat à quinze ans. Un an plus tard, l'établissement crée une nouvelle section, une classe industrielle amenant à un diplôme d'ingénieur équivalent à celui des Arts et Métiers, examen dont il est l'un des premiers lauréats.

Il débute sa carrière professionnelle à la Compagnie des chemins de fer du Midi, où il conçoit une machine à poser les rails, avant d'obtenir, un peu plus tard, un énorme succès sportif et commercial dans la fabrication des vélocipèdes, qu'il est le premier à équiper d'un cadre en tubes creux, plus léger que les cadres pleins. Véritable autodidacte, il s'appuie ensuite sur le système téléphonique de Graham Bell, qu'il perfectionne et commercialise à Paris, avant d'inventer la transmission stéréo, l'aéroglisseur et les chenilles des chars. Fortune et notoriété faites, il pourra dès lors se mettre au service de son unique passion : voler.

Ses études en Algérie sur le vol des vautours lui ayant fait connaître la courbe de sustentation, qui permet à l'aile de s'appuyer sur l'air, il construit en premier lieu un planeur en plumes d'oie. Par la suite, ayant convaincu le ministre de la Guerre de financer ses projets grâce aux fonds secrets, il met au point divers prototypes qui s'appuient tant sur la souplesse et la maniabilité des ailes des chauves-souris que sur la consistance et la rigidité de celles des oiseaux.

Trois appareils voient le jour. Le premier, l'*Éole*, ou l'*Avion*, vole à vingt centimètres au-dessus du sol sur environ cinquante mètres. Sous l'égide de l'armée, Ader effectue deux essais concluants en 1890 et en 1891, puis, avec les crédits perçus, il conçoit un engin monomoteur ultraléger de trente-cinq kilos qu'il baptise l'*Avion II* ou *Zéphyr*. Celui-ci ne sera jamais achevé mais servira de base à l'*Avion III*, ou *Aquilon*, un bimoteur susceptible d'embarquer, à la demande des militaires, un observateur en plus du pilote.

L'essai de ce dernier appareil est catastrophique. Devant un comité militaire, à Satory, l'ingénieur prend, en octobre 1897, les commandes de son nouvel engin afin d'effectuer un vol d'au moins trois cents mètres. Mais alors qu'il pousse au maximum le régime de ses moteurs, une soudaine rafale de vent violent lui fait perdre le contrôle de son prototype et le fait sortir de piste. Ader est indemne, mais une aile de l'*Aquilon* est déchirée, ses hélices sont brisées et les ambitions de l'ingénieur réduites à néant. Malgré tout, les preuves de l'envol se révèlent irréfutables. Chacun pensant que la poursuite des essais est évidente et qu'elle s'effectuera dans les mois à venir, aucun procès-verbal n'est rédigé.

Malheureusement, une terrible désillusion attend le concepteur. En 1898, le ministre de la Guerre l'informe que la convention passée entre l'État et lui est caduque. En conséquence, aucune subvention ne lui sera plus accordée. Et pourtant, quelle évidence ! « L'aviation comme arme de guerre est chose certaine » ; « Sera maître du monde qui sera maître de l'air. » La certitude d'Ader et sa foi intense dans l'avenir du plus lourd que l'air se doivent bien sûr de profiter d'abord à son pays. Il adresse donc de nombreux courriers à l'autorité militaire, démontrant la justesse de ses vues et le bien-fondé de cette arme d'avenir, de ses possibilités illimitées... Rien n'y fait. Le lien avec l'État est rompu et la déception est totale. Les plans sont renvoyés au ministre avec une « notice explicative » et l'avion, tel une relique, est remisé au Conservatoire national des arts et métiers.

Faute de voler, le cygne se met à chanter. Sans abandonner tout à fait son rêve initial, Ader associe alors son génie à « l'air du temps » et développe un moteur très équilibré pour équiper les dirigeables. Puis, devant le peu d'engouement suscité, il abandonne définitivement l'aéronautique, détruit son atelier et se lance dans la conception de ses propres automobiles, avec lesquelles il remportera bon nombre de succès sportifs.

Dans le même temps, naît une polémique stérile, toujours vivante aujourd'hui, sur l'effectivité et la date réelle du premier vol. En effet, en 1900, les frères Wright ont quitté le sol américain sur un moteur de 12 CV, et ils ne cesseront de contester l'antériorité du vol d'Ader. Ce dernier finira par les confondre et établira, en 1910 et avec l'aide des militaires témoins, la réalité du premier décollage.

« Monsieur Ader, lui demande-t-on lors du procès, avez-vous ou n'avez-vous pas volé à Satory en 1897 ? »

Il se lève, scrute son interlocuteur d'un regard vif et lui réplique :

« Voyons, monsieur, connaissez-vous la campagne ?

– J'en sors, répond celui-ci.

– Eh bien, vous avez donc certainement vu ces bandes d'oies domestiques qui, lorsque passe près d'elles une bicyclette, s'enfuient, sautillent d'abord sur les pattes puis, quittant lourdement le sol, vont s'abattre un peu plus loin.

– Certes.

– Eh bien, voilà exactement ce que j'ai fait.

– Bravo. Et sur quelle distance ?

– Que sais-je ? Une cinquantaine de mètres peut-être, tout au plus. Maintenant, qu'on appelle cela comme on voudra, voler ou autrement... »

La retraite de l'ingénieur se passe près de Toulouse, dans ses vignes, où il continue de bouillonner d'idées et d'user de son influence pour aider à la création d'une aviation militaire. En 1921, à quatre-vingts ans, il est élevé au grade de commandeur de la Légion d'honneur et est fêté, trois ans plus tard, par sa ville de Muret, laquelle organise, en remerciement de son mérite, une très grande manifestation, la dernière à laquelle il assistera, avant son décès en 1925.

Clément Ader a-t-il été véritablement le premier à voler ? Est-il véritablement à l'origine du mot « avion » (du latin *avis*, l'« oiseau ») ? Sans doute, mais après tout qu'importe... À l'instar de quelques autres pionniers, il aura poursuivi inlassablement et jusqu'à la fin la réalisation de son rêve, aura parfois souffert, comme tout précurseur, de l'incompréhension ou des doutes de ses semblables, mais sera parvenu, en hissant l'homme au niveau de l'oiseau, à mériter le plus bel hommage qui soit : le qualificatif de « Père de l'Aviation ».

L'exploratrice Jane Dieulafoy.
(Bibliothèque municipale de Toulouse.)

CHAPITRE XI

Jane Dieulafoy

S'IL EST de ces êtres en avance sur leur temps, sur leur culture, sur leur sexe, s'il est de ces féministes de fait qui ont su opposer leur foi et leurs certitudes aux conventions du moment, s'il est de ces femmes qui, piétinant les rires, ont su imposer leur destin à la face du monde, alors oui, sans nul doute, la toulousaine Jane Dieulafoy a bien été de ceux-là.

Née Magre le 29 juin 1851 au numéro 8 de la rue Joutxaigues, à Toulouse, dernière d'une famille de six enfants dont l'aîné et seul garçon disparaîtra tragiquement, Jane a, dès sa naissance, respiré une vitalité et une curiosité peu communes pour les jeunes filles de l'époque. Au couvent de l'Assomption d'Auteuil, où elle a été élevée, déjà ses attirances et son attitude la rapprochaient davantage du garçon manqué que du modèle admis de la petite bourgeoise soumise et passive. Contrairement aux autres, rien ne lui répugnait plus que les basses besognes des tâches ménagères ou l'idée de l'obscure gestion d'une morne maisonnée.

Petite, mince, blonde, elle n'était en rien dépourvue de charme, mais, trahis par la malice et l'humour, ses petits yeux bleus plissés avouaient avec franchise que la séduction physique n'était pas son unique intérêt. Autre elle était, autre elle serait, autre elle resterait, prête à tous les sacrifices de la différence pour atteindre, loin des banalités quotidiennes, le vrai sens de sa vie : la découverte. En 1870, elle fit l'une de ses plus belles, du moins la plus essentielle.

Elle avait dix-neuf ans, et la rencontre avec un jeune homme frais émoulu de Polytechnique allait caresser son destin. Il s'appelait

Marcel Dieulafoy et venait tout juste de rentrer d'Afrique du Nord. Les brillantes fonctions qu'il occupait dans les Ponts et Chaussées l'avaient porté à Aumale pour assurer la construction des routes et du chemin de fer. Pourvu d'un indéfectible respect pour Napoléon III, il s'était dévoué à une conviction sans faille :

« Élever les Arabes à la dignité d'hommes libres ; répandre sur eux l'instruction tout en respectant leur religion et améliorer leur existence en faisant sortir de cette terre tous les trésors que la providence y a enfouis. »

Cette même année 1870 consacra leur union et vit éclater le conflit avec la Prusse. Nommé capitaine à Nevers, Marcel hésita, mais Jane ne tergiversa pas : elle se devait de le suivre, en tant qu'épouse mais aussi en tant que patriote, surtout pour agir. Et comme l'armée n'admettait en ses régiments que des femmes cantinières ou... déguisées, qu'à cela ne tienne, c'est l'uniforme de franc-tireur qu'elle revêtit pour se lancer en première ligne et chevaucher aux côtés de son mari.

La guerre terminée, c'est sous les ordres du célèbre architecte Viollet-le-Duc que Marcel reprit ses fonctions. Mais les souvenirs évoqués sur cette Algérie fabuleuse, sur cette clarté, sur ces ruelles tortueuses aussi impénétrables que les gens, sur cette vie plus intense, ne cessaient de tarauder Jane et affûtèrent sa curiosité comme son envie de voyages.

En 1879, la décision fut prise et un départ pour la Perse fut organisé, périple dont l'objet était la recherche des origines de l'architecture occidentale et notamment de la voûte gothique. Les cours de dessin et la formation gréco-latine acquise chez les sœurs pourraient enfin être mis à profit. Les Dieulafoy partirent en 1881 et ils furent très vite confrontés à des contacts autochtones pas toujours aussi chaleureux que souhaité. Les nombreux mois passés à Suse les virent en butte aux populations les plus fanatiques de tout le pays, à tel point que le shah lui-même hésita à assurer leur protection. Qu'importe, une mission était à accomplir, ils l'accomplirent, convaincus malgré tout « qu'il suffirait que le sang d'un seul Européen coule pour qu'immédiatement la populace surexcitée par les mollahs ne frappe tous ceux qu'elle pourrait rencontrer sur sa route ».

Ce mélange de fascination pour une civilisation si riche et d'incompréhension envers « ses adeptes du Coran qui entraînent la décadence et la ruine du pays » ne les empêcha pas pour autant de poursuivre leur route et leurs travaux, et les fouilles d'un ancien palais ne tardèrent pas à leur apporter les plus belles satisfactions. Sondant la partie d'un éboulis qui s'enfonçait sous terre, Marcel mit au jour « un fragment orné du profil d'un fauve à l'œil et au mufle blancs, à la narine jaune ». C'est la frise des lions qui venait d'être extraite, la première à être trouvée dans ce pays. Des observations effectuées sur la nature des éboulis et sur divers objets, Jane déduisit que la frise couronnait une muraille isolée et très haute. La partie extérieure du trou devait être proche. L'allégresse poussa la motivation, mais la fin du mois d'avril était proche, les pèlerins affluaient et la chaleur devenait insoutenable.

« Les insectes se mettent à pulluler, les mouches vivent en légions si nombreuses que casques et habits semblent couverts d'une carapace de jais noir, les moustiques sont armés d'aiguillons si acérés qu'ils percent les vêtements après avoir traversé la toile des pliants, ne laissant même pas à leurs victimes le loisir de s'asseoir. »

Même les indigènes succombaient à la chaleur suffocante et s'évanouissaient dans les tranchées. La viande se décomposait en deux heures ; le lait fermenté se transformait en acide. Il n'y avait plus de légumes. Bref, le chantier dut fermer pour attendre la prochaine campagne de fouilles, qui reprit sous un climat plus propice, mais avec d'autres problèmes.

Un matin, bouleversés, les ouvriers entourèrent Jane. Le gouverneur arriva, avec son escorte, réclamant son dû, soit la moitié des objets trouvés. Épuisé, amaigri, Marcel ne céda pas pour autant.

« Prenez la moitié des deux cent cinquante caisses, dit-il, mais remboursez l'emballage.

– Mais qui va faire le partage ?

– Vous, et tout de suite, puisque c'est ce que vous voulez. »

Bien ennuyé de devoir procéder lui-même à l'opération, le fonctionnaire montra alors un autre visage, dévoilant par là même la nature de son intransigeance. Son maître, le prince Zelle Sultan, souhaitait « une distinction, le grand cordon de la Légion d'honneur que le gouvernement français [tardait] bien à lui accorder ». L'accord fut conclu et les recherches continuèrent.

À Kazbin, faisant preuve d'un sang-froid et d'une présence d'esprit remarquables, Jane sauva la vie de son mari, victime d'accès de fièvre. Elle accomplit le trajet de cent vingt kilomètres juchée sur une charrette achetée à grand prix, par des routes défoncées et avec son époux délirant à l'arrière. À son arrivée à Téhéran, elle parvint, dans une ville inconnue où régnait une obscurité totale, à regagner l'hôtel français grâce à son pouvoir de conviction sur les soldats persans.

Dans les pires conditions, sans abri si ce n'est des lits de graviers, avec peu de nourriture et beaucoup de poux, dans des étapes interminables avec la fièvre comme fléau, elle continua sans relâche, faisant preuve de stoïcisme, de courage et d'obstination pour aider et surtout seconder son mari, son statut d'archéologue effaçant toujours celui de l'épouse et de la « faible femme ».

Revenue en France, Jane reçut en 1886 la Légion d'honneur et se lança dans une autre aventure : celle de l'écriture et des romans historiques. *Parysatis* sera publié en 1890 et donnera lieu à un livret que Camille Saint-Saëns mettra en musique en 1902.

Entre 1889 et 1914, Jane repartit – ils repartirent – pour effectuer, en Espagne cette fois-ci, plus d'une vingtaine de voyages, en Aragon, en Andalousie ou en Castille, séjours entrecoupés de retours à Paris, où elle se lia d'amitié, dans les salons littéraires, avec Pierre Loti. Elle signa, avec Marcel, un autre ouvrage, *Le Théâtre dans l'intimité*, lequel reprenait les principales pièces jouées en leur demeure.

Son dernier périple fut celui du Maroc, en 1914, au cours duquel Marcel dirigea, entre autres tâches, la construction de l'hôpital de Fez et elle s'ingénia à mener à bien les opérations de déblaiement de la mosquée d'Hassan. La maladie la rattrapera un an plus tard. Elle sera rapatriée en France, avant de décéder, le 25 mai 1916, au domaine de Langlade, à Pompertuzat, et d'être inhumée à Terre-Cabade, en la ville à laquelle elle n'aura peut-être pas consacré sa vie, mais à laquelle elle aura tout de même tenu à réserver son éternité.

Le Lauragais, *de Jean-Paul Laurens*
(salle des Illustres du Capitole, à Toulouse).

Chapitre XII

Déodat de Séverac

Lorsque le vent d'autan s'est levé, en ce 20 juillet 1872, il n'y avait pas que les blés ou les oiseaux du Lauragais pour percevoir ses écarts de langage. Marie-Joseph-Alexandre-Déodat de Séverac venait à peine d'arriver au monde, à Saint-Félix-de-Caraman, que déjà les rafales qui battaient la maison familiale venaient de lui faire comprendre que, « sans la musique, la vie serait une erreur ». Il y eut bien sûr la famille, un père artiste dans l'âme, musicien, peintre et ami de Monet, une mère qui ne fit rien pour le détourner de son talent, mais il y eut surtout la nature, cette nature qui ne le décevra jamais, cette terre en qui la plupart ne voient que des couleurs ou des sons mais en laquelle, lui, percevait déjà des notes.

Ses premières notes émanèrent du piano de son père, avec lequel il s'initia aux infinies sonorités du clavier, clignant de doigt en doigt, de touche en touche, un peu comme une hésitation entre un réel aphone et un ailleurs qui l'appelait. Un peu plus tard, à la messe, l'orgue devint cet instrument de prédilection qui le fit chanter, improviser, greffant en lui les bases de ses futures compositions.

À l'âge de quatorze ans, il revêtit l'uniforme bleu roi et la culotte pourpre de la proche école militaire de Sorèze pour recevoir, pendant quatre ans, les difficiles fondements de l'enseignement d'alors. La religion, les sciences et les lettres virent en lui un élève correct, qu'une distraction et un esprit d'indépendance avéré poussaient néanmoins plus aisément vers l'équitation, le dessin… et la musique. La faculté de droit puis le conservatoire de Toulouse l'accueillirent ensuite autour de sa vingtième année. L'acquisition du solfège et de l'harmonie, alliée à un incomparable talent d'improvisation et de pastiche, suscita déjà quelques créations pastorales. Paris vint ensuite, avec son cortège de cercles artistiques. Il côtoya, comme un tremplin à sa carrière, des compositeurs comme Maurice Ravel ou Manuel de Falla, des poètes et des peintres, autrement dit le type même de créateurs qui pouvaient donner de l'air à sa pensée.

En octobre 1896, sous les impulsions de son ami Charles Bordes et de Vincent d'Indy, il quitta le conservatoire de Paris pour entrer à la Scola Cantorum et laisser libre cours à sa nouvelle passion, à cette expression qu'il considérait comme le summum de l'art : le chant grégorien. Une *Suite pour orgue en mi mineur* et *L'Impromptu* naîtront de cet engouement.

Mais si belle soit-elle, la beauté des églises ne remplaçait pas celle de la terre, de sa terre du Midi, de cette lumière qui commençait déjà à lui manquer et que ses compositions n'allaient pas tarder à approcher. *En Languedoc* ou *Le Cœur du moulin* sentaient « l'odeur du terroir, le parfum du sol, les courses sous le soleil et les haltes à l'ombre », les cloches lascives, les heures discrètes et la montée du rêve à l'arrivée du soir. Ses notes respiraient, aspiraient le Sud, épousant au mieux ce parfum que ses mesures restituaient en écho. Peignant sa musique à l'archet du terroir, il ne lui manquait plus dès lors que les mots. Il les trouvera rapidement au sein du mouvement Félibre, « occitan » dirait-on aujourd'hui, auquel il ne tardera pas à se lier.

Les principaux chantres de la culture occitane, Mistral, Jasmin, Aubanel, devinrent alors des amis. Fidèle parmi les fidèles, il s'associa à eux pour vivifier la renaissance de la culture méridionale et le retour à des références terriennes que la perte de l'Alsace-Lorraine ainsi que divers scandales ou affaires comme Panama ou Dreyfus remettaient en valeur.

Dès lors, l'inspiration de ses œuvres exprima d'autant ses idéaux. Sa terre de naissance, le Lauragais, et sa terre d'adoption, le Roussillon, fournirent les thèmes principaux à sa musique. Écrit en 1900, *Le Chant de la terre*, composition pour piano, resplendit de petites scènes rustiques, de joies, de prières, de paysans aux champs qui percevaient par le travail la quintessence du sol nourricier. Même chose avec *Vers le mas en fête*, qui unissait ses airs au ruisseau qui serpentait au fond de la vallée. *Le Chevrier* et *La Chanson de Blaisine*, qu'il dédia à sa mère, étaient toujours dans le droit chemin du folklore et des idées régionalistes à la mode.

Tout artiste qu'il fût, Déodat, ne s'en détourna pas pour autant de la vie politique locale. Conseiller municipal de Saint-Félix puis élu du canton de Villefranche-de-Lauragais avec son ami Auguste Get – créateur du fameux alcool à la menthe –, il fit tout pour développer la culture musicale au sein de son terroir, créant en 1904 *La Lyre du vent d'autan* et s'investissant au mieux dans la fanfare de Revel.

Un jour, il découvrit Céret, ses ruelles étroites, ses vergers flamboyants et sa montagne odorante. Ce fut le déclic. C'est là, dans ce pays du Vallespir où il élit domicile avec sa compagne Hélène Tardieu, qu'il découvrit, dans ses danses, dans ses instruments, dans l'essence de cette culture catalane, la matérialisation de ses plus profondes aspirations. Picasso, Braque ou Max Jacob l'y rejoindront, comme un supplément d'âme nécessaire à la coloration de ses notes. *Cerdana*, composition pour piano, viendra couronner cette période.

En 1912, mille cinq cents Toulousains reprirent en chœur *Le Chant du bouvier* et *Le Roi Renaud* lors d'un rassemblement populaire.

« Cela m'a épaté et ému, dit-il, bien plus que n'importe quel ballet russe ou ravelique... Enfin, le rêve régionaliste marche. »

L'année suivante vit la naissance de sa fille, puis son mariage à Béziers. Union d'amour, passionnelle, mais qui ne fut pas acceptée par sa mère. Privé dès lors des rentes annuelles de celle-ci, le couple se trouva en proie à de grosses difficultés financières.

« Je n'ai pas la fortune considérable d'un d'Indy, qui se permet de donner des œuvres soignées ou réfléchies, et n'ai pas, comme Debussy, épousé une femme dorée sur tranche... Je suis obligé de compter, même pour acheter du papier à musique... Et suis obligé d'orchestrer d'immondes musiques pour gagner quelques sous...

Le buste de Déodat de Séverac à Saint-Félix-Lauragais.
(Photographie de l'auteur.)

Ah ! comme je voudrais ne pas être obligé d'orchestrer des ignominies pour gagner ce qu'il me faut tous les mois pour vivre. »

De cartons anciens ressortirent alors *Une sérénade au clair de lune* et une *Petite Suite* pour harmonium avant qu'une tragédie lyrique d'Émile Sicard, *La Fille de la terre*, ne soit mise en musique par ses soins.

La mobilisation générale de 1914 le conduisit à Carcassonne, où il assuma la fonction « la plus sympathique pour les poilus », celle de vaguemestre, se mettant par ailleurs au service de la paroisse de la ville en officiant à l'orgue de l'ancienne cathédrale. Il ne reprit véritablement son travail qu'à la fin de la guerre, à Céret, relisant les œuvres de Mozart ou de Bizet, toujours dans l'optique de se mettre en totale osmose « avec les âmes simples et bonnes des terriens ».

Le Tombeau de Gauguin, *L'Encens et la Myrrhe*, ainsi que *Le Faune indiscret* viendront bientôt reposer leurs partitions « sous les orangers » et « sous les lauriers roses ». Le succès sera là et des festivals Séverac seront organisés, tant à Carcassonne qu'à Toulouse, pour fêter le désormais célèbre compositeur devenu chevalier de la Légion d'honneur. Malheureusement, de cures ariégeoises en traitements toulousains, ses problèmes d'urémie mineront une santé qui ne cessera de se dégrader.

« Plus de lumière », demanda Goethe. « Je vois de la lumière noire », dit Hugo. Déodat de Séverac, le jour de sa mort, demandera de la musique, cette musique qui « est la plus belle chose qui soit », cette musique qu'il aura fait vivre et pour laquelle il aura vécu.

« Il aimait l'ail et le cassoulet », la simplicité vestimentaire, refusait son titre nobiliaire de « baron » comme l'appellation de « maître », méprisait l'extravagance de certains honneurs et aimait passionnément la chaleur d'un Sud qui lui permettait d'enfanter dans le bonheur. Aujourd'hui, grâce à l'action d'harmonies locales comme celle de Caraman et à l'initiative d'un festival qui porte son nom, Déodat de Séverac est toujours là, nourrissant encore de ses notes ce terroir et cette ruralité dont il s'était lui-même repu à satiété.

Georges Braque était son ami. Laissons-lui donc le dernier mot, en quelque sorte celui de sa vie :

« Le vase donne une forme au vide et la musique au silence. »

Chapitre XIII

Carlos Gardel

Peu d'ouvrages, peu d'hommages, peu de commémorations et, qui plus est, une controverse : est-il né à Toulouse ou en Uruguay ? Et puis, quand bien même serait-il né à Toulouse, est-il véritablement toulousain ? Il est parfois des mères qui reconnaissent légalement leur enfant, mais qui ne s'en occupent pas vraiment, et Toulouse, en l'occurrence, est peut-être de celles-là. Mais il est aussi des arbres qui hésitent perpétuellement entre les racines qui les lient à leur terre et la sève qui les nourrit, et Carlos Gardel est peut-être également de ceux-là. Quoi qu'il en soit, les faits sont têtus et pour Carlos, à l'opacité, au mystère voulu de sa naissance, répondra à tout jamais la clarté de son talent.

Car c'est bien à Toulouse, le jeudi 11 décembre 1890, que naît, à l'hôpital de la Grave, celui qui plus tard deviendra l'un des mythes de la chanson et de la culture sud-américaines ; celui qui « fera monter le tango des pieds aux lèvres » ; celui que l'état civil reconnaît véritablement, à son premier jour, sous le nom de Charles-Romuald Gardes. Berthe, sa mère, Toulousaine d'origine, a alors vingt-cinq ans. Elle exerce la profession de repasseuse et demeure chez son cousin, Marius Barrat, au numéro 4 de la rue du Canon-d'Arcole, au sein même du quartier Arnaud-Bernard. Son père, il ne le connaîtra jamais. Certains ont parlé d'un cousin séminariste ; d'autres, d'un dénommé Lasserre, marié de son état, mais rien n'est moins sûr. L'unique certitude réside dans l'acte de naissance qui, en ces temps et en cette ville provinciale et conformiste qu'est Toulouse, fait état d'un lourd handicap tant pour la mère que pour l'enfant avec la mention : « Né de père inconnu. »

Est-ce la raison qui a poussé sa mère à abandonner son pays ? Peut-être, mais là aussi rien n'est acquis et l'énigme est entière. Car les parents de Berthe, eux-mêmes marginalisés par un divorce bien peu admis à l'époque, étaient à même de comprendre la situation sans pour autant jeter l'anathème sur leur fille. D'autant que la famille, des plus modeste, ne craignait pas non plus ce qui aurait pu apparaître comme un scandale dans une couche plus aisée de la population. Alors, pourquoi l'exil ? Peut-être tout simplement, comme pour tant d'autres, pour fuir sa condition et trouver un monde meilleur en conquérant l'Eldorado. Sur la forme, la démarche est remarquable de courage, mais sur le fond, qu'avait-elle à perdre ?

Ce sont donc Bordeaux, en mars 1893, et l'embarquement à bord du *Dom Pedro* à destination de l'Argentine qui décideront d'un destin hors du commun. Charles a deux ans et demi, et Buenos Aires, ce port de « l'extrême Europe », sera sa seconde patrie. Dans ce pays d'immigrants, de mélanges culturels, il n'est déjà plus le petit « bâtard » toulousain, il est un parmi les autres, et sa vie est à lui, sans qu'il ait à souffrir à jamais du poids de son origine. Il n'y a qu'au bout du monde, là-bas, que sa mère pouvait réussir ce qu'elle voulait : lui donner l'égalité qu'il n'aurait jamais eue ailleurs.

Les premiers temps sont pourtant terribles. Charles habite avec sa mère, devenue blanchisseuse, dans l'un de ces *conventillos*, appartements à pièce unique où s'entassent, près du port, des centaines de déracinés. L'espagnol, ou plutôt le *lunfardo*, argot de la rue mêlant l'italien et le castillan, devient sa langue ; langue qui, liée au timbre de sa voix, va vite devenir le trésor du « Francesito », du petit Français.

À l'âge de onze ans, il chante déjà dans la chorale du collège Pie-IX, où il est scolarisé, se faisant remarquer par sa qualité de chant. Plus tard, à l'époque tumultueuse de l'adolescence et des petits boulots de subsistance, ce sont les cafés qui l'accueillent. Là, il échange quelques imitations contre de la nourriture ou quelques pièces de monnaie.

En 1911, sa rencontre avec un chanteur d'origine uruguayenne nommé Razzano le fait basculer dans le monde professionnel. Sa réputation, acquise dans les bars populaires de la capitale argentine, s'étalonne dès lors au monde du spectacle où le duo assoit sa notoriété en reprenant des chansons créoles. Charles Gardes vient de mourir, Carlos Gardel prend vie.

Son premier album sort un an plus tard. Il a vingt-deux ans et enregistre, s'accompagnant lui-même à la guitare, une quinzaine de chansons, toujours d'inspiration créole. Les bars et les clubs se le disputent au sein de cette nuit argentine bigarrée et cosmopolite. En 1915, un soir, une rixe éclate. Un coup de feu part, il est touché. La balle restera logée dans le poumon du chanteur jusqu'à la fin de sa vie. L'auteur du tir est identifié : il s'agit d'un architecte, mi-espagnol, mi-irlandais, un certain Ernesto Guevara Lynch, autrement dit le père de celui qui deviendra plus tard le célébrissime « Che ».

En 1917, Gardel laisse libre cours à son talent. Alors que, jusque-là, le tango se veut uniquement musical et sans paroles, il décide d'associer les mots à la musique. Une chanson naît, *Sos mi tirador plateado*, le révélant au monde comme un chanteur d'exception. Dorénavant, et bien au-delà des barrières linguistiques, il deviendra, et de façon indiscutable, l'incarnation même du tango, fascinant les femmes par son charme et sa prestance et rapprochant les hommes au cœur de cette période troublée.

Car, ne l'oublions pas, le monde connaît des années difficiles, avec la Première Guerre mondiale, et Carlos, Français de naissance, s'apprête à une carrière internationale. Mobilisable, il est passible de sanctions pour insoumission lors de ses passages en France. Il « renaîtra » donc, mais en Uruguay cette fois, un 11 décembre 1887 à Valle Edén, dans la région de Tacuarembo, entérinant de fait une nationalité qui le mettra ainsi à l'abri de toute tracasserie administrative tout en créant la nébuleuse dont son aura ne se départira jamais.

Toulouse, pourtant, ne cesse d'être dans le cœur de sa mère. Nous sommes en 1923, les mœurs ont évolué, la femme s'émancipe et Berthe est la mère d'une célébrité. La dignité lui permet de revenir, ce qu'elle fait à bord du *Massilia*. Quelques mois plus tard, en tournée internationale, Carlos la rejoint à Toulouse et affronte son passé pour la première fois en rencontrant son oncle, Jean Gardes, et sa grand-mère maternelle, Hélène Camares.

Madrid, Barcelone, Paris l'accueillent comme le roi du tango et le couvrent de gloire au même titre que l'Argentine et son pays d'adoption, l'Uruguay. New York ne tardera pas non plus à profiter de son talent. Disques, émissions radio, films se succèdent à une vitesse vertigineuse et lui permettent d'étendre sa renommée sur l'ensemble du continent américain. Il est une vedette internationale, connue de tous, partout adulée… sauf à Toulouse. Le fils d'une dame qui a épousé Henri Barrat, Henri Brune, âgé de treize ans dans les années 1930, se souvient encore de Carlos.

« Il était très séduisant, aimable, poli et réservé, sans jamais se départir d'une élégance marquée ; il parlait assez bien le français, mais avec un accent espagnol très prononcé. Il me parlait du monde entier, mais lorsque nous nous promenions en ville, je suis formel, il n'était pas du tout reconnu, parcourant les rues comme un simple visiteur étranger. »

En 1934, toujours à New York, Gardel fait la connaissance d'un petit Argentin de treize ans qui joue du bandonéon comme un virtuose et qui lui sert d'interprète. La star qu'il est amène le môme partout, dans les concerts, dans les dîners, même dans les studios de la Paramount, où on lui confie un petit rôle de vendeur de journaux. À la fin du tournage, une grande fête est organisée avec tous les Uruguayens et Argentins de la ville, et le petit garçon est invité à se produire sur scène avec son idole. Le concert s'achèvera sous un tonnerre d'applaudissements et de vivats : l'enfant s'appelle Astor Piazzolla.

L'année suivante, en 1935, le destin coupera net les ailes du succès de Carlos. La tournée qui le portait en Amérique centrale et en Amérique du Sud, via Puerto Rico, Aruba, le Venezuela et la Colombie, le verra terminer sa vie le lundi 24 juin, dans un accident d'avion près de Medellín. À l'annonce de l'accident, Berthe est à Toulouse. Vaincue par le poids de l'anéantissement, elle n'y reviendra plus jamais.

Le lendemain de la catastrophe, preuve de la méconnaissance de sa ville, *La Dépêche du Midi* titrait : « Effroyable collision entre deux avions de transport où quatorze personnes ont été tuées, parmi lesquelles le chef d'orchestre Carlos Gardel. » Bien évidemment, l'Argentine et Buenos Aires, où il fut inhumé, lui réservèrent un tout autre hommage. Ils furent des milliers, dans les rues, à suivre le cortège funèbre tiré par quatre chevaux et à lui restituer toute la chaleur qu'il avait su leur prodiguer. Le talent et la mort prématurée venaient de créer un mythe.

La danse donne une forme au vide et la musique au silence, pourrait-on dire en paraphrasant Georges Braque. Charles Gardes et Carlos Gardel, quant à eux, auront su lier les deux, grâce à une voix occitane et à une félinité tout argentine. Car la première question se pose toujours : est-il né à Toulouse ? Laissons donc au principal intéressé le soin de répondre :

« Je suis bien né à Buenos Aires... à l'âge de deux ans et demi ! »

Claude Nougaro à Moscou.
(Photographie inédite d'Hélène Nougaro.)

Chapitre XIV

Claude Nougaro

Il roulait les « r » et errait sur la vie, tournant sur les airs comme un taureau coincé dans l'arène du Temps. Nougaro, « Nougaronne », pourrait-on dire, deux grands noms de notre ville, de notre culture, associés maintenant à jamais, où chacun dans sa voie, dans la voix qui est la sienne, malaxe et « remalaxe » à satiété son envie d'ailleurs, ses rythmes et des chansons parfois cachées sous les pierres.

Claude Nougaro est-il né sous une pierre ? Qui sait ! Pierre, précisément, le prénom de son père, qui le voit naître le 9 septembre 1929 et éclore bien des années plus tard. Ce père, célèbre baryton, qu'il verra bien peu durant son enfance, envers lequel il éprouvera parfois un peu de rancœur, qui lui dira même un jour « qu'il a une voix de piano qui coule » ; mais ce père qui, manifestement, par son aura, sa prestance et la fascination qu'il exerce sur lui, est le catalyseur d'un futur talent. Pianiste suivant son époux en tournée, Liette, sa mère, confie donc la garde et l'éducation de l'enfant à ses grands-parents, « maman Cécile » et « papa Alexandre ». C'est là, dans ce faubourg populaire du quartier des Minimes de Toulouse, que Claude grandit, entre l'école « du marché aux cochons » et les fils d'immigrés espagnols avec lesquels la « castagne » est quotidienne.

Au gré des contrats de son père, viennent les pensionnats. Son parcours scolaire est des plus médiocre, mais il commence, dans la solitude de son âge et de son état, à écouter du jazz et à se nourrir de Gide, de Marcel Aymé et de ceux qui plus tard seront ses complices d'âme : les grands poètes classiques. En 1947, il rate son bac et devance l'appel de l'armée. Le Maroc, l'Algérie, et un régiment de la Légion étrangère, où « il invente de nouvelles mesures » au télégraphe de la caserne. On lui rase la tête et on l'enferme de nombreuses journées durant lesquelles il aura tout le loisir d'ébaucher son destin en écrivant.

« Il y avait un appel d'ordre littéraire en moi », dira-t-il plus tard.

Installé à Paris avec ses parents, il continue, en 1950, seul et désemparé, à assouvir sa passion.

« Je veux être poète, dit-il, et je travaille à me rendre voyant : vous ne comprendrez pas du tout et je ne saurais vous expliquer. Il s'agit d'arriver à l'inconnu par le dérèglement de tous les sens. Les souffrances sont énormes, mais il faut être fort, être né poète, et je me suis reconnu poète. »

Il n'a pas encore de succès, mais déjà suffisamment de conviction pour avoir du talent. Il décide alors de se tester et d'affronter l'exigeante clientèle du cabaret *Le Lapin agile*, à Montmartre. Il y rencontre Brassens, Mouloudji et Jacques Audiberti, qui deviendra l'un de ses meilleurs amis, avant d'écrire des textes pour Marcel Amont et Philippe Clay.

En 1955, sur les conseils d'un ami, il se fait interprète avant de créer, trois ans plus tard, le premier titre de son premier enregistrement, *Il y avait une ville*, qui débouchera en 1959 sur un album. Mais c'est véritablement l'année 1958 qui est le tremplin de sa carrière. Il fait la rencontre d'un jeune pianiste compositeur, lui aussi passionné de jazz, Michel Legrand, et d'une jeune fille, Sylvie, qui deviendra son épouse. Un soir de dispute, Sylvie claque la porte et part dans Paris, recherchée par son époux et par son ami : *Une petite fille* vient de naître et avec elle la carrière de Claude.

En 1962, *Les Don Juan*, *Les Mines de charbon* et *Le Rouge et le Noir*... tous les titres de son nouvel album sont unanimement salués par la critique et par le public. Cette année lui apporte Cécile, sa fille, qu'il mettra en chanson un an plus tard avec le succès que l'on connaît.

1963 ! Claude Nougaro est en pleine ascension et en pleine descente aux enfers. Une route glissante, vers Roanne, le laisse immobilisé pratiquement un an, jusqu'à ce qu'il fasse – avec ses béquilles – la première partie du concert de Dalida. La tournée qu'il effectue un an plus tard révèle un auteur interprète hors du commun. À la mesure d'un Ferré ou d'un Brel, il ne se contente pas de chanter, il communie, il exprime, il use de ses mains pour souligner ses vers. Il lutte et tourne comme un taureau dans l'arène des mots qui ne se délivre et ne s'échappe qu'après avoir posé ses banderilles d'âme dans les veines des spectateurs. Il est un grand, tout simplement. Écoutons le témoignage de Louis Nucera, alors journaliste :

« Claude, c'est le chanteur complet, comme on le dit d'un athlète. Scéniquement, il réussit l'exploit d'effacer par le travail les traces même de son travail. »

L'osmose avec ses musiciens est totale. Ils ne sont qu'un seul corps et le plaisir est mutuel. La tournée est parfois longue, les tournées aussi. La fête est de tous les jours, de toutes les nuits, et Claude est souvent sous l'emprise de l'alcool, à moins que ce ne soit l'inverse. Il en écrira un texte, chanté sur scène, mais jamais enregistré, qui s'intitulera : *Faut qu'on se quitte alcool*, en hommage à ce liquide qui parfois soutient, permet de voir ailleurs, plus loin ou du moins différemment, qui a quelques échos que le cœur coagule, dont l'errance même a des clartés que les doigts emprisonnent. Bref, cet alcool qui permet de s'asseoir au bout des rêves et d'écouter passer les vers.

« Ce que tu écris n'est pas mal, mais ça ne fait pas des tubes », lui dira un jour sa mère.

Qu'à cela ne tienne ! Une feuille, un crayon, *Je suis sous* est créée. Une chanson autobiographique, selon Sylvie.

Odette, une Arménienne, remplace Sylvie et voit éclore en 1967 l'une des plus grandes chansons de Claude : *Toulouse*. Cette chanson a plusieurs visages. Sa portée première est bien plus négative que celle que l'on connaît aujourd'hui. Nougaro souffre et pleure en l'écrivant, tout ressort :

« Ô Toulouse ! Mon Toulouse
Toi la ville qui m'a vu naître
Pardonne-moi de n'être

Pas un chanteur d'opéra
Comme l'était mon papa. »

« Si tu veux écrire sur ta ville, dit Odette, il faut que ce soit un chant d'amour, même si tu exprimes tes souffrances, mais ce que je viens de lire, c'est un règlement de comptes, ça ne te ressemble pas. »

Claude se remet au travail :

« Ô Toulouse !
Moi je n'aime que le blues
Mon père m'a dit : "Fiston
Nos ancêtres les Gascons
Ne ramassaient pas le coton
La Garonne, mon petit
N'est pas le Mississipi." »

« Claude, demande Odette, depuis quand n'es-tu pas allé à Toulouse ?

– Je sais pas.

– Nous y allons demain. »

Le rose des briques va se mêler à son encre :

« Je reprends l'avenue vers l'école,
Mon cartable est bourré de coups de poing… »

Toulouse s'impose.

« Mais on s'en fout de Toulouse. En dehors des gens de la Garonne, cette chanson n'intéressera personne », dira un « visionnaire » de chez Philips, l'un de ceux qui, aujourd'hui, cachent encore au fond de leur soupe populaire les grumeaux d'une juteuse médiocrité.

De nos jours, *Toulouse* fait partie du patrimoine de la chanson française. Comme quoi, le talent peut amener le succès bien plus aisément que la programmation du succès ne peut amener le talent. De l'union de Claude et Odette, naissent Fanny et Théa.

Les années 1970 sont marquées, à plus d'un titre, par l'influence brésilienne. Après *Bidonville*, la rencontre de Claude avec le

Le pont Neuf vers la fin du XIXe *siècle.*
(Archives des Toulousains de Toulouse.)

Le pont Neuf et l'hôtel-Dieu au début du XXe *siècle.*
(Archives des Toulousains de Toulouse.)

guitariste brésilien Baden Powell débouche, respectivement en 1975 et 1978, sur *Brésilien* et *Tu verras*. Il finit par épouser Marcia, la compagne du musicien sud-américain, qu'il a rencontrée en 1974. Un fils naît de cette union : Pablo.

L'Olympia, les concerts et, en 1981, un album intitulé « Chansons nettes » meublent ces années qui, en 1983, se soldent par un nouveau divorce.

Vient 1984, l'année charnière. Capitale avec la rencontre, à la Réunion, d'une jeune kinésithérapeute toulousaine de vingt-trois ans, Hélène, celle dont il dira plus tard qu'elle sera « la femme de sa mort ». À la fin de cette même année, ils vivent ensemble à Paris, avenue Junot. Claude lui dédie une chanson, *Réunion*, exclusivement composée de rimes en « ène » et « ir », partie intégrante de son nouvel album « Bleu Blanc Blues ».

Plusieurs centaines de concerts et, en 1986, la sortie de « Nougaro sur scène » ne l'empêchent pas de se séparer de sa maison de disque Barclay. La frustration de cette séparation a un effet immédiat, un déclic, un électrochoc : c'est « Nougayork » et un immense succès commercial qui lui permettra de toucher une autre génération et un autre public.

Le début des années 1990 le voit voyager de tournées en concerts, de Zénith en Olympia, et produire « Chansongs » en 1993, disque pour lequel il s'est assuré les services de musiciens aussi disparates qu'exceptionnels. Sous l'impulsion d'Hélène, qu'il épousera en 1994, il renoue avec ses racines, familiales et viscérales. Cathare de cœur, incessant funambule juché sur la dualité de l'être, du bien et du mal, il voit plus souvent ses enfants, rénove une bâtisse dans l'Aude, à Paziols, et revient parfois habiter Toulouse, quai de Tounis.

En 1995, à peine trois mois de repos lui sont nécessaires pour se remettre d'une importante opération du cœur et donner naissance en 1997 à « L'Enfant phare », pour lequel il recevra le prix de l'académie Charles-Cros. Le Casino de Paris, les spectacles et la vie d'artiste sont son lot quotidien avant, en 2000, de signer l'émergence, après six mois passés en *home studio*, d'un « Embarquement immédiat » où *Les Bas* et *Jet set* poseront souvent leurs ailes aux postes des radios.

Il continue de sillonner le pays, pour chanter bien sûr, mais de plus en plus pour parler. Il crée un spectacle, intitulé « Fables de ma Fontaine », où il peut dévoiler, hors des sentiers commerciaux de l'industrie musicale, ce qu'il est vraiment : un « souffleur de vers » qui a passé avec la langue française un pacte de sang et de sens, qui enivre les alexandrins et les « octosyllab'hic » sous sa salive, qui colorie et peigne ses mots dans l'air pour que le vent les porte, dont les lignes d'horizons ne se bleuissent d'encre qu'après avoir touché le ciel, dont le soleil parfois ne se lève, certes, que grâce aux perles de rosé mais qui a compris, comme d'autres, à l'encontre de cette poésie contemporaine qui ne chante plus, perdue dans son verbiage et ses logomachies, que la poésie, la musique et la peinture sont viscéralement liées. Bref, que le vers ne peut se libérer que lorsque la musique écrit. C'est dit. *C'est dit*, publié en 2007, recensera d'ailleurs bon nombre de ses écrits.

La basilique Saint-Sernin,
où eurent lieu les obsèques toulousaines de Nougaro.
(Photographie de l'auteur.)

Sa santé commence à décliner en avril 2003, mais il trouve l'énergie nécessaire à un dernier disque, « La Note bleue », sorti en 2004. Cette même année, le 4 mars, il retrouvera ce ciel que par les mots et par la voix il a tant approché. Peu avant son décès, Hélène lui demandera :

« Tu as peur ?

– Non, répondra-t-il avec sérénité.

– Moi non plus », dira-t-elle.

Après des obsèques à Paris, en la cathédrale Notre-Dame, puis à Toulouse, en la basilique Saint-Sernin, Claude Nougaro retrouvera le 11 mars les reflets de verre, les turbulences et le bouillonnement de son fleuve natal. Sa ville, quant à elle, lui réservera un hommage à la mesure de celui qu'il lui avait donné.

La chanson est-elle un art mineur ? Peut-être ! Mais de « portée » majeure, et Claude Nougaro en a été et en restera l'un de ses principaux phares. Loin des modes éphémères et de l'aseptisation souhaitée, il restera dans nos mémoires non comme un simple interprète mais comme un créateur, c'est-à-dire un poète au sens premier du terme ; un artiste qui, à l'instar des Brel, Brassens ou Ferré, chantera avant tout pour souligner le texte, diffuser son trop-plein de cœur et travailler, car il le faut, pour obtenir ce qu'aucune stratégie commerciale ne pourra jamais donner : le talent. Et après tout, peut-être Dieu avait-il besoin du sien.

Index des noms de lieux

Bibliographie

BABONNEAU, Lucien, *Les Génies occitans de la science*, Éditions toulousaines de l'ingénieur, 1947

BANESSY, Sandrine, *La Violette de Toulouse*, Éditions T.M.E., 2004

BARBOT, Jacques, *Nougaro, une biographie*, Éditions Anne Carrière, 2007

BASSAS, Henri, *Les Pèlerinages de Notre-Dame dans le diocèse de Toulouse*, Éditions Le Tournefeuille, 1996

BAYLÉ, Jacqueline, *Le Saint de Toulouse s'en est allé… P. Marie-Antoine de Lavaur*, Éditions du Carmel, 2006

BLANC, Élisabeth, « Héléna, la sainte du cimetière », *Terrain, revue d'ethnologie de l'Europe*, n° 24, mars 1995

BUSER-PICARD, Catherine, *Déodat de Séverac ou le Chantre du Midi*, Éditions Papillon, 2007

ESCUDE, Pierre, *Peire Godolin*, Éditions Loubatières, 2002

FERON, Paul, *Pierre de Fermat : un génie européen*, Presses université sciences sociales Toulouse, 2002

GOUZY, Nicolas, *Les Grandes Batailles méridionales*, Éditions Privat, 2005

GRAN-AYMERIC, Ève, *Jane Dieulafoy, une vie d'homme*, Perrin éditions, 1990

HUGON, Philippe, *Histoires vécues et insolites de Toulouse*, Éditions Privat, 1996

LA FARGE, Bertran de, *La Croix occitane*, Éditions Loubatières, 2000

MERLE, Robert, *Les Grandes Affaires criminelles de Toulouse*, Éditions Privat, 2000

PASSERAT, Georges, *La Croisade des pastoureaux*, La Louve éditions, 2006

PINDRAY, Anne de, *La Germaneta*, Éditions Le Tournefeuille, 1996

POUYFOURCAT, Robert, *Ardiège en Comminges et Nébouzan*, Éditions C. Lacour, 1991

PUEYO, René, *La Bataille de Muret*, Éditions Pignatelli, 2004

RIMAILHO, André, *Bestiaire fantastique du Sud*, Éditions Privat, 1990
ROQUEBERT, Michel, *Récits et Légendes de l'antiquité toulousaine*, Éditions Loubatières, 1986
SPURLING, Hilary, *La Grande Thérèse*, Allia Éditions, 2003
VERDUZAN, Raymond de, *Caffarelli, le général à la jambe de bois*, Pyregraph éditions, 2002
VERNET, Frédéric, *Les Plantes médicinales et la Sorcellerie dans le Midi*, Éditions C. Lacour, 1991

Périodiques

La Dépêche du Midi
L'Auta
Le Journal de Toulouse

Remerciements

– À M. Jean-Michel Cosson, pour ses précieux conseils et son soutien.

– À Mme Gisèle Vigouroux, pour sa complicité et les orientations fournies.

– À Mme Fauroux, de Montbrun-Bocage.

– À « Louise », de Caraman.

– À la Société des Toulousains de Toulouse.

– À la Société archéologique du Midi.

– Au personnel des bibliothèques municipales de Caraman, Cugnaux et Toulouse.

– À la revue *Ufomania*.

Table des matières

Table des matières

Chez le même éditeur

Les Mystères de l'Allier
Jean Débordes

Les Nouveaux Mystères de l'Allier
Jean Débordes

Les Mystères de l'Aveyron
Paul Astruc, Jean-Michel Cosson et Jean-Philippe Savignoni

Les Nouveaux Mystères de l'Aveyron
Paul Astruc, Jean-Michel Cosson et Jean-Philippe Savignoni

L'Aveyron secret
Jean-Michel Cosson et Jean-Philippe Savignoni

Heurs et Malheurs du Dauphiné
Claude Muller

Les Mystères du Dauphiné
Claude Muller

Histoires extraordinaires du Dauphiné
Claude Muller

Les Mystères de la Haute-Savoie
Jean-Philippe Buord

Les Mystères de l'Hérault
Paula et Olivier Astruc

Les Mystères du Nord - Pas-de-Calais
Bernard Coussée

Les Nouveaux Mystères du Nord - Pas-de-Calais
Bernard Coussée

Paris mystérieux et insolite
Dominique Lesbros

Les Mystères du Tarn
Paula et Olivier Astruc

Les Mystères de l'Yonne
Jean-Pierre Fontaine

Les Nouveaux Mystères de l'Yonne
Jean-Pierre Fontaine

L'Yonne secrète
Jean-Pierre Fontaine

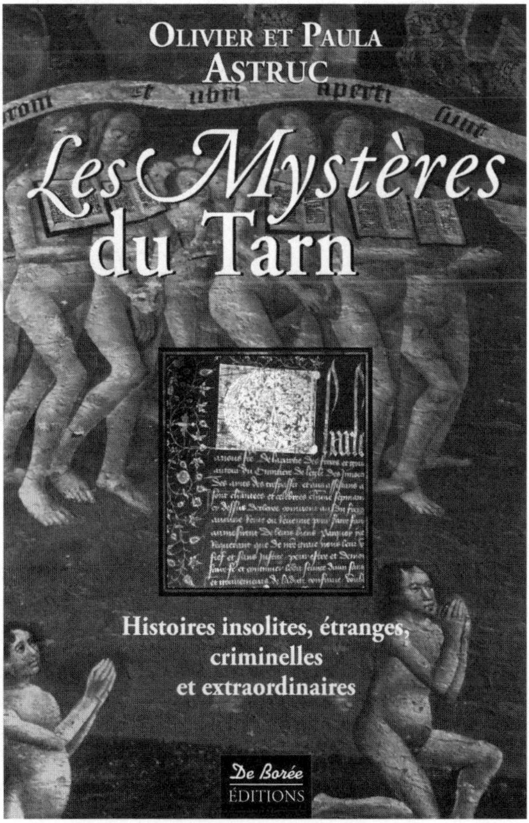

LES MYSTÈRES DU TARN
Paula et Olivier Astruc

Au gré de promenades et de recherches, Paula et Olivier Astruc vous dévoilent, avec talent et humour, les petits comme les grands secrets du Tarn. Dévoilés pour certains à l'image de l'enfant sauvage de Lacaune ; enfouis parfois sous la poussière des vieux papiers, telle cette émeute de femmes réprimée en 1790.

352 pages - 16 x 24 cm - 9782844945075 - 24 €

www.deboree.com

LES GRANDES AFFAIRES CRIMINELLES DU GERS
Sylvain Larue

Sylvain Larue nous conte une trentaine d'incroyables histoires de crimes qui, entre 1844 et 1975, ont secoué la vie paisible du Gers et défrayé la chronique judiciaire.

352 pages - 16x24 cm - 9782844942616 - 24 €

www.deboree.com